谨将本书献给

《股市操练大全》全国350万读者

向你们致以最真挚的敬意

感谢你们对《股市操练大全》的支持和厚爱

——黎 航

注：《股市操练大全》销量惊人屡创佳绩，若将它一本本叠加起来，其高度超过8个珠穆朗玛峰。

黎 航

著名畅销书作家。曾在大学任教，擅长图书策划。自1990年以来，经他策划、主编的图书绝大部分成了市场上炙手可热的畅销书，单本销量超过30万册的有10多个品种。《新民晚报》曾撰文称他为"畅销书怪杰"。

黎航先生知识渊博，对股市深有研究，他1986年就涉足股市，是新中国股市的最早投资者之一。由他策划、主编的《股市操练大全》系列丛书因"紧扣实战、悬念不断、方法实用、效果显著"而深受投资者青睐。现在该丛书各册累计重印数已超过400多次，总印数突破350万册，创造了国内证券图书市场的销售奇迹。

股市操练大全

习题集之二

——完整版K线练兵试卷专辑

主　编　黎　航

执行主编　任　惠　理　应

上海三联书店

卷 首 语

对于屡买屡套、屡卖屡错，不断被主力（庄家）忽悠、欺骗而遭受惨重损失的投资者来说，一定要清醒地认识到，加强K线的实战运用测验，并非只因为K线是股市中的盘口语言，具有唯一问鼎股市顶尖技巧的纸面实力，更是一旦通过K线练兵的强化训练，深入了解它后，就会在股市中练就一双火眼金睛，穿透主力（庄家）撒下的层层迷雾，进而成为股海中的冲浪高手，其潜力边界无从知晓。

练则通，通则赢，股市高手是练出来的。亲爱的《股市操练大全》读者，你只要全身心地投入到"K线练兵完整版试卷"训练，她一定会给你丰硕的回报。到那时，昔日屡屡踏错股市涨跌节拍、不断受主力（庄家）忽悠、欺骗的你将涅槃重生。一个朝气蓬勃、在惊涛骇浪的股市中能主宰自己命运，实现赢家梦想的你会浮出水面，并不断地在股市中驰骋飞跃，一往无前。

内 容 提 要

　　K 线是股市中最重要的基础知识，也是股市中最实用的一种操作技巧。本书围绕 K 线设计了一套完整版 K 线练兵试卷，其中有形式各异的 100 多道测验题，它包括 K 线概念方面的测验练习、K 线图形识别方面的测验练习 、K 线操作技巧方面的测验练习，以及 K 线难题解析方面的练习等。本书的 K 线测验练习，遵循由浅入深、由表及里的原则，全方位、多角度、多层次对投资者进行 K 线强化训练。全书安排了 12 张 K 线练兵试卷，每张试卷后面都附有一份试卷参考答案。

　　本书内容新颖、实用，很多测验练习题的形式与内容都是首次出现，市场上尚无同类品种与之相比。书中 K 线测验练习悬念多、密度高、针对性强，对投资者操作会带来很大的帮助，具有较高的参考价值。

告读者书

（代前言）

亲爱的读者：

　　您好！

　　我们真诚地邀请你参加这场别开生面的 K 线实战演练。无数事实证明，光学不练，等于纸上谈兵。因此你能参加这次 K 线实战演练，对你、对我们都很重要。

　　对我们来说，你能参加由《股市操练大全》主编黎航先生亲自主持设计的 K 线练兵实战演练，就是对《股市操练大全》的高度信任，也是对我们工作的最大支持，从而使我们在引领《股市操练大全》广大读者迈向股市赢家之路的征途中又多了你这样一个战友和粉丝。我们希望这支队伍越来越壮大。据了解，《股市操练大全》至今已发行 350 多万册，它已成了国内最受读者青睐的股票书。我们相信，在这支庞大的读者群体中会有越来越多的人响应和参与这次训练活动。我们要让世人见证，《股市操练大全》的读者是如何进行弯道超车，实现股市赢家梦想的。

　　对你来说，参加这场别开生面的 K 线实战演练，你对 K 线的认识与理解将会产生质的飞跃，并对 K 线图形的走势会有一种"洞若观火，清澈明了"的感觉，这样会大大提高你的股市操盘能力，这比用高昂的学费参加几期股市培训班的效果显著得多。古人云，世上的所谓高人绝技"无他，唯手熟尔！"故而，可以肯定地说，通过这场系统的 K 线实战严格训练，你的明天一定是美好的。展望未来，或许下一个股市大赢家，下一个股市高手就是你。

　　为了让这次别开生面的 K 线练兵获得成功，我们要求参加这次活动的读者能努力做到以下几点：

第一，保持定力，完成足够的训练量。训练能否有成效，关键要看训练的量。比如，运动员要出成绩，比赛前一定要经历大运动量训练。股市培训也是如此，它的训练效果与训练量呈正比关系，训练量越大越强，训练效果就越显著。我们这次K线练兵的测验题量大面广，目的就是要为读者搭建一个能出成绩的大运动量训练平台。我们知道，若想把这些测验题都做完是一件很辛苦的事，但要出成绩就必须这样做。参与者若没有坚强的定力就很难完成这个任务。因此，我们建议参加这次活动的读者一定要自始至终保持旺盛的斗志，坚持把所有的测验题都能做完、做好，届时就能把K线技巧这把金钥匙牢牢地握在自己手中，形成量变到质变的飞跃。

第二，坚持独立思考，多问几个为什么。学习K线技巧，死记硬背是不行的，它只有通过股市实战不断地摸索，才能掌握其中的运行规律。本书K线练兵测验题的案例都是来自中国A股市场第一线，模拟的是股市实战的真实场景，题题有悬念，操作时究竟应该是买进还是卖出、做多还是做空，题目中没有任何明确的提示。因此，读者在做测验题时，一定要勤于思考、善于分析才能找到正确的方向。经验证明，"千淘万漉虽辛苦，吹尽狂沙始到金"。因为股市上的图形是相通的，历史会不断地重复，这种类型题目练习做多了就能形成举一反三、触类旁通的效果。虽然本书的测验题后面都有答案可查，但是大家要记住，做题时先不要看答案，看了再做就没有意义了。事实也反复告诉我们，凡是经过自己独立思考的东西，大脑里才会留下深刻的印象。测验题的答案仅仅是给大家做题后对照用的，它并不能代替读者的独立思考。

第三，按序作业，不要跳跃式做题。本书K线练兵试卷分为两大部分，第一部分是K线基础知识测验题（包括K线练兵试卷

①-③），第二部分是 K 线实战运用测验题（包括 K 线练兵试卷 ④-⑫）。整个 K 线试卷的测验题是按照由浅入深、循序渐进的方式排列的。根据股市实战需要，既安排了如何识顶逃顶的题目，也安排了如何识底抄底的题目；既有怎样选股选时的题目，也有怎样鉴别主力洗盘或出货的题目。各个题目的先后顺序作了统筹安排，前后保持一定的相关性和连续性。因此，希望大家在做题时，尽量按照顺序作业，不要跳跃式做题，否则会直接影响训练的效果，甚至会对题意作出误判、误解。

最后我们要想说明的是，推出完整版 K 线练兵试卷，用布置大量测验题来开展 K 线实战强化训练，这既是一件新鲜事物，也是应广大读者的要求所致【注】。这件事情以前我们未做过，市场上还是一片空白，无先例可对照或借鉴。因此本书设计的 K 线练兵错误缺点在所难免。读者若发现什么问题，请批评指正，我们在此表示衷心感谢！

　　此致
敬礼！

《股市操练大全》编写组

2019 年 8 月 30 日

【注】其实，本书也是根据很多读者强烈要求而编写的。从某种意义上说，它就是专为超级畅销书《股市操练大全》第一册配套的辅导练习书。《股市操练大全》第一册是介绍 K 线知识与 K 线技巧的，因为该书采用了表格化、多空对比、多点练习方式解析 K 线，读者阅读后印象特别深刻，故而受到追捧，创造出连续重印 94 次的惊人记录，现在它已成为市场上销量遥遥领先的 K 线类股票书。很多读者看了该书后不过瘾，强烈要求我们出一本能覆盖 K 线方方面面的实战训练辅导书，来提升他们的股市操盘能力。推出本书就是为了满足广大读者的这一要求所作的一次尝试。

目　录

下篇　Ｋ线实战技巧运用考核与练习

附 录

K线练兵示例

本书设计的K线练兵是为全国350万《股市操练大全》读者（注：截至2018年6月，《股市操练大全》总印数已超350万册，销量居全国证券图书之首）搭建的股市操作训练平台。古人云："纸上得来总觉浅，绝知此事要躬行。"学习炒股技巧，光学不练，学练分离，等于纸上谈兵。无数事实证明，练则通，通则赢，股市高手是练出来的。股市中没有快车道，在股市中只有静下心来"勤练""苦练"的投资者，才能百炼成钢，成为股市中的佼佼者。下面我们来看几个股市实战训练题，并以此说明，以练促学，进行K线练兵的重要性。

示例一：K线图中藏玄机　识顶抄底早知道

2018年末某证券公司召开了一次座谈会。一位空仓已有3年的老股民张先生说，他要进场了。当时，股市还在跌跌不休，市场上一片恐慌。很多人认为，老张此时进场是在往枪口上撞，非常危险。因为根据一些股市专家的预言，当时中国A股市场正进入大C浪的主跌浪中，上证指数跌破2000点是早晚的事。如果现在看多做多无疑是飞蛾扑火，自取灭亡。但老张还是冲了进去。事后证明，老张做对了，这次他不仅精准地抄到了当时的谷底，而且他重仓的科技股都出现了大涨[注]。

【注】2019年1月4日，上证指数跌至2440点后见底回升。之后短短3个月，上证指数涨了800多点。在这轮行情中，个股出现了普涨，其中，一些超跌的科技股表现尤为突出，不少科技股涨幅翻倍，甚至几倍。

老张"神一样"的操作，让众人羡慕不已。有人请教他，他却谦虚地说，这没有什么稀奇，只要大家仔细观察 K 线走势，弄清楚其中的玄机，就能够踏准股市的涨跌节拍。

我们从老张收藏的 K 线图中，找了 4 张图（见图 1～图 4）。据了解，里面有 2 张图是老张用它们来研判大势的。其中一张图，让老张知道了当时股市已经见顶进入了熊市。老张认为，根据 A 股市场的规律，一旦股市走熊就要熊上几年。于是，2015 年末老张把股票全卖了，然后出去周游世界。老张这一招让他保存了实力，到熊市结束时有大量资金可以抄底。另一张图，让老张知道股市经过连续几年的大跌，现在已经跌到熊市谷底，或至少是一个熊市里重要的阶段性底部。此时正是逢低吸纳的最佳时机。

请问：下面有哪 2 张 K 线图是老张用来研判大势的，你从这 2 张图中发现了什么？难道这 2 张图真有那么神奇，能帮助张先生准确判断牛市的顶、熊市的底在何处吗？这其中有没有瞎蒙的成份呢？（请详细说明理由）

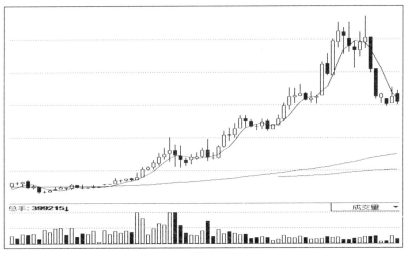

图1

图 2

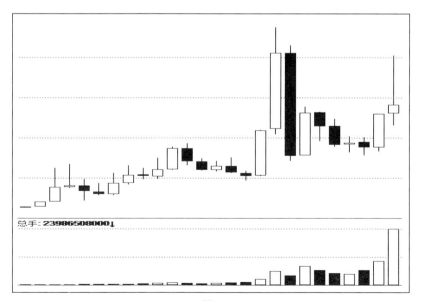

图 3

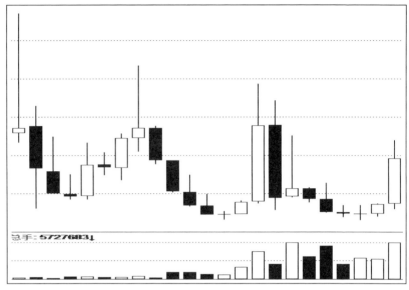

图4

【点评】古谚云："不谋全局者，不足以谋一域；不谋万世者，不足以谋一时。"真正会炒股者，首先就要捏准大势。在股市中，凡能看懂大势者就能赚大钱，看错大势就会输大钱。张先生在熊市来临时能全身而退，持币观望，保存了实力，但很多投资者在熊市里忙进忙出，输得一塌糊涂。张先生在熊市快接近尾声时，逢低吸纳，重仓超跌科技股，后来，赚得钵满盆满。但很多投资者却因长期处于熊市中，对跌跌不休的熊市已经绝望，在熊市快要见底时，把深套的筹码割肉，黯然离场。

据了解，张先生能如此精准地捏准大势，依靠的就是K线图，他能从K线图中读懂大势，辨真伪，明方向，这是极其重要的炒股经验，值得大家学习借鉴。当然，张先生看K线图来辨明大势，有其独门秘笈。比如，选什么样的K线图来研判大势，怎么分析、怎么通过表面现象看到事物的本质，这里面就有很多学问，值得大家认真琢磨、仔细研究。

示例二：K线图中有密码　主力出逃我知道

有老股民感叹，逃顶难，难于上青天。这虽然是夸张之言，但多少也有点道理。因为历史数据表明，能在高位顺利逃顶者寥寥无几，除少数股市高手外，大多数投资者不是在低位早早被主力（庄家）洗盘出局，就是在高位被套得死死的，成功逃顶竟成了许多投资者心里的一个美梦。

那么，股市里什么办法才能圆大家的美梦呢？据说，在高手秘藏的武器库中，有一种方法对一些在高位出现特别现象的个股进行逃顶非常有效，几乎顶部的信号一抓一个准。比如，2000年号称中国第一绩优股的银广夏（见图5）、2017年创业版中的生物医学领头羊华大基因（见图6）、2018年疫苗造假主角长生生物（见图7）、2019年妖股之王东方通信（见图8），它们在筑头时都出现了同一现象，所以用此方法一击即中，它能帮助投资者在第一时间顺利逃顶，其神奇的效果让人惊叹。

请问：你知道这是什么方法吗？为什么它有如此神奇的效用呢？（答题要求，除了说明理由外，还要另外列举不少于6个以上的相关实例，以此证明该方法的真实有效性）。

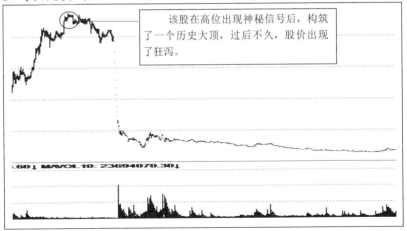

该股在高位出现神秘信号后，构筑了一个历史大顶，过后不久，股价出现了狂泻。

银广夏（000557）日K线图　图5

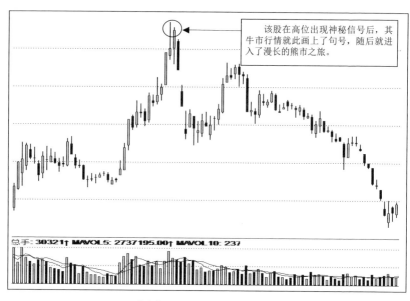

该股在高位出现神秘信号后，其牛市行情就此画上了句号，随后就进入了漫长的熊市之旅。

总手: 30321↑ MAVOL5: 2737195.00↑ MAVOL10: 237

华大基因（300676）日K线图　图6

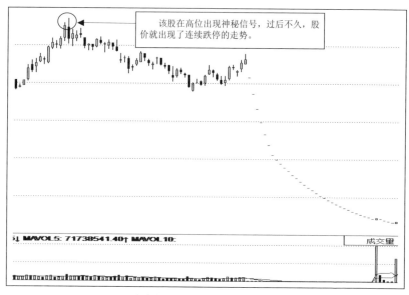

该股在高位出现神秘信号，过后不久，股价就出现了连续跌停的走势。

MAVOL5: 717398541.40↑ MAVOL10:

成交量

长生生物（002680）日K线图　图7

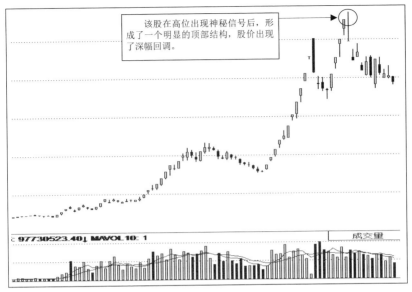

该股在高位出现神秘信号后，形成了一个明显的顶部结构，股价出现了深幅回调。

东方通信（600776）日K线图　图8

【点评】上面4个案例告诉我们，只要K线图上出现神秘信号，股价毫无例外都见顶了，然后，股价就会出现大跌，有的股价最后跌得面目全非，可谓惨不忍睹。据了解，图1中银广夏，2000年12月K线上出现神秘信号股价就见顶了，过后不久股价出现狂泻，短短一年就暴跌九成以上。图2中华大基因，2017年11月K线上出现神秘信号股价随即见顶，之后就开始出现连续下跌的走势，不到一年，最大跌幅达到八成以上。图3中长生生物（注：后改名ST长生），2018年5月K线上出现神秘信号，股价构筑头部后不久，即出现了连续跌停的走势，直至退市，价值归零。可以说，投资该股的股民已血本无归。图4中东方通信，2019年3月K线上出现神秘信号，疯狂上涨势头被扼杀，股价开始掉头下行，短短7个交易日，股价就跌掉3成以上。

由此可见，一旦K线上出现这种神秘信号，股价就处于悬崖边上，此时必须出逃，否则投资者就会遭受大难。故而大家千万不要轻视这一神秘信号，关注它、重视它，该出手时即应果断出手，斩仓离场，这是本示例给我们最重要的启示。

示例三：图中自有黄金屋　仔细观察觅牛股

《股市操练大全》培训班杨老师说，有很多人问我，选股的最佳机遇期在什么时候？通过什么途径，用什么方法才能在低位挖掘到超级大牛股？关于这个问题，若离开现实的案例是很难说清楚的。下面我们通过一个案例的分析，或许就能解开你心里的疑问，为你找到满意的答案。

案例：1996年4月，入市多年空仓已久的某高手开始进场选股了。他先将下面4张图（见下面图9～图12）中的股票选入自己的股票池，然后从K线、成交量上进行反复比较，最后重仓持有了其中一只股票，操作时分3次买进该股。据了解，后来这位高手在这只股票上赚得钵满盆满，获得了几十倍的超额投资收益。

请问：①高手是如何在股市中找到选股的最佳机遇期的？②高手在选股布局上有什么特点？他最后从这4只股票中选择了哪一只股票进行重点投资？③高手既然看好某只股票，为什么操作时犹犹豫豫，要分3次买进该股？④这个案例能给我们带来什么重要启示？

图9

图 10

图 11

图 12

【点评】上面4只股票，10年后走势出现了很大分化，其中高手重仓的1只股票涨了几十倍，而其他3只股票却走了一个过山车行情，甚至有的股票10年后的股价比10年前还要低。可见，选股的问题有多么重要。

对普通投资者而言，我们更加要关心的是：高手选股的思路是什么？高手是怎样优中选优，精心挑选潜力股的？投资者在操作时要注意哪些问题？当这些问题被我们知其然并知其所以然后，我们的选股本领就会不同凡响，在低位挖掘到大牛股的美事就能指日可待了。

亲爱的股民朋友们，看了上面3个示例与点评，K线练兵是否重要，已不用我们再解释，想必大部分投资者心中都有了明确的答案。

我们可以告诉大家，类似K线练兵示例中的典型案例，在本书后面的K线练兵试卷中还有很多。K线练兵中的每一个典型案例都有很大的实战价值，里面蕴藏着许多不为常人所知的看盘技巧、炒股经验、投资秘笈。它能帮助投资者在股市操作中减少失误，大幅提高股市出击的成功率。

股市如战场。综观古今中外的战争你会发现，只有战前经过严格训练的战士，打仗时才能英勇骁战，让敌人胆寒。同样的道理，炒股若要出成绩必须经过严格训练。在股市里再好的炒股经验、再有用的投资秘笈，如果不是从艰苦的学习、训练中获得，即使偶尔听到了、看到了、拿到了，最后都如过眼烟云、纸上谈兵，发挥不了什么作用。故而我们暂不公布示例的答案，其答案将在K线练兵的训练过程中揭晓。此事敬请大家谅解。

无数事实证明，炒股能否成功关键在"练"。平时多练一点，实际操作时就能少走一点弯路。《股市操练大全》因其崇尚以练促学、学练结合，并具有股市学习与训练的双重功能而受到市场热烈追捧。为了报答广大读者对《股市操练大全》的厚爱，《股市操练大全》创作团队为广大投资者奉献了一份精彩纷呈，具有强烈实战指导意义的 K 线练兵大餐。其目的是想通过全方位、高密度、大容量的 K 线实战模拟演习，让参与者的投资理念、投资视野、投资技巧更上一层楼，股市操作水平出现质的飞跃。

　　简言之，K 线练兵就是对 K 线知识的全面考核与训练。经过严格的 K 线练兵训练，成绩优良者将会在股市操作中不断创出佳绩，实现股市腾飞的梦想。

K 线练兵

股市制胜的金钥匙

上　篇

K 线基础知识考核与练习

练则通　贵在坚持

通向财富之门

以练促学　学练结合　事半功倍

光学不练　学练分离　纸上谈兵

K 线练兵 ① 试卷

—— K 线基本概念识别测验题

说明：要了解股市运行规律，首先要认识 K 线，因为 K 线是股市中最主要的盘口语言。而认识 K 线的第一步就是要认识 K 线的一些基本概念，K 线概念说起来似乎很简单，但若要真正理解它还是有一定难度的。下面的测验题就是想通过一些实战图形来检验大家对 K 线的基本概念是否真正理解了，理解的程度怎样。实践证明，做完这些测验题会显著提升你对 K 线的认识与理解，这对股市操作将带来很大帮助。

测验题一、K 线实体有大小、阴阳、有无之间的区分。现在请你仔细观察下面这张图，然后回答问题。

请问：① 下面图中箭头所指的各是什么 K 线？ ② 这些 K 线的实体在形状上有什么区别？ ③ 为什么这些 K 线实体的大小会有如此大的差别？ ④ 阳线与阴线的根本区别在什么地方？ ⑤ 为什么一字线没有实体？ ⑥ 上涨中出现的一字线与下跌中出现的一字线，在技术上有什么区别？（本题 12 分，每答对一个小问题 2 分）

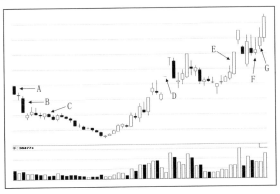

测验题二、下面两张图中都各有箭头所指的 K 线。其中，图 1 中箭头 A、B、C 所指的 K 线上都长了 1 根"小辫子"，图 2 中箭头 D、E、F 所指的 K 线上都拖了一条"尾巴"。

请问：① K 线上的辫子、尾巴其正规名称叫什么？② 它们各自表示什么意思？（本题 8 分，每答对一个小问题 4 分）

图1

图2

测验题三、下面这个股票的走势图有点奇怪。箭头 A 指的 K 线明明是阴线，但电脑上显示当天的股价却是涨的；箭头 B 指的 K 线明明是阳线，但电脑显示当天的股价却是跌的。

请问：这是怎么回事？你能对这件事作出合理的解释吗？（本题 10 分）

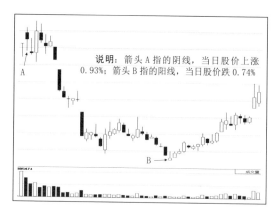

说明：箭头 A 指的阴线，当日股价上涨 0.93%；箭头 B 指的阳线，当日股价跌 0.74%

测验题四、大阳线是股市中最重要的 K 线形态。研究大阳线首先要对大阳线的形状有所了解，据《股市操练大全》第一册介绍，大阳线有四种形态。请你仔细看下面这 2 张图，大阳线的 4 种形态都有了，现在请你把它们找出来(每一种形态只要找一个即可)，找出来后再说说它们在信号的强弱上有什么不同？（本题 10 分）

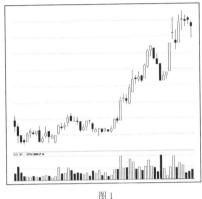

图1

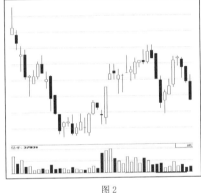

图2

测验题五、在 K 线走势图上出现大阳线应该怎么去分析，怎么去操作，这是每个投资者都必须认真对待与思考的问题。下面请大家看一张图，图中箭头所指的 K 线，都是当日涨停或接近涨停的大阳线。

请问：看了这些大阳线后有何感觉？能悟出一些什么道理吗？（本题 15 分）

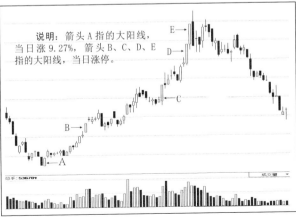

说明：箭头 A 指的大阳线，当日涨 9.27%，箭头 B、C、D、E 指的大阳线，当日涨停。

测验题六、通过前面的测验题，我们初步认识了股市中最重要的 K 线——大阳线是怎么一回事。现在我们再来认识股市中另一种非常重要的 K 线——大阴线。民间把大阴线俗称为大黑棒，因为它跌幅大，样子挺恐怖挺吓人的，故有这样的俗名。从技术上说，大盘股日跌幅超过 5%，小盘股日跌幅超过 7%，这时候出现的阴线才能称为大阴线。达不到这个标准的，一般只能称为中阴线。

那么，怎么来认识大阴线呢？首先，还是从它的形状以及信号的强弱上加以识别。请问：下面 5 张图中各有 1 根箭头所指的 K 线，这些 K 线都是大阴线，但它们各自的形状与表示的信号强弱是有所不同的，现在你能就这个问题说出其中的 A、B、C 吗？

（本题 15 分）

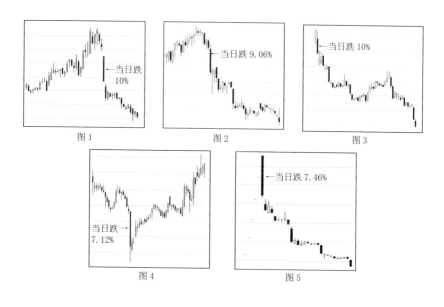

测验题七、通过上面一道测验题的练习，我们对大阴线的形状与其信号的强弱有了一个初步认识。下面我们再来研究一下，大阴线出现在不同的位置时对盘面产生的不同影响。

请问：下面两张图中各有3根大阴线（见图中箭头所指处），这3根大阴线各有什么特别的叫法？它们对盘面究竟产生了哪些不同的影响？（本题10分）

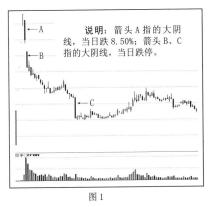

说明：箭头A指的大阴线，当日跌8.50%；箭头B、C指的大阴线，当日跌停。

图1

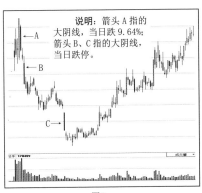

说明：箭头A指的大阴线，当日跌9.64%；箭头B、C指的大阴线，当日跌停。

图2

测验题八、在2017年末的总结会上，《股市操练大全》培训班的钟老师对大家说，下面的10张图反映了同一个股票在不同阶段的K线走势。其中，图1、图2反映了该股上市以来至2017年末的全部K线走势，图3反映了该股近10年来的K线走势，图4反映了该股近两年来的K线走势，图5反映了该股近五个月来的K线走势，图6反映了该股近一个月来的K线走势，图7反映了该股近半个月来的K线走势，图8反映了该股近一周来的K线走势，图9反映了该股近两天来的K线走势，图10反映了该股在2017年最后一个交易日最后一个半小时的K线走势。

现在我想问大家，这10张K线图有什么不同？它们究竟是一些什么样的K线走势图？这些K线图在股市里发挥了什么样的不同作用？（本题20分）

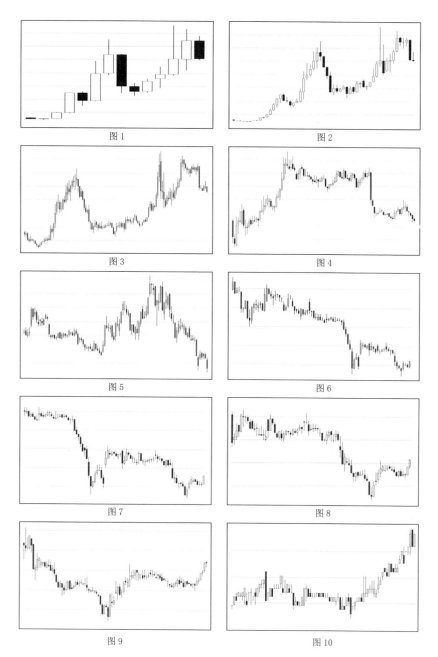

图 1

图 2

图 3

图 4

图 5

图 6

图 7

图 8

图 9

图 10

K线练兵①试卷

——K线基本概念测验题

参 考 答 案

测验题一、（本题 12 分）

答 :① 箭头 A 指的是中阴线，箭头 B 指的是大阴线（又叫长阴线），箭头 C 指的是小阴线、箭头 D 指的是一字线、箭头 E 指的是大阳线、箭头 F 指的是小阳线，箭头 G 指的是中阳线。（见下图）

美格智能（002881）日 K 线图

② 图中这些 K 线实体的形状，有的很长，有的很短，有的没有实体，如"一字线"。

③ K 线实体之间之所以会出现如此大的差别，都是由它们各自当日的开盘价与收盘价之间距离长短所决定的。也就是说，开盘价与收盘价两者之间距离越长，其实体就越大；反之，其实体

就越小。比如，箭头 A 指的是 1 根中阴线，当日股价下跌 5.93%，那么它当日的收盘价与开盘价之间只有 5.93% 的价差距离；而箭头 B 指的是 1 根大阴线，当日股价下跌 9.98%，那么它当日的收盘价与开盘价之间就有 9.98% 的价差距离。显然后者的价差距离比前者的价差距离大得多。由此可见，大阴线的实体比中阴线的实体长，是因为大阴线的收盘价与开盘价的价差距离大于中阴线的收盘价与开盘价的价差距离所造成的。

④ 阴线与阳线的区别是：阴线的开盘价出现在实体上方，收盘价出现在实体下方，但阳线则倒过来了，阳线的开盘价出现在实体下方，收盘价出现在实体上方。一般来说，阳线发出的是看涨信号【注1】。其中，大阳线看涨信号最强，中阳线看涨信号其次，小阳线看涨信号最弱。阴线发出的是看跌信号【注2】。其中，大阴线看跌信号最强，中阴线看跌信号其次，小阴线最弱。

⑤ 一字线是一种特殊 K 线，因为它的开盘价与收盘价之间处于同一价位，两者之间没有价差，这样也就不存在实体了。

⑥ 从技术上说，若在上涨过程中出现封住涨停的一字线，其反映的上涨信号是最强的（要强于大阳线）；若在下跌过程中出现封住跌停的一字线，其反映的下跌信号是最强的（要强于大阴线）。

测验题二、（本题 8 分）

答：①K 线上面出现的"辫子"，正规名称叫"上影线"。一般来说，K 线上出现上影线，表示股价在上涨过程中遭到了沉

【注1】阳线作为看涨信号，是指一般情况下。但股市是很复杂的，如在某些情况下，阳线也会变成看跌信号，有关这方面内容本书后面会作介绍。

【注2】阴线作为看跌信号，指的也是一般情况下。而在某些市场环境下，阴线也会变成止跌见底的信号，有关这方面内容本书后面会作介绍。

重的卖压,在空方打击下,股价只能向下回落。上影线出现的地方,表示这是股价曾经上涨到达过的价位,但最后是无功返回。K线下方出现的"尾巴",正规名称叫"下影线"。通常,K线出现下影线,表示股价在下跌过程中遇到了多方强烈抵抗。下影线出现的地方,表示这是股价曾经下跌到达过的价位,但打下去的股价最后又被收了上来。

② 从技术上说,K线上面的上影线越长,说明上档的抛压越重,日后股价下跌的概率就越大。比如,图1中箭头A、B、C指的K线上影线都很长,迫使股价不断向下回落,越走越低。反之,K线下方的下影线越长,说明下档的支撑就越强,日后股价回升的可能性就越大。比如,图2中箭头D、E、F指的K线下影线都很长,促使股价不断向上攀升,越走越高。

中国银河(601881)日K线图　图1　　　　山西汾酒(600809)日K线图　图2

测验题三、（本题10分）

答:一般情况下,如果走势图上出现阳线,股价是涨的;如果走势图上出现阴线,股价是跌的。正因为如此,很多人就以为K线收阳,股价一定是涨的;K线收阴,股价一定是跌的。但这样的认识是片面的。因为K线收阳或收阴，并不是以股价涨跌为衡量标准的，它是以股票的开盘价与收盘价之间的正相关与逆相关为衡量标准的。也就是说，当股票的开盘价与收盘价为正相关（指收盘价高于开盘价）时，K线就是阳线。当股票的开盘价与收盘价为逆相关（指收盘价低于开盘价）时，K线就是阴线。比如，下图中箭头A指的K线，当天股价是高开的，虽然收盘价低于开盘价，但仍高于昨天的收盘价。按照K线制定的规则，它只能是阴线。同样的道理，下面图中箭头B指的K线，虽然这天的股价比昨天的收盘价低，但因为它当天的收盘价高于开盘价，故而，走势图上显示的就是阳线。

说明：箭头A指的阴线，当日股价上涨0.93%；箭头B指的阳线，当日股价跌0.74%

卫光生物（002880）日K线图

测验题四、（本题10分）

答：图1中箭头A指的K线是带有上影线的大阳线，箭头B指的K线是光头光脚的大阳线。图2中箭头C指的K线是带有下影线的大阳线，箭头D指的K线是带有上、下影线的大阳线。据核查，这些不同类型的大阳线当日涨幅都超过了8%，有的是以涨停价收盘的，均符合大阳线的标准。

就大阳线的信号强弱而言，光头光脚大阳线的信号最强；其次，是带有下影线的大阳线；第三，是带有上影线的大阳线；第四，即信号最弱的是带有上、下影线的大阳线。

天坛生物（600161）日K线图　图1　　　三维丝（300056）日K线图　图2

测验题五、（本题15分）

答：《股市操练大全》第一册在分析大阳线时，把大阳线定性为既是看涨信号，又是看跌信号。那么，在什么情况下它是看涨信号，在什么情况下它又是看跌信号呢？这与大阳线出现的位置有很大关系。一般来说，如果大阳线出现在低位，自然多半是积极看涨的信号，如果大阳线出现在中位，那仍然是继续看涨的信号，但是，如果大阳线出现在高位，那就不是看涨的信号，而是看跌的信号了。

从下面这张图中就能清楚的看出大阳线在低、中、高三个不同的位置上，扮演了不同的角色，发挥了不同的作用，故而其发出信号的性质就不一样。比如，图中箭头A指的这根大阳线，是在股价连续下跌时出现的，它的出现一下子把底部锁定了，随后就启动了一轮新的上升行情。此时的大阳线，毫无疑问扮演了多方主力军的角色，是积极看涨信号。而箭头 B、箭头 C 指的 2 根大阳线是在上涨途中出现的，是主力用它来闯关的，这时候的大阳线扮演的是多方先锋队的角色，也有人把它比喻为多方向上进功的一次"空中加油"，预示后市继续看涨。所以投资者仍然可以把它们看成是看多做多的信号，可继续跟进或持股看涨。但到了箭头 D、E 指的 2 根大阳线时，这个时候股价已经处于相对高位，主力账面上已获利丰厚。对主力而言，股价涨到这个份上，接下来最重要的就是想办法把手中的筹码卖掉，这样账面上的利润才会转变为真金白银。因此在这个地方出现大阳线，就有主力用它进行诱多出货的嫌疑。故而此时出现的大阳线扮演的就是忽悠散户，加速赶顶的角色。如果这个时候投资者继续对大阳线看多，盲目跟进，很容易在高位吃套，从而给投资者造成重大损失。

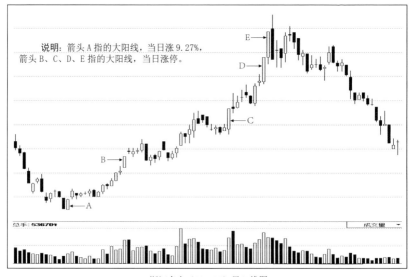

浙江东方（600120）日 K 线图

由此可见，当短期内股价出现大幅上涨，如果此时再出现大阳线，投资者就要对它高度警惕了，稍有不慎，就会落入主力的圈套，这是投资者操作时要特别注意的问题。

测验题六、（本题15分）

答：图1中箭头所指的是1根光头光脚的大阴线，当日股价跌幅达到10%，这根大阴线是没有上下影线的，所以叫他光头光脚。图2中箭头所指的是1根带有上下影线的大阴线，当日跌幅达到9.06%。图3中箭头所指的是1根带有较长上影线的大阴线，当日跌幅达到10%。图4中箭头所指的是1根带有较长下影线的大阴线，当日跌幅达到7.12%。图5中箭头所指的是1根超级大阴线（注：因为它的阴线实体特别长，故得此名）。这根超级大阴线出现时，虽然当日股价跌幅只有7.46%，但因为它当日是以涨停价开盘，然后一路下杀的，因此当日盘中跌幅很大。若以其开盘价至收盘价的这段距离计算，这个跌幅就达到了17.46%。故而，这天大阴线的实体看上去显得特别长。在市场上，业内人士一般把阴线实体超过10%的大阴线，称为超级大阴线。

国光股份（002749）日K线图 图1

中核科技（000777）日K线图 图2

兆丰股份（300695）日 K 线图　图 3

士兰微（600460）日 K 线图　图 4

下面我们来梳理一下这些阴线发出的看跌信号，谁最强，谁最弱？投资者见到它们应该怎样操作？

从技术上说，超级大阴线是阴线家族中看跌信号最强的，它在股价处于高位时出现，日后继续出现大跌的概率极高，所以投资者必须及时卖出。

光头光脚的大阴线，看跌

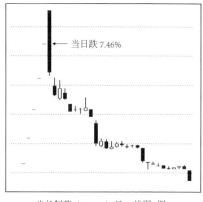

步长制药（603858）日 K 线图　图 5

信号的强度可以排在第二位。如果它在股价处于高位、次高位时出现，后面股价大跌的可能性也非常高，投资者应该及时止损离场。

带有较长上影线的大阴线，看跌信号的强度可排在第三位。因为它上面有较长的上影线，说明在大阴线的上方抛压也很重，此时投资者应保持看空做空策略，持币观望是最佳选择。

带有短的上下影线的大阴线，看跌信号的强度可排在第四位。若它出现在股价高位、次高位，也是一个重要的看跌信号，投资者应提高警惕。

带有较长下影线的大阴线，是所有大阴线中看跌信号最弱的一种阴线。因为下影线很长，表示下方遇到了多方的顽强抵抗，出现了积极的买盘。若它出现在低位，股价后市止跌的可能性较大。所以投资者在这个时候不宜再继续看空做空，应该适当的进行逢低吸纳，或许后面就会出现一轮上升行情。此时若盲目卖出，很有可能割肉就割在地板上，这样投资损失会非常大。

测验题七、（本题10分）

答: 图1、图2中箭头A指的大阴线，俗称为高位大阴线。图1、图2中箭头B指的大阴线，俗称为中位大阴线。图1、图2中箭头C指的大阴线，俗称为低位大阴线。

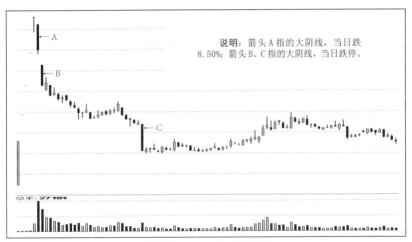

说明：箭头A指的大阴线，当日跌8.50%；箭头B、C指的大阴线，当日跌停。

江苏雷利（300660）日K线图 图1

经验告诉我们：盘中出现高位大阴线，后市大跌概率很大，应坚决看空做空。盘中出现中位大阴线，表明做空能量仍在释放，继续下跌的预期在，故仍然应该看空做空，持币观望。盘中出现低位大阴线，表明做空能量已基本释放，股价见底和即将见底的可能性很大，所以此时不宜再看空做空，相反要择机进行逢低吸纳。

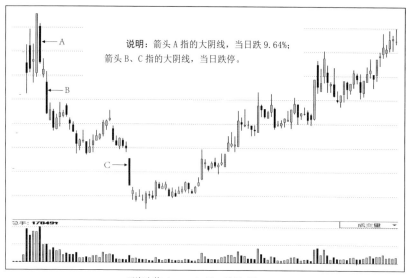

说明：箭头 A 指的大阴线，当日跌 9.64%；
箭头 B、C 指的大阴线，当日跌停。

正海生物（300653）日 K 线图 图 2

　　有人问，低位大阴线出现后的股价止跌见底，这个底究竟是什么性质的底呢？这个不能一概而论。因为它有时可能只是暂时止跌，形成一个阶段性底部，然后出现弱势反弹，反弹结束后仍会再度下跌。图 1 中的股票就是这种情形。但它有时也可能是一个中期底部，甚至是一个长期底部，底部形成后展开一轮新的上升行情。图 2 中的股票就是这种情况。可见，低位大阴线后出现止跌见底的底究竟是什么性质，具体情况要作具体分析，才能作出正确的判断。

　　但是话说回来，低位大阴线出现后，不管股价是暂时止跌，或出现弱势反弹的现象，还是见到了中期底部，甚至长期底部。其中有一点可以肯定的，那就是在低位大阴线出现后，盘中的做空力量得到了充分的释放，股价继续下跌的动力一下子消失了。因为这是一个比较确定的因素，所以在这个时候就不宜再卖出了，继续卖出往往就会卖出一个最低价。换一句话说，当时有人即使想卖出，也应该等一等，等到股价出现反弹时再逢高卖出，这样多少也可以减少一些投资损失。

这里特别要注意的是，若碰到低位大阴线出现后股价止跌，并由此形成了一个中期或长期底部，盲目看空卖出者就会错失一轮上升行情，这个损失就更大了。因为主力是十分狡猾的，有时低位大阴线出现后，股价马上就峰回路转，一路逼空向上。若碰到这样的情况，看到低位大阴线卖出的投资者，那一定要痛到心里了，这样的事情在中国A股市场时有发生。投资者不得不防。

下面请大家看一个实例。该股在低位出现大阴线（当天股价是跌停的）后，第二天出现了1根十字线，第三天就连续涨停，不到十个交易日，股价就翻了一倍有余。可见，该股在低位出现大阴线，制造恐慌，诱骗大家在低位割肉卖出，完全是主力精心设置的圈套，一旦卖出就无法把筹码在低位追回来，只能眼睁睁地看着股价一路飙升，这真是追悔莫及了（见下面图3）。

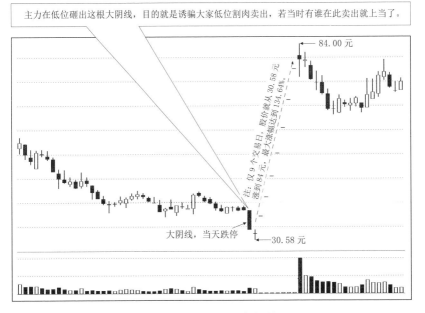

科恒股份（300340）日K线图　图3

测验题八、（本题 20 分）

答：这 10 张图把深圳中小板的华兰生物这个股票，自它上市以来到最近发生的股价变动情况，用不同形式的 K 线图对它做了系统的描述，这个描述大到年 K 线，小至一分钟 K 线，一点不漏，可以说是对该股的 K 线走势进行了全方位的最客观、最清晰的描述。

钟老师说，我今天向大家介绍这 10 张图不是故弄玄虚，而是想通过这些图告诉大家，不同形式的 K 线图发挥的作用是不一样的，投资者对它一定要有一个正确的认识。实践证明，做这样的练习对投资者的操作会带来很大帮助。

这次练习与平时的练习有一点区别。第一，题目中只是笼统的说，这是某股的 K 线图，至于到底是什么样的 K 线图，是日 K 线图还是周 K 线图，或者是代表其他时间段的 K 线图都没有注明。不注明的原因就是要告诉大家学会怎样去分析，若说明了就没有意义了。第二，这些 K 线图都是复权图。复权的意思是将该股上市以来进行送股、送红利等因素都考虑了进去，反映的是股价的实际涨跌幅。复权图与不复权图反映的股价是不同的。比如一个 10 元的股票，10 送 10 股，送股除权后股价就变成了 5 元。后来过了一年，股价又从 5 元涨至 10 元。如果不复权 K 线走势图上反映的股价就是 10 元，粗心的人会以为这个股票一年前是 10 元，一年后仍然是 10 元，股价没有涨．但复权后 K 线图上反映的股价就是 20 元，涨了一倍。

这里需要向大家说明的是，我们平时在电脑或手机屏幕上看到的 K 线图都是不复权的。当然，不复权的图也有它的优势。比如，图形清晰、简洁，何处送股除权了，何处没有送股除权，送股除权后股价是在填权还是贴权，一看就很清楚，这对平时分析股票走势会带来很大帮助。而复权图在这方面就做不到，因为它都是连成一片的，根本看不出什么地方出现了送股除权，至于有没有出现填权或是贴权就更加看不清楚了。故而，我们平时给大家做练习的 K 线图都是除权的 K 线图，而不是复权的 K 线图。今天的练习因为有特殊要求，所以采用了 K 线中的复权图。

现在言归正传，我们就来逐个解说本题 10 张 K 线图。

第 1 张图（见下图 1）是华兰生物的年 K 线复权图。该股票是 2004 年 6 月 25 日上市的，至 2017 年末，已走过了 14 个年头。每年 1 根 K 线，14 年来就是 14 根 K 线。从其年 K 线复权图可以看出，该股上市开盘价是 29.20 元，第 2 年最低跌至 11.74 元，在 2015 年最高涨至 794.89 元，2017 年末收盘价为 519.18 元。该股年 K 线复权图显示，投资者在低位买入后长期持有该股都是盈利的，而且盈利的幅度非常大（见图 1 中说明）。

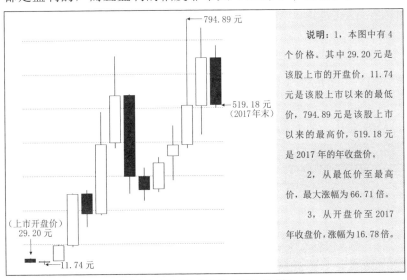

794.89 元

519.18 元
（2017 年末）

（上市开盘价）
29.20 元

11.74 元

说明：1，本图中有 4 个价格。其中 29.20 元是该股上市的开盘价，11.74 元是该股上市以来的最低价，794.89 元是该股上市以来的最高价，519.18 元是 2017 年的年收盘价。

2，从最低价至最高价，最大涨幅为 66.71 倍。

3，从开盘价至 2017 年收盘价，涨幅为 16.78 倍。

华兰生物（002007）年 K 线（复权）图 图 1

那么，什么是年 K 线图呢？简而言之，年 K 线是以一年的第一个交易日的开盘价，年末最后一个交易日的收盘价，以及全年的最高价与全年的最低价几个要素结合在一起画出来的 K 线，若将每年的年 K 线按顺序排列，就是年 K 线走势图。

年K线图最大作用是什么呢？年K线图是检验股票有无投资价值，以及投资价值究竟有多大的试金石。因为从年K线复权图上很容易鉴别出该股票究竟给投资者长期带来的是正收益还是负收益，以及收益或亏损究竟有多大。比如，华兰生物上市以来至2017年的年K线复权图说明一个事实：该股在以往的14年中，长期投资价值是很大的，只要这个势头能保持下去，投资者对该股操作的主要策略应该以中长线投资为主，即在股价跌至中长线低点处买进，然后长期持有，在股价升至中长线高点处卖出，这将是投资该股的最主要的盈利方法。当然，往后要继续实施这个方法必须有一个必要条件。必要条件是，该股的基本面要像以前那样持续向好，若基本面变坏了，那么该股的长期投资价值就会消失。也就是说，该股就有可能由牛转熊，这是投资者投资该股必须注意的问题。

接下来看第2张图（见图2），这张图是华兰生物上市以来至2017年末的季K线复权图。季K线是以每季第一个交易日的开盘价，季末最后一个交易日的收盘价，以及本季度中的最高价与最低价几个要素结合在一起画出来的K线。若将季K线按序排列就是季K线走势图。

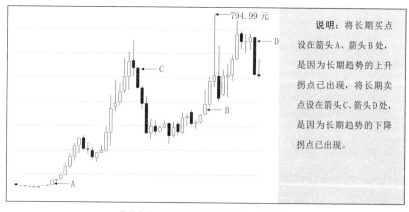

说明：将长期买点设在箭头A、箭头B处，是因为长期趋势的上升拐点已出现，将长期卖点设在箭头C、箭头D处，是因为长期趋势的下降拐点已出现。

华兰生物（002007）季K线（复权）图 图2

因为季 K 线是以季为单位画出来的 K 线，一年的走势要用 4 根季 K 线表示，这样 K 线的数量就要比年 K 线增加四倍。

季 K 线图与年 K 线图一样，都是用来研判股价长期走势的，但季 K 线图因为以季为单位，其股价的长期高点，长期低点在何处，比年 K 线图看得更清楚。这样就能方便投资者按季 K 线图来分析股价长期买点或卖点在什么地方。比如，华兰生物的长期买点可设在箭头 A、箭头 B 处，长期卖点可设在箭头 C、箭头 D 处（见图 2 中说明）。

接着，再来看第 3 张图（见图 3）。这张图是华兰生物 2008 年 1 月至 2017 年 12 月的月 K 线复权图。月 K 线是以每个月第一个交易日的开盘价，月末最后一个交易日的收盘价，以及本月中最高价与最低价几个要素结合在一起画出来的 K 线。若将月 K 线按序排列就是月 K 线走势图。

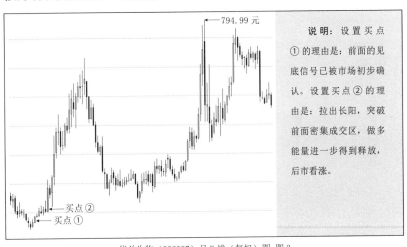

说明：设置买点①的理由是：前面的见底信号已被市场初步确认。设置买点②的理由是：拉出长阳，突破前面密集成交区，做多能量进一步得到释放，后市看涨。

华兰生物（002007）月 K 线（复权）图 图3

有人问，月 K 线图的作用是什么呢？如果说年 K 线图、季 K 线图是反映股价长期走势的最佳图形。那么，月 K 线图就是反映股价中长期走势的最佳图形，而且月 K 线相比季 K 线来说，更加具有操作性。比如，季 K 线图中的买点往往只能设置一个，但月 K 线中买点就能分别设买点 ①、买点 ②（见图 3 中说明），这样投资者操作起来就更有层次感，防控风险的效果就更好。

接着，再来看第 4 张图（见图 4）。这张图是华兰生物 2016 年 1 月至 2017 年 12 月的周 K 线复权图。周 K 线是以每周第一个交易日的开盘价，周末最后一个交易日的收盘价，以及本周中的最高价与最低价几个要素结合在一起画出来的 K 线。若将周 K 线按序排列就是周 K 线走势图。

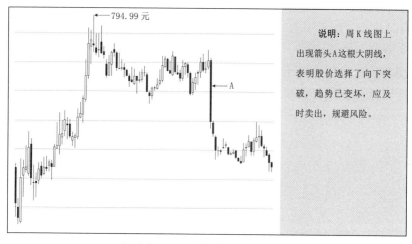

说明：周 K 线图上出现箭头 A 这根大阴线，表明股价选择了向下突破，趋势已变坏，应及时卖出，规避风险。

华兰生物（002007）周 K 线（复权）图　图 4

有人问，周 K 线图的作用是什么呢？周 K 线图与月 K 线图的区别是：月 K 线图是用来研判中长期走势的最佳图形，而周 K 线图则是用来研判中短期走势最佳图形。从操作层面上看，若以周 K 线对股价的中期趋势进行研判，其准确性虽然不及月 K 线图，但灵活性却要大大优于后者。因为后者一定要等一个月后 K 线走势才能表现出来，而前者在一周后 K 线走势就能表现出来。这样投资者就能根据周 K 线的变化及时采取行动，该进就进，该退就退，操作上就显得很主动。比如，图4中箭头A指的这根阴线，是2017年7月第一周出现的，当周股价下跌了14.38%。出现这么大的周阴线表明该股中期走势已变坏，应及时卖出，而若要看月K线就一定要等3周之后，等这个月的交易结束，月K线才能反映出来。显然，等到月K线大阴线出来后再卖出损失会更大。

接着，再来看第5张图（见图5）。这张图是华兰生物2017年8月1日至2017年12月28日的日K线图。日K线图是以每日早上的开盘价至当日的收盘价，以及当日的最高价与最低价几个要素结合在一起画出来的K线。若将日K线按顺序排列就是日K线走势图。

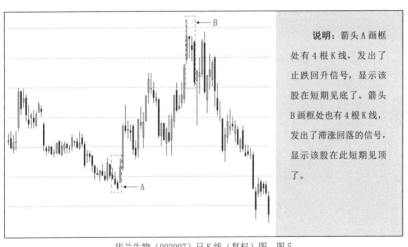

说明：箭头A画框处有4根K线，发出了止跌回升信号，显示该股在短期见底了。箭头B画框处也有4根K线，发出了滞涨回落的信号，显示该股在此短期见顶了。

华兰生物（002007）日K线（复权）图　图5

日K线图是我们最常见的K线走势图，日K线图是用来研判短期走势的最佳图形。所谓短期走势也就是一个月，最多几个月的股价走势。日K线图以各种阴阳不同的K线，向人们展示股价短期运行的态势。比如，股价是否短期已经见顶了，或正在见顶；股价是否短期已经见底了，或正在见底（见图5中说明）。

研判日 K 线图是股民预判短期行情，掌握市场主动权的最重要途径，所以，各种不同类型的投资者对日 K 线图都给予重大关注。

接着，请大家再来看图 6～图 10 这 5 张图。这 5 张图为什么要放在一起解析呢？因为它们都是表示分时走势的 K 线图。其中，图 6 是 60 分钟的 K 线图，图 7 是 30 分钟的 K 线图，图 8 是 15 分钟的 K 线图，图 9 是 5 分钟的 K 线图，图 10 是 1 分钟的 K 线图。通常，市场上称分时 K 线图为超短线 K 线图。那么，这些分时 K 线图中的 K 线根据什么去制作的呢？这个制作的规则与前面介绍的 K 线制作规则是一样的。比如，60 分钟 K 线图就是将每一个小时作为一个时间单位，将一个小时开始的第一笔交易价格作为其开盘价，一个小时结束的最后一笔交易价格作为其收盘价，以及在这个小时出现的最高价与最低价几个要素结合在一起画出来的 K 线。若将 60 分钟 K 线按顺序排列就是 60 分钟 K 线走势图。其他形式的分时 K 线图制作方法都可以根据它以此类推。

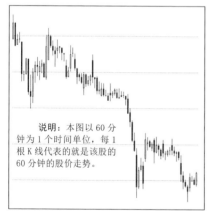

说明：本图以 60 分钟为 1 个时间单位，每 1 根 K 线代表的就是该股的 60 分钟的股价走势。

华兰生物（002007）60 分钟 K 线图　图 6

说明：本图以 30 分钟为 1 个时间单位，每 1 根 K 线代表的就是该股的 30 分钟的股价走势。

华兰生物（002007）30 分钟 K 线图　图 7

加油！平时多练一点，
实战时就会少走一点弯路。

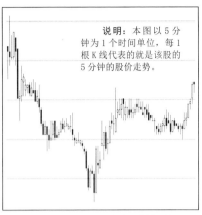

说明：本图以15分钟为1个时间单位，每1根K线代表的就是该股的15分钟的股价走势。

说明：本图以5分钟为1个时间单位，每1根K线代表的就是该股的5分钟的股价走势。

华兰生物（002007）15分钟K线图　图8

华兰生物（002007）5分钟K线图　图9

　　有人问，这些分时K线图起什么作用呢？它所起的作用就是帮助投资者把握超短线带来的交易性机会。虽然说60分钟K线图、30分钟K线图、15分钟K线图、5分钟K线图、1分钟K线图，都是反映股价超短线走势的图形，但它们反映的时间长短是有差别的，所发挥的作用也有所不同。比如，60分钟K线图，30分钟K线

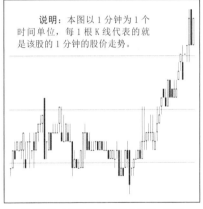

说明：本图以1分钟为1个时间单位，每1根K线代表的就是该股的1分钟的股价走势。

华兰生物（002007）1分钟K线图　图10

图，对研判一周或几天的股价超短线走势较为适宜；15分钟K线图对研判当天或最近两天的超短线走势较为适宜；5分钟K线图、1分钟K线图对研判当天，甚至一个小时、半个小时的超短线走势较为适宜。其实，不做超短线的投资者，就不用关注这些分时K线图，因为它们对你的投资起不到什么作用。

　　钟老师说，我今天介绍这些K线走势图，目的就是想告诉大

家，投资股票时，如果想了解、研究它的长期走势、中期走势、中短期走势和短期走势，以及超短期走势，不要找错方向，应该有针对性选择K线走势图进行分析研究，这样才能产生积极的效果。

【又及】本书完稿后向外征求意见时，大家说做了这道练习题增加了不少知识，这对进一步了解K线的作用与K线技巧是有很大帮助的。不过，也有一些人提出了一些问题，希望我们给予解答。

1、问：这些不同形式的K线图可以从什么地方查阅？

答：先将屏幕上的画面调到日K线图上，然后找到键盘上的F8，按一下，日K线图就转变为周K线图，再按一下就转变为月K线图，只要不停地按下去，各种形式的K线图都会出现。

2、问：怎么查阅K线复权图呢？

答：以同花顺炒股软件为例，一般来说，屏幕画面显示的K线图都是不复权的，在这个画面出现时可按鼠标右上方处，此时屏幕上会出来一份"菜单目录"，在其最下方会出现"复权"两个字。操作时可将鼠标箭头对准复权两个字，此时就会在旁边出来一份新的"菜单"。在这个菜单上列有"向前复权"、"向后复权"、"高级复权"、"除权"等目录，此时，只要用鼠标箭头对准"向后复权"按击，屏幕上就能出来一份K线图复权的画面。查阅后要恢复成不复权图，只要在菜单中，点击"除权"一栏，就会恢复成原来的不复权K线图走势画面。

一般来说，查阅复权图都是查阅后复权图，后复权图与前复权图的区别是：复权是对股价进行权息修复，即按照股票的实际涨跌绘制股价走势图。前复权就是在K线图上以除权后的价格为基准来测算除权前股票的市场成本价，后复权就是在K线图上以除权前的价格为基准来测算除权后股票的市场成本价。本题中10张K线走势图用的都是后复权图。

3、问：以前我们做股票不看复权的 K 线图做得也可以，今后做股票是不是一定要看 K 线的复权图？

答：没有谁规定做股票一定要看复权的 K 线图。我们只是认为，光看不复权的 K 线图可能存在片面性，如果这时候同时看它的复权后的 K 线图，对股票的了解就会更加全面、客观，操作起来就会减少一些失误。现在，我们仍以华兰生物的年 K 线图为例，对这个问题作一些解释。前面我们给大家看的是该股年 K 线复权图，下面我们再来看该股的年 K 线不复权图（见下面图

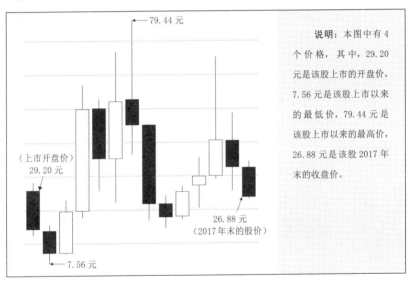

华兰生物（002007）年 K 线图 图11

11）。

从华兰生物的年 K 线不复权图看，该股 2017 年末的收盘价是 26.88 元。而该股 2004 年上市首日的开盘价是 29.20 元。也就是说，该股上市 14 年来股价不但没有涨反而是跌的，2017 年末收盘价比 14 年前上市时的开盘价还要低 2.32 元。大家看到这样的年 K 线图就会得出一个错误的结论，这样的股票是没有投资

价值的。其实，这是一个很大的错觉，因为不复权的年K线图是不会把送股、送红利的因素考虑进去，若都考虑进去了，那情况就天差地别了。根据该股年K线复权图，华兰生物2004年的开盘价是29.20元，但2017年来的收盘价是519.18元，14年间股价涨了16.78倍。这个涨幅比一线城市房价的涨幅还要大很多。如果说这样的涨幅都没有投资价值，那在神州大地已找不到什么东西有投资价值了。再说得明白一点吧，如果当初有人在华兰生物上市当日以开盘价买进1万股，花掉了不到30万（包括各种手续费，印花税），一直持股到2017年末卖出，他的投资收益就可达到489万（519万减掉本金30万），14年回报率超过16倍。请问：这样的投资回报还小吗？

可见，看了复权图与不复权的K线图，感觉是完全不一样的。所以要客观、全面的认识一个股票，研究它是否有投资价值，就不能不看它的复权图。

常言道，是骡子是马拉出来溜溜。平时K线学习得怎样，心中无数。参与这次K线练兵测验，就能全面检验自己的学习成果，可及时发现问题，修正错误，唯有如此，才能在股市中做到三省吾身，更上一层楼。

K 线练兵 ② 试卷

—— K 线标准图形识别测验题

姓名：_____ 分数：_____

说明：学习汉语，首先要能熟练地表达常见汉字的形、音、义。其实学习 K 线也是如此，投资者先要对常见的 K 线图形的形（形状）、音（名称）、义（技术意义）能娴熟地表达出来，这是学习 K 线必须要跨越的一道坎。下面的测验题将检查你在这方面的认知与熟练程度。

测验题一、请说出下列图中画圈处的 K 线名称，并简要说明它们各自的特征与技术意义？（本题 9 分）

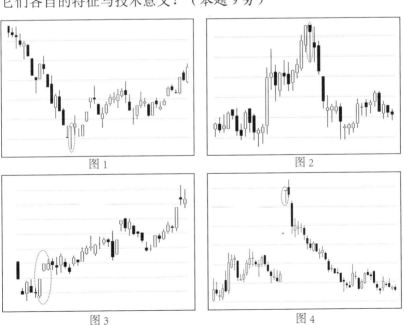

图 1   图 2

图 3   图 4

图 5

图 6

测验题二、请说出下图中画圈处的 K 线名称，并简要说明它们各自的特征与技术意义？（本题 9 分）

图 1

图 2

图 3

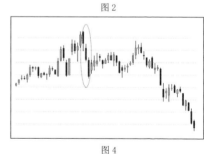

图 4

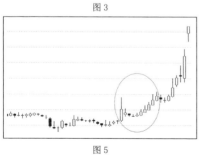

图 5

图 6

测验题三、请说出下列图中画框处的 K 线名称，并简要说明它们各自的特征与技术意义？（本题 9 分）

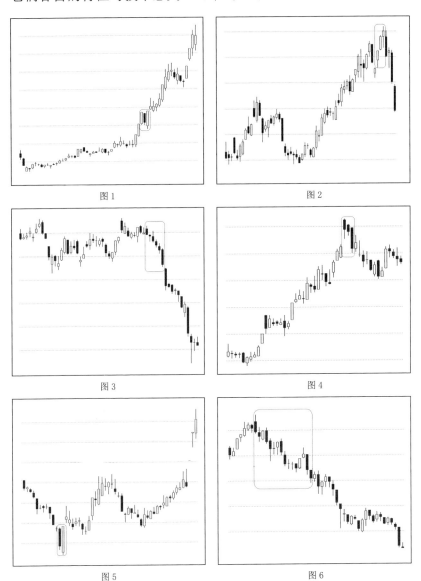

图 1

图 2

图 3

图 4

图 5

图 6

测验题四、请说出下列图中画框处的 K 线名称，并简要说明它们各自的特征与技术意义？（本题 9 分）

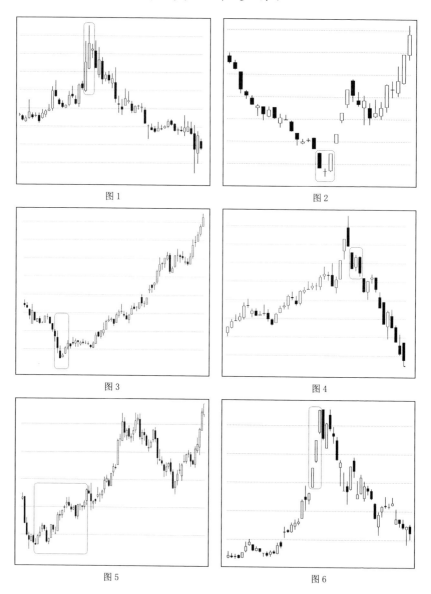

图1

图2

图3

图4

图5

图6

测验题五、请说出下列图中画框处的 K 线名称，并简要说明它们各自的特征与技术意义？（本题 9.5 分，其中图 1 为 2 分，图 2-图 6 各 1.5 分。）

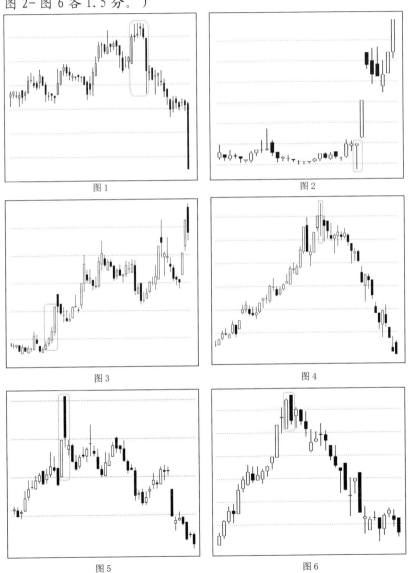

图 1

图 2

图 3

图 4

图 5

图 6

测验题六、请说出下列图中画框处的 K 线名称,并简要说明它们各自的特征与技术意义?(本题 9 分)

图 1

图 2

图 3

图 4

图 5

图 6

测验题七、请说出下列图中画框处的 K 线名称，并简要说明它们各自的特征与技术意义？（本题 9 分）

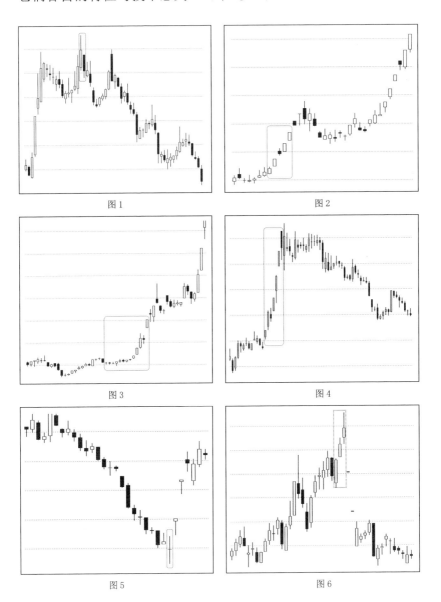

图1

图2

图3

图4

图5

图6

测验题八、请说出下列图中画框处的 K 线名称，并简要说明它们各自的特征与技术意义？（本题 9.5 分，其中图 1 为 2 分，图 2-图 6 各 1.5 分。）

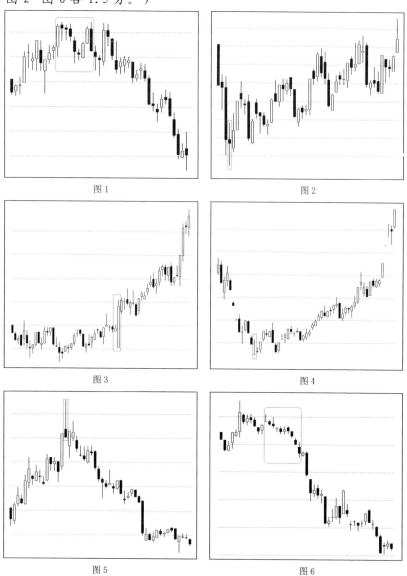

图 1

图 2

图 3

图 4

图 5

图 6

测验题九、请说出下列图中画框处的 K 线名称，并简要地说明它们各自的特征与技术意义？（本题 9 分）

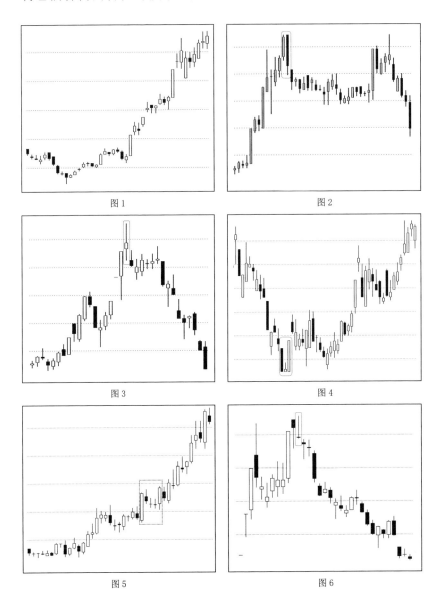

图 1

图 2

图 3

图 4

图 5

图 6

测验题十、请说出下列图中画框处的 K 线名称，并简要说明它们各自的特征与技术意义？（本题 9 分）

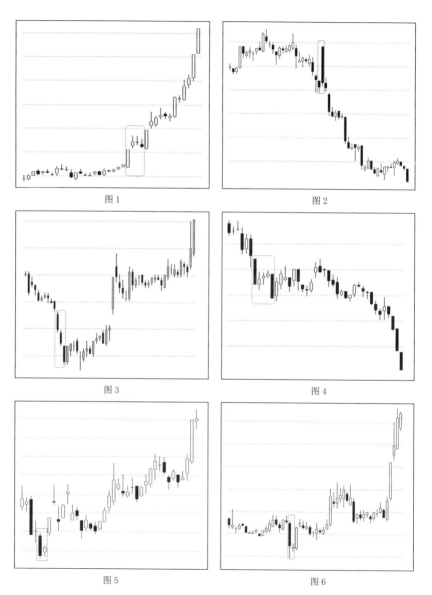

图 1

图 2

图 3

图 4

图 5

图 6

测验题十一、请说出下列图中画框处的 K 线名称，并简要说明它们各自的特征与技术意义？（本题 9 分）

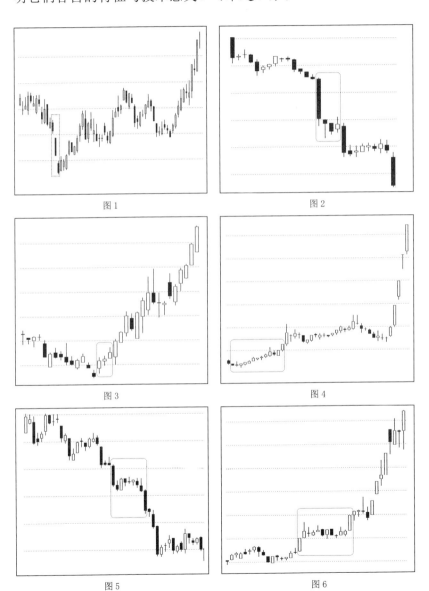

图1

图2

图3

图4

图5

图6

K 线练兵 ② 试卷
—— K 线标准图形识别测验题

参 考 答 案

测验题一、（本题9分）

答：图1中画圈处的K线叫"T字线"。其特征是：开盘价、收盘价相同，形成一个"一"字，只留下1根下影线。技术意义：在股价连续下跌，特别是大跌后出现，是强烈的见底信号。

图2中画圈处的K线叫"吊颈线"。其特征是：上方是一个小阴线或小阳线，无上影线，但下影线很长，至少是实体的两倍以上。技术意义：见顶信号，后市看跌，特别是股价大涨后见顶意味更浓。

上海电力（600021）日K线图 图1

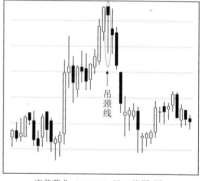

康美药业（600518）日K线图 图2

图3中画圈处的K线叫"高位并排阳线"。其特征是：它由3根K线组成．下面是1根大阳线或中阳线，中间有一个缺口，上面是2根并排的小阳线。技术意义：继续看多，后市看涨。

图4中画圈处的K线是T字线。该T字线与上面图1中的T字线不同（当时它处于大跌之中），是出现在大涨之后，此时的T字线，在技术上是一种见顶信号。

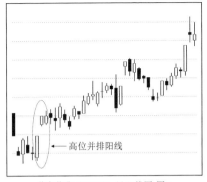

紫鑫药业（002118）日K线图 图3

中国联通（600050）日K线图 图4

图5中画圈处的K线叫"下跌抵抗形"。其特征是：它由若干根阴线和阳线组成，但阴线远多于阳线，股价连续跳低开盘，即使中间收出阳线，但收盘价也要比前1根K线的收盘价低。技术意义：这是一个强烈的卖出信号，后市看跌。

图6中画圈处的K线叫"早晨十字星"。其特征是：它由3根K线组成，第1根K线是大阴线或中阴线，第2根K线是低开的小阴线或小阳线，第3根K线是大阳线或中阳线，第3根K线的收盘价已高于或接近第1根K线的开盘价。技术意义：见底信号，后市看涨。

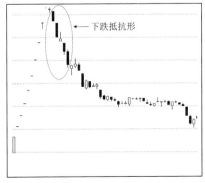

道道全（002852）日K线图 图5

新华传媒（600825）日K线图 图6

测验题二 、（本题9分）

答：图1中画圈处的K线叫"身怀六甲"。其特征是：它由大小不等的2根K线组成，通常是一阳一阴，第1根K线实体要完全包容第2根K线实体，第2根K线可以是小阳、小阴线，也可以是十字线。技术意义：在上涨途中出现身怀六甲是见顶信号，见顶信号的强弱，与身怀六甲2根K线实体的大小密切相关。也就是说，前面1根阳线实体越大，后面1根阴线实体越小，见顶的信号就越强烈。

图2画圈处的K线名称叫"曙光初现"。其特征是：它由一阴一阳2根K线组成。先是出现1根大阴线或中阴线，接着出现1根大阳线或中阳线，阳线实体已深入到阴线实体的1/2处以上。技术意义：见底信号，后市看涨。后面的阳线实体深入到前面阴线实体的部分越多，见底的信号就越强烈。

双环科技（000707）日K线图 图1

海虹控股（000503）日K线图 图2

图3中画圈处的K线叫"黑三兵"。其特征是：它由3根小阴线组成，最低价1根比1根低。技术意义：卖出信号，后市看跌。

图4中画圈处的K线叫"下跌三连阴"。其特征是：它由3根阴线组成，阴线多为大阴线或中阴线，每根阴线都以最低价或次低价收盘，最后1根阴线一般是大阴线。技术意义：若在下跌

初期出现，是强烈的看跌信号。

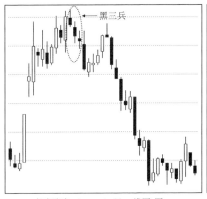

长安汽车（000625）日 K 线图 图 3

方正科技（600601）日 K 线图 图 4

图 5 中画圈处的 K 线叫"多方尖兵"。其特征是：它由若干根 K 线组成，在出现 1 根带有长上影线的阳线之后，接着，股价就在这根上影线的压制下回落，但不久股价再次发力向上，冲过前面这根上影线的最高点。技术意义：多方尖兵是多方用来进行试探性进攻的图形，后市看涨。

图 6 中画圈处的 K 线叫"空方尖兵"。其特征是：它由若干根 K 线组成，在出现 1 根带有长下影线的阴线之后，接着，股价出现反弹，但不久股价又跌至下影线的下方。技术意义：空方尖兵是空方用来进行试探性进攻的图形，后市看跌。

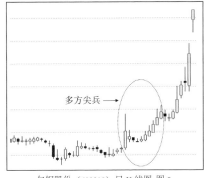

包钢股份（600010）日 K 线图 图 5

汇纳科技（300609）日 K 线图 图 6

测验题三 、（本题9分）

答：图1中画框处的K线叫"两红夹一黑"。其特征是：它由2根较长的阳线和1根较短的阴线组成，阴线夹在阳线中间。技术意义：若在涨势中出现两红夹一黑是继续看涨信号，若在跌势中出现两红夹一黑是见底信号。两红夹一黑中的最后1根阳线力度越大（如光头光脚的大阳线），其看涨信号就越强烈。

图2中画框之处的K线叫"升势停顿"。其特征是：它由3根阳线组成，上升时先出现2根力度较大的阳线，第3根阳线力度一下子萎缩，是1根实体很小的小阳线。技术意义：滞涨信号，后市看跌。

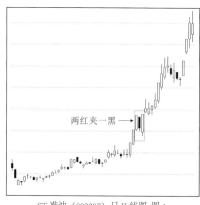 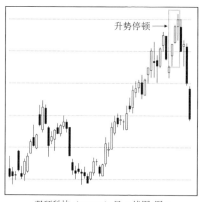

ST准油（002207）日K线图 图1   双环科技（000707）日K线图 图2

图3中画框处的K线叫"徐缓下跌形"。其特征是：先接连出现几根小阴线，然后拉出1根大阴线或中阴线。技术意义：滞涨信号，后市看跌。若徐缓下跌形出现在下跌初期，它预示着股价下跌之门已打开，后市还有较大的下跌空间。

图4中画框处的K线叫"三只乌鸦"。其特征是：它由3根阴线组成。阴线多为大阴线或中阴线，每次均以跳高开盘，最后高开低走，第2根阴线收盘价低于第1根阴线收盘价，第3根阴线收盘价又低于第2根阴线收盘价。技术意义：见顶信号，后市看跌。

徐缓下跌形

中金岭南（000060）日 K 线图 图 3

三只乌鸦

中信证券（600030）日 K 线图 图 4

图 5 中画框处的 K 线叫"底部穿头破脚"。其特征是：它由一短一长 2 根 K 线组成。短的 K 线为阴线，长的 K 线为阳线。也可以由若干根小 K 线（多为阴线），再加上 1 根大阳线组成。技术意义：在下跌趋势中出现为买进信号，若在大跌的情况下出现，见底信号的意味就更浓。

图 6 中画框处叫"下跌不止形"。其特征是：众多阴线中夹杂着少量小阳线，整个 K 线排列呈现向下倾斜状。技术意义：卖出信号，后市看跌。下跌不止形整个 K 线组合中阴线数量越多，看跌的信号就越强烈。

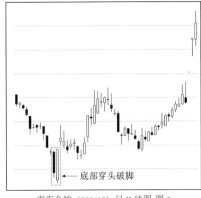

底部穿头破脚

渤海金控（000415）日 K 线图 图 5

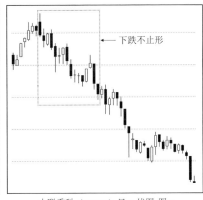

下跌不止形

中联重科（000157）日 K 线图 图 6

测验题四、（本题9分）

答：图1中画框处的K线叫"阳线跛脚形"。其特征是：它由3根以上（含3根）的阳线组成，最后2根阳线都是低开的，且最后1根阳线的实体嵌在前1根阳线的实体之内。技术意义：滞涨信号，后市看跌。若阳线跛脚形最后2根一大一小阳线的实体相差悬殊，后市看跌的意味就更浓。

图2中画框处的K线叫"早晨十字星"。其特征是：它由3根K线组成。第1根是大阴线或中阴线，第2根是十字线，第3根是大阳线或中阳线，第3根阳线的收盘价已接近或高于第1根阴线的开盘价。技术意义：见底信号，后市看涨。特别是股价大幅下跌后出现早晨十字星，见底的信号就更强烈。

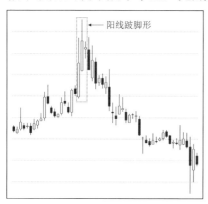

掌趣科技（300315）日K线图 图1

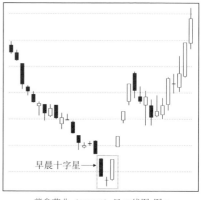

紫鑫药业（002118）日K线图 图2

图3中画框处的K线叫"加速度线"。其特征是：开始是缓慢下跌，后来就是快速下跌，接连拉出大阴线或中阴线。技术意义：见底信号，后市看好。若在下跌趋势的后期出现加速度线，加速赶底的意味就更浓。加速度线出现后，股价触底反弹的可能性很大，有时会形成V形反转走势。

图4中画框处的K线叫"两黑夹一红"。其特征是：它由2根较长的阴线和1根较短的阳线组成，阳线夹在2根阴线中间。

技术意义：在涨势中出现是见顶信号，在跌势中出现继续看跌。第 3 根阴线的收盘价与第 2 根阳线的开盘价距离越大，下跌的动能就越大。

鸿达兴业（002002）日 K 线图 图 3

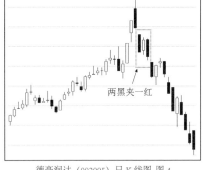

德豪润达（002005）日 K 线图 图 4

图 5 中画框处的 K 线叫"稳步上涨形"。其特征是：众多阳线夹杂着少量小阴线，整个 K 线排列呈现向上倾斜状。技术意义：买进信号，后市看涨。若整个稳步上涨形中的阳线越多，看涨的信号就越强烈。

图 6 中画框处的 K 线叫"连续跳空三阳线"。其特征是：它由 3 根以上阳线组成，阳线多为大阳线或中阳线，阳线与阳线之间有一个向上跳空缺口。技术意义：在股价大涨后出现是赶顶信号。

大族激光（002008）日 K 线图 图 5

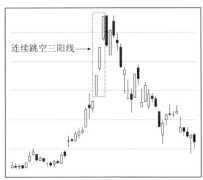

平安银行（000001）日 K 线图 图 6

测验题五、（本题9.5分）

答：图1中画框处的K线叫"塔形顶"。其特征是：它由若干根K线组成。其形状像一个"塔"，第1根K线是1根大阳线或中阳线，接着在其上方出现一串小阴、小阳（包括十字线）之类的K线。然后突然出现1根大阴线或中阴线，从而完成了一个"塔"的结构。技术意义：塔形顶是非常重要的见顶信号，后市看跌。

图2中箭头所指的K线叫"锤头线"。其特征是：该K线分为两个部分，上面的部分是一个实体很小的K线（可阴可阳），下面部分是1根很长的下影线。技术意义：见底信号。锤头线的下影线越长，该信号的强度就越大。另外，大家要注意的是，锤头线形状与吊颈线形状类似，它们之间的区别是：锤头线出现在下跌趋势及股价的低位处，吊颈线出现在上涨趋势及股价的高位处。

金花股份（600080）日K线图 图1

冠福股份（002102）日K线图 图2

图3中画框处的K线叫"徐缓上升形"。其特征是：它由若干根大小不等的阳线组成，先是出现几根小阳线，然后再出现1根大阳线或中阳线。技术意义：出现在涨势初期，是一个重要的看涨信号。

图4中箭头所指的K线叫"长十字线"。其特征是：开盘价与收盘价相同，或基本相同，但最高价与最低价距离拉得很开，

因此上影线与下影线都很长。技术意义：在股价大涨后出现是见顶信号，后市看跌。

英联股份（002846）日K线图 图3

中视股份（600088）日K线图 图4

图5中画框处的K线叫"淡友反攻"。其特征是：它由2根K线组成，先是出现1根大阳线或中阳线，接着，第二天股价跳高开盘，然后一路下杀，收出1根大阴线或中阴线。阴线的收盘价与前面阳线的收盘价相同或基本相同。技术意义：见顶信号，后市看跌。

图6中画框处的K线叫"乌云盖顶"。其特征是：它由2根K线组成，第1根K线是大阳线或中阳线，第2根K线是高开低走的大阴线或中阴线，并且阴线的实体已深入前面阳线实体的1/2以下。技术意义：见顶信号。若该图形中的后1根阴线实体深入前面阳线实体的部分越多，见顶意义就越强。

英联股份（002846）日K线图 图3

中视股份（600088）日K线图 图4

测验题六、（本题 9 分）

答：图 1 中画框处的 K 线叫"黄昏十字星"，其特征是：它由 3 根 K 线组成，第 1 根 K 线是大阳线或中阳线，第 2 根 K 线是十字线或倒 T 字线，第 3 根 K 线是大阴线或中阴线。技术意义：见顶信号，后市看跌。黄昏十字星中第 2 根 K 线的上影线越长，见顶信号就越强烈。

图 2 中箭头所指的 K 线叫"倒锤头线"。其特征是：该 K 线分为两个部分，上半部分是 1 根长上影线，下半部分是实体很小的小阳线或小阴线。技术意义：在股价大跌后出现倒锤头线是见底信号，后市看涨。

 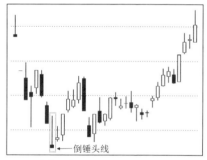

冠福股份（002102）日 K 线图 图 1　　　　上海贝岭（600171）日 K 线图 图 2

图 3 中画圈处的 K 线叫"塔形底"。其特征是：它由若干根 K 线组成。左边第 1 根 K 线是大阴线或中阴线，接着，在阴线的收盘价附近出现一连串小阳线或小阴线（包括十字线），然后再出现 1 根大阳线或中阳线。其形状像一个倒过来的"塔"，故而取名"塔形底"。技术意义：见底信号。若股价大跌后出现塔形底，其见底的意味就更加强烈。

图 4 中画框处的 K 线叫"下降覆盖线"。其特征是：它由 4 根 K 线组成，前 2 根 K 线构成一个顶部穿头破脚的图形，第 3 根 K 线是 1 根中阳线或小阳线，阳线实体明显的比前面的阴线实体矮一截，后 2 根 K 线构成一个乌云盖顶的图形。实际上，下降覆

盖线就是"穿头破脚"+"乌云盖顶"的复合顶部图形。技术意义：见顶信号，后市看跌。

海汽集团（603069）日 K 线图 图 3

三变科技（002112）日 K 线图 图 4

图 5 中画框处 K 线叫"平底"。其特征是：它由若干根 K 线组成。在一组横排的 K 线中，有 2 根或 2 根以上 K 线的最低价，以并列方式或间隔方式处于相同或基本相同的位置。技术意义：见底信号。一般来说，平底 K 线中触及相同最低价的 K 线数量越多，底部信号就越扎实，后市上升空间就越大。

图 6 中画框处的 K 线叫"尽头线"。其特征是：它由 2 根 K 线组成。第 1 根 K 线是大阳线或中阳线，阳线上方有 1 根明显的上影线，第 2 根 K 线是 1 根小阳线或小阴线，其"身体"躲在第 1 根大阳线的上影线之中。技术意义：出现尽头线，表示盘中做多能量耗尽。这是一个明显的滞涨信号，后市看跌。

海翔药业（002099）日 K 线图 图 5

特变电工（600089）日 K 线图 图 6

测验题七、（本题9分）

答：图1中画框处的K线叫"倾盆大雨"。其特征是：它由2根K线组成，第1根K线是大阳线或中阳线，第2根K线是大阴线或中阴线，出现阴线的当天是低开的，然后一路下行，最后，交易结束时阴线的收盘价已低于前面阳线的开盘价。技术意义：见顶信号。若阴线实体低于阳线实体的部分越多，转势信号就越强烈。

图2中画框处的K线叫"上升抵抗形"。其特征是：它由若干根K线组成。阳线远多于阴线，连续跳高开盘，即使偶尔出现阴线，但收盘价也要比前1根K线收盘价高。技术意义：买进信号，后市看涨。

中国银河（601881）日K线图 图1

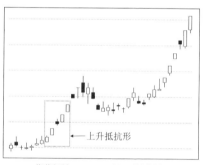

华菱钢铁（000932）日K线图 图2

图3中画框处的K线叫"弧形线"。其特征是：在涨势初期出现，它由若干根K线组成，阳线多于阴线，整个股价走势呈现一个向上的弧形状态。技术意义：买进信号，后市看涨。

图4中画框处的K线叫"加速度线"。其特征是：在涨势后期出现，它由若干根K线组成，股价上涨先慢后快。越到后面上涨的速度越快，大阳线接连不断。技术意义：赶顶信号，后市看淡。

（图4说明：加速度线分为两种类型：一种类型是在下跌趋势中出现，这是赶底信号；另一种类型是上涨趋势中出现，是赶顶信号。）

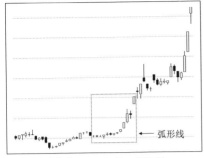

福建高速（600033）日K线图 图3

海王生物（000078）日K线图 图4

图5中箭头所指的K线叫"长十字线"。其特征是：开盘价与收盘价相同或基本相同，但最高价与最低价距离拉得很开，因此上影线与下影线都很长。技术意义：在股价大跌后出现长十字线是见底信号，后市看涨。

图6中画框处的K线叫"升势受阻"。其特征是：它由3根大小不等的阳线组成，第1根阳线的实体最大，第2根阳线的实体明显缩小，第3根阳线不仅实体最小，而且还出现了1根很长的上影线。技术意义：见顶信号，后市看跌。第3根K线的上影线越长，见顶的信号就越强烈。

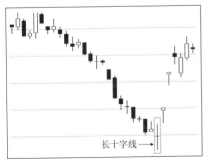

中国石油（601857）日K线图 图5

山河智能（002097）日K线图 图6

（图5说明：长十字线出现在低位是见底信号，若长十字线出现在高位是见顶信号。）

测验题八、（本题9.5分）

答：图1中画框处的K线叫"平顶"。其特征是：它由若干根K线组成。在一组相近的K线中，有2根或2根以上K线的最高价，以并列方式或间隔方式处于相同或基本相同的位置。技术意义：见顶信号。一般来说，平顶K线中触及相同最高价的K线数量越多，顶部信号就越强烈，后市下跌空间就越大。

图2中箭头所指的K线叫"螺旋桨"。其特征是：K线中间的实体很小，实体可阴可阳，但K线两端的上、下影线都很长，看上去就像老式飞机上的螺旋桨，故名为螺旋桨K线。技术意义：出现在下跌途中为见底信号，若在股价大跌后出现，则见底的概率更大。

南岭民爆（002096）日K线图 图1　　　东阿阿胶（000423）日K线图 图2

（图2说明：若在上涨途中出现螺旋桨K线，特别是在大涨后出现的为见顶信号。）

图3中画框处的K线叫"下探上涨形"。其特征是：它由2根K线组成，第1根K线是正常运转的K线，但第2根K线突然大幅低开（甚至会以跌停价开盘），尔后股价就一路上扬，当日会形成1根长阳线，甚至超长阳线（比如，股价以涨停价收盘）。技术意义：买进信号，后市看涨。该信号的强弱与其阳线的实体大小成正比例关系，即第2根阳线的实体越大，上涨的信号就越强。

图 4 中箭头所指的 K 线叫"倒 T 字线"。其特征是：该 K 线的开盘价，收盘价，最低价都处于同一个价位，但因为最高价与其有很大距离，所以在 K 线上留有 1 根很长的上影线，构成一个倒 T 字形状的图形。技术意义：在股价大跌后出现倒 T 字线，尤其是在跌势末端出现的是见底信号。

江苏国泰（002091）日 K 线图 图 3

利达光电（002189）日 K 线图 图 4

图 5 中箭头所指的 K 线叫"射击之星"。其特征是：该 K 线分为两个部分，上面部分是 1 根很长的上影线，下面部分是一个实体很小的 K 线（实体可阴可阳），其形状像是一支射击出去的箭，故被人称为"射击之星"。技术意义：见顶信号，后市看跌。一般来说，射击之星的实体与上影线之间的比例越悬殊，该看跌信号的参考价值就越大。

图 6 中画框处的 K 线叫"绵绵阴跌形"。其特征是：由若干根小 K 线组成（一般不少于 8 根 K 线），其中以小阴线居多，中间可夹着一些小阳线、小十字线之类的 K 线，整个 K 线呈现略微向下倾斜状态。技术意义：卖出信号，后市看跌。投资者要注意的是，虽然盘中出现绵绵阴跌时股价的跌幅不大，但犹如黄梅天的阴雨下个不停，从而延长了下跌的时间，拓展了下跌的空间，股价很可能长期走弱。

新华文轩（601811）日 K 线图 图 5

中国石油（601857）日 K 线图 图 6

测验题九、（本题 9 分）

答：图 1 中画框处的 K 线叫"上涨两颗星"。其特征是：它由 3 根 K 线组成，在上涨时先出现 1 根大阳线或中阳线，然后在它的上方出现 2 根并列的小 K 线（实体可阴可阳，或是十字线）。技术意义：看多信号，继续看涨。若上方出现的是 2 根小阳线，其上涨信号就更加可靠些。

图 2 中画框处的 K 线叫"穿头破脚"。其特征是：它由一阳一阴 2 根 K 线组成。先是出现 1 根阳线（少数为十字线，一字线），然后再出现 1 根大阴线或中阴线。将前面的阳线全覆盖（不包括上、下影线）。技术意义：在上涨趋势中出现穿头破脚是见顶信号，后市看跌。若后面的阴线是光头光脚跌停大阴线，则见顶信号就更加强烈。

图 3 中箭头所指的 K 线叫"螺旋桨"。其特征是：K 线中间的实体很小，实体可阴可阳，但 K 线上、下两端的影线都很长。技术意义：在上涨途中出现螺旋桨 K 线，是见顶信号，后市看跌。根据历史数据统计：在股市中，以螺旋桨 K 线而见顶的频率非常高，投资者应高度警惕。

广东鸿图 (002101) 日 K 线图 图 1

ST 天润 (002113) 日 K 线图 图 2

图 4 中画框处的 K 线叫"镊子线"。其特征是：它由 3 根 K 线组成，先是出现 1 根大阴线或中阴线，接着，出现 1 根小 K 线（可阴可阳），然后，再出现 1 根大阳线或中阳线。3 根 K 线实体的下端几乎处在同一个水平位置上。该图形看上去就像有人正拿着镊子在夹着小东西，故名为镊子线。技术意义：在下跌途中出现镊子线为见底信号，后市看涨。

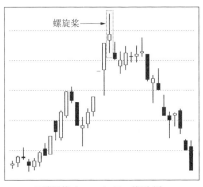

三维通信 (002115) 日 K 线图 图 3

古井贡酒 (000596) 日 K 线图 图 4

（图 3 说明：若在大跌后出现螺旋桨 K 线，此时螺旋桨 K 线就变成了见底信号。不过，螺旋桨 K 线作为见顶信号出现的次数远多于在其低位作为见底信号出现的次数。）

图 5 中画框处的 K 线名称叫"上升三部曲"。其特征是：它由大小不等的 5 根 K 线组成，先是出现 1 根大阳线或中阳线，接着出现 3 根小阴线（也可以是十字线），但都没有跌破前面阳线的开盘价，然后出现 1 根大阳线或中阳线，将前面 3 根小阴线全部吞没，最后 1 根阳线的收盘价已高于第 1 根阳线的收盘价，其整个图形类似英文字母 N。技术意义：继续看涨信号。后面 1 根阳线力度越大（如拉出涨停大阳线），看涨信号就越强烈。

图 6 中箭头所指的 K 线叫"倒 T 字线"。其特征是：该 K 线的开盘价，收盘价，最低价几乎都处于同一个价位，但因为最高价与其有很大的距离，所以在 K 线上留有 1 根很长的上影线，构成一个倒 T 字形状的图形。技术意义：在股价大涨后，特别是在涨势末端出现为的见顶信号。

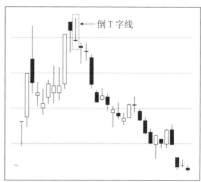

生益科技（600183）日 K 线图 图 5　　　　海汽集团（603069）日 K 线图 图 6

（图 6 说明：若在大跌之后出现倒 T 字线，此时倒 T 字线就变成了见底信号。）

一分耕耘一份收获，认真做好每一道题，就能实现从量变到质变的飞跃！

测验题十、（本题9分）

答：图1中画框处的K线叫"上涨三颗星"。其特征是：它由4根K线组成，在上涨时先出现1根大阳线或中阳线，然后在它的上方出现3根并列的小K线（实体可阴可阳，或是十字线）。技术意义：看多信号，继续看涨。若并列的小K线都是阳线，其上涨的信号就更加强烈。

图2中画框处的K线叫"高开出逃形"。其特征是：它由2根K线组成，先是出现1根正常走势的K线（可阴可阳），接着，第二天股价突然大幅高开，甚至以涨停价开盘，然后一路下跌，收出1根大阴线。技术意义：卖出信号，后市看跌。阴线实体越大，卖出信号越强烈。

首商股份（600723）日K线图 图1

新华文轩（601811）日K线图 图2

图3中画框处的K线叫"下跌三连阴"。其特征是：它由3根K线组成。阴线多为大阴线或中阴线，每根阴线都以最低价或次低价收盘，最后1根阴线一般力度最大。技术意义：若在下跌后期出现的是止跌或见底信号。

图4中画框处的K线叫"下降三步曲"。其特征是：它由大小不等的5根K线组成。先是出现1根大阴线或中阴线，接着，出现3根小阳线（也可以是十字线），但它们都没有站到前面阴

线的开盘价之上，然后，再出现1根大阴线或中阴线，将前面3根小阳线全部吞没，最后1根阴线的收盘价已低于前面1根阴线的收盘价。其整个图形就像英文字母N，技术意义：继续看跌信号，后面1根阴线的力度越大，看跌信号就越强烈。

TCL 集团（000100）日 K 线图 图 3 　　　　冠福股份（002102）日 K 线图 图 4

（图3说明：但若在高位或下跌初期出现下跌三连阴，则是强烈的见顶或继续看跌信号。）

图5中画框处的K线叫"身怀六甲"，因为它出现在下跌途中，又称为"底部身怀六甲"。其特征是：由大小不等的2根K线组成。第1根K线实体要完全包容第2根K线实体（其实体可以是小阳线，小阴线，也可以是十字线）。技术意义：在下跌途中出现的是见底信号。2根K线的比例越悬殊，见底的信号就越强烈。

图6中画框处的K线叫"下跌尽头线"。其特征是：它由2根K线组成，第1根K线是大阴线或中阴线，阴线下方有1根明显的下影线，第2根K线是小阳线或小阴线，其"身体"躲在第1根阴线的下影线之中。技术意义：做空能量耗尽，止跌信号，后市看涨。

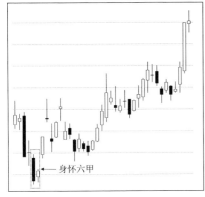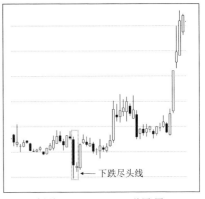

金铺钛业 (000545) 日 K 线图 图 5　　　　中国银河 (601881) 日 K 线图 图 6

（图 5 说明：若在上涨途中，特别是大涨后出现"身怀六甲"，此时的身怀六甲就变成了见顶信号。）

测验题十一、（本题 9 分）

答：图 1 中画框处的 K 线名称叫"连续跳空三阴线"。其特征是：它由 3 根较大的阴线（或是大阴线、或是中阴线，或是中、大阴线交织在一起）组成，每根阴线都以最低或次低价报收，阴线之间有一个明显缺口。技术意义：在跌势初期出现连续跳空三阴线，继续看跌，在下跌趋势后期出现的是见底信号。

图 2 中画框处的 K 线名称叫"下跌三颗星"。其特征是：它由 1 根大阴线或中阴线，加上 3 根小 K 线（实体可阴可阳，也可以是十字线，但以小阴线居多）组成。先是出现 1 根大阴线，然后在阴线的下方连续出现 3 根几乎并列的小阴、小阳线。技术意义：在下跌途中出现下跌三颗星是继续看跌信号，特别是下跌初期出现下跌三颗星，看跌信号就更加强烈。

图 3 中画框处的 K 线名称叫"红三兵"。其特征是：它由 3 根连续创新高的小阳线组成。技术意义：在股价大幅下跌后出现红三兵为见底信号，在股价上涨初期、中期出现红三兵，后市继续看涨。

兰生股份（600826）日 K 线图 图 1

中成股份（000151）日 K 线图 图 2

图 4 中画框处的 K 线名称叫"冉冉上升形"。其特征是：它由若干根小 K 线组成（一般不少于 8 根）。小 K 线可以是小阳线、小阴线或小 T 字线、小十字线，但以小阳线居多，整个 K 线呈现略微向上倾斜状态。技术意义：看涨信号。该 K 线组合犹如清晨冉冉升起的旭日，升幅虽不大，但它往往是股价大涨的前兆。如成交量能同步放大，这种可能性就很大。

图 5 中画框处的 K 线名称叫"低档盘旋形"。其特征是：由大小不等的若干根 K 线组成，其中阴线居多，一头一尾的 K 线都是大阴线或中阴线。盘中先是出现 1 根大阴线或中阴线，接着在它下方出现若干根横行的小阴、小阳线（或小十字线），然后，

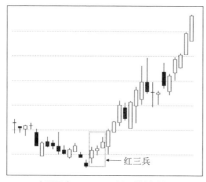

人民同泰（600829）日 K 线图 图 3

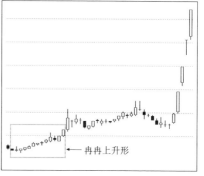

马钢股份（600808）日 K 线图 图 4

突然再出现 1 根下杀的大阴线或中阴线，整个 K 线形状就像下了一个台阶。技术意义：卖出信号，后市看跌。若在下跌初期出现低档盘旋形，看跌的信号就更加强烈。

图 6 中画框处的 K 线名称叫"上档盘旋形"。其特征是：它由大小不等的若干根 K 线组成，其中以阳线居多。盘中先是出现 1 根大阳线或中阳线，接着在它上方出现几根至十几根阴阳交错的小 K 线（包括小十字线），股价波动范围很小，几乎是在横着走，然后拉出 1 根大阳线或中阳线，股价再上一个新台阶。上档盘旋形的走势与低档盘旋形的走势特征正好相反，前者是以上台阶式的方式推动股价上升。后者是以下台阶的方式推动股价下跌。技术意义：在上涨初期出现上档盘旋形，股价最后选择向上居多，故为看涨信号。

不过要注意的是，若大阳线后面出现横盘的小阳、小阴 K 线数量超过 14 根，最后选择向下突破的居多，故投资者对大阳线出现后，横盘时间过长的现象应予以警惕。一般来说，等上档盘旋形选择向上突破时跟进做多比较安全，在它横盘时最好还是持币观望为宜。

远大控股（000626）日 K 线图 图 5

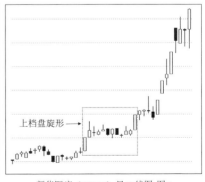

新华医疗（600587）日 K 线图 图 6

K 线练兵 ③ 试卷

—— K 线非标准图形识别测验题

姓名：_____ 分数：_____

　　说明：具有实质性涨跌信号的 K 线图形，可分为标准图形与非标准图形（俗称：K 线变化图形）两种形式。据了解，后者在股市中为大多数。因此，能否正确、及时的识别非标准 K 线图形，这是检验投资者是否真正读懂 K 线、了解 K 线的一块试金石。

　　测验题一、问：图中画框处是什么 K 线的变化图形？它们与其对应的标准图形有何区别？（本题 10 分）

图 1　　　　　　　　　　　　　　图 2

图 3　　　　　　　　　　　　　　图 4

测验题二、问：图中画框处是什么 K 线的变化图形？把它们列为变化图形的理由是什么？（本题 10 分）

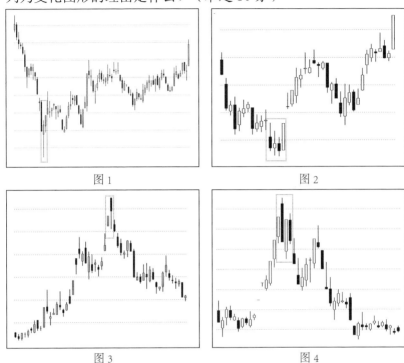

图 1　　　　　　　　图 2

图 3　　　　　　　　图 4

测验题三、下面 4 张图箭头指的是什么 K 线的变化图形？它们与标准 K 线图形有何区别？其技术意义是什么？（本题 10 分）

图 1

图 2

图 3

图 4

测验题四、请说出下面 4 张图中画框处属于什么类型的 K 线变化图形？判断它是某种类型 K 线的变化图形理由是什么？（本题 10 分）

图 1

图 2

图 3

图 4

测验题五、 下面 4 张图中画框处是什么 K 线的变化图形？它们与标准的 K 线图形有什么区别？其技术意义是什么？（本题 12 分）

图 1

图 2

图 3

图 4

测验题六、 请说出下列图中画框处是什么 K 线的变化图形？怎样认定？其理论依据是什么？（本题 12 分）

图 1

图 2

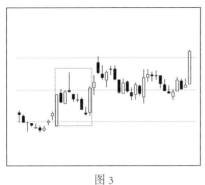

图 3

图 4

测验题七、问：图中画框处是哪种 K 线的变化图形？确定它是某 K 线变化图形的依据是什么？（本题 12 分）

图 1

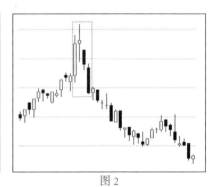

图 2

图 3

图 4

测验题八、请说出下面图中画框处是什么 K 线的变化图形？识别该 K 线变化图形的关键要抓住什么？除本题举的几个实例外，你还能举出哪些相关实例？（要求：举出的实例不少于 4 个，举出的实例越多，说明你对它的特点了解越多）（本题 24 分）

图1

图2

图3

图4

现实是残酷的，要想在股市中少亏多赢，不做"韭菜"，就要以练促学，练就一双火眼金睛。这样才能识破主力（庄家）的阴谋诡计，做到知己知彼，百战不殆。

K线练兵 ③ 试卷

—— K 线非标准图形识别测验题

参 考 答 案

测验题一、（本题 10 分）

答：图 1 中画框处是"跳空下跌三颗星"的变化图形。标准的跳空下跌三颗星出现在连续下跌行情中，盘中先是出现 1 根大阴线，然后跳空出现 3 根小阴线，从而勾画出一个标准的下跌三颗星图形。从技术上说，在连续下跌的行情中出现跳空下跌三颗星是股价见底的信号。图 1 中画框处的 K 线，除了在大阴线与下面 3 根小阴线之间少一个缺口外，其余特征与标准图形都相同，而它也确实起到了见底作用，故可判断它是跳空下跌三颗星的变化图形。（注："下跌三颗星标准图形与变化图形对照"，见下面图 A）

← 跳空下跌三颗星变化图形

华控赛格（000068）日 K 线图 图 1

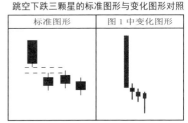

跳空下跌三颗星的标准图形与变化图形对照

图 A

图 2 中画框处是"低档盘旋形"的变化图形。标准的低档盘旋形出现在下跌行情中，盘中先是出现 1 根大阴线或中阴线，接着，在阴线下端处出现小阴、小阳线的横盘，然后，出现向下跳空开盘的大阴线或中阴线，股价创出新低。从技术上说，在下跌途中出现低档盘旋形是看跌信号。图 2 中低档盘旋形的变化图形，除了最后 1 根 K 线没有出现向下跳空开盘的现象外，其他都与标准图形相同，故可判断它是低档盘旋形的变化图形。（注："低档盘旋形标准图形与变化图形的对照"见下面图 B）

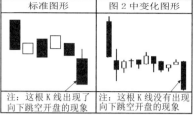

低档盘旋形的标准图形与变化图形对照

标准图形	图 2 中变化图形
注：这根 K 线出现了向下跳空开盘的现象	注：这根 K 线没有出现向下跳空开盘的现象

东方金钰（600086）日 K 线图 图 2

图 B

　　图 3 中画框处是"高位并排阳线"的变化图形。标准的高位并排阳线出现在涨势中，由 2 根阳线组成。第 1 根阳线跳空向上，其收盘时在前 1 根 K 线（多数是中阳线以上的阳线）上方留下一个缺口，第 2 根阳线与之并排，开盘价与第 1 根阳线的开盘价基本相同。图 3 中画框处的 K 线图形特征与标准的高位并排阳线的图形特征基本相同，只是向上跳空的 2 根小阳线之间上下略有高低，并没有完全呈现并排状态，但这不影响他对行情的看涨作用。故而可以判断它为高位并排阳线的变化图形。（注："高位并排阳线的标准图形与变化图形对照"，见下面图 C）

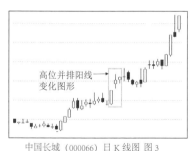

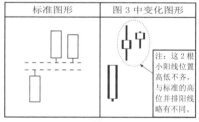

高位并排阳线的标准图形与变化图形对照

标准图形	图 3 中变化图形
	注：这 2 根小阳线位置高低不齐，与标准的高位并排阳线略有不同。

中国长城（000066）日 K 线图 图 3

图 C

　　图 4 中画框处是"阳线跛脚形"的变化图形。标准的阳线跛脚形出现在涨势中，一般由 3 根阳线组成，最后 2 根阳线都是低开的，并且最后 1 根阳线的收盘价比前面阳线的收盘价要低。图 4 中画框处的图形特征与阳线跛脚形的标准图形略有差异，但差别不大。比如，阳线跛脚形的标准图形中的 K 线是 3 根阳线，而

变化图形中的 K 线是 4 根阳线。又如，在变化图形中第 1 根、第 2 根 K 线都是带有上影线的小阳线，但在标准图形中多为 1 根中阳线或大阳线。

虽然，阳线跛脚形的标准图形与变化图形存在着这些细微的差别，但它们之间的主要特征是一致的，即最后 1 根阳线（通常是小阳线）的收盘价，一定是比前面 1 根阳线（通常是大阳线或中大阳线）的收盘价要低，从而形成了阳线的跛脚状态。一旦 K 线走势中出现这个"跛脚"状态，说明盘中做多力量严重不足，股价随时可能见顶回落，因而阳线跛脚形是一个地地道道的滞涨见顶信号。由此可见，投资者只要抓住"跛脚"这个主要特征，就可明确判断图 4 中画框处的 K 线就是阳线跛脚形的变化图形。（注："阳线跛脚形标准图形与变化图形对照"，见下面图 D）

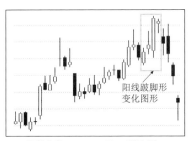

海螺水泥（600585）日 K 线图 图 4

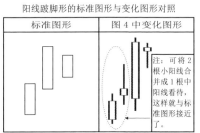

图 D

测验题二 、（本题 10 分）

答：图 1 中画框处是"曙光初现"的变化图形，图 2 中画框处是"旭日东升"的变化图形，图 3 中画框处是"淡友反攻"的变化图形，图 4 中画框处是"下降覆盖线"的变化图形。它们与标准的 K 线图形有什么区别呢？请看下面图 A 到 D 中的标准图形与变化图形的对照表。

我们先来分析图 1 中曙光初现的变化图形。标准的曙光初现图形由 2 根 K 线组成，第 1 根是大阴线或中阴线，第 2 根是大阳线或中阳线，阳线的实体已深入到前面的阴线实体的 1/2 以上处。

而图1中曙光初现的变化图形有3根K线。若只凭它前面一阴一阳2根K线是达不到曙光初现的技术要求的，但如果再加上后面的1根阳线，即把后面的2根阳线并作为1根阳线看，就符合曙光初现的技术要求了。这样我们就能判定图1中画框处的图形是曙光初现的变化图形。（注："曙光初现标准图形与变化图形的对照"，见下图A）

首创股份（600008）日K线图 图1

曙光初现标准图形与变化图形对照

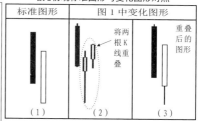

【说明】将上面图（2）中后2根K线重叠，变成了图（3）中的图形，改变后的图（3）与图（1）就有高度的相似性。

图A

　　下面我们再来分析图2中旭日东升的变化图形。标准的旭日东升图形由2根K线组成，第1根是大阴线或中阴线，第2根是大阳线或中阳线，阳线的收盘价已高于阴线的开盘价，从而形成了阳高阴低的图形格局。而图2中画框处有4根K线。如果在这4根K线中，我们只看最后2根K线是无法确定它是旭日东升变化图形的，因为其中的1根阴线是小阴线，不是旭日东升图形中必须要有的大阴线或中阴线。但当我们把图形延伸至4根K线，就符合旭日东升图形对阴线的要求了。方法是：大家只要把第1根K线的阴线与第3根K线的阴线相重叠，这样它们就变成了1根中阴线。而该图形的第4根K线是1根大阳线，大阳线与重叠后的中阴线在一起，就会形成阳高阴低的图形格局。经过这样的改变，其图形就完全符合旭日东升的技术要求了，故而我们可以把测验题图2中画框处的图形列为旭日东升的变化图形。（注："旭日东升标准图形与变化图形的对照"，见下面图B）

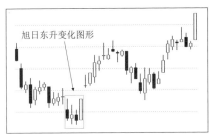

中天金融（000540）日 K 线图 图 2

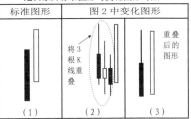

【说明】将上面（2）中前 3 根 K 线重叠，变成了图（3）中的图形，改变后的图（3）与图（1）就有高度的相似性。

图 B

接着，我们再来分析图 3 中淡友反攻的变化图形。标准的淡友反攻图形由 2 根 K 线组成，第 1 根 K 线是大阳线或中阳线，第 2 根 K 线是大阴线或中阴线。阴线的收盘价与阳线的开盘价处在同一价位上。虽然测验题图 3 中画框处的一阴一阳 2 根 K 线，其阴线实体、阳线实体的位置、长度都与标准的淡友反攻图形没有什么差别。但其中阴线的收盘价与阳线的开盘价之间有较大的距离，并且阴线下面还有 1 根很长的下影线。从表面上看，出现长下影线说明股价下方有较强的支撑。但根据 K 线运作原理，股价处于高位时出现长下影线多半是空方往下杀跌前的试盘，并不表明下方有什么实质性的做多力量在支撑。这根带有长下影线的大阴线是空方在高位发动反击的象征，它与标准的淡友反攻中大阴线的性质、作用是一样的，只不过在表现形式上两者略有差异而已。故而我们仍然可以把图 3 中画框处的图形定性为淡友反攻的变化图形。（注："淡友反攻标准图形与变化图形对照"，见下面图 C）

国际实业（000159）日 K 线图 图 3

淡友反攻的标准图形与变化图形对照

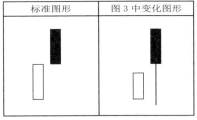

图 C

最后，我们来分析图 3 中下降覆盖线的变化图形。标准的下降覆盖线图形由 4 根 K 线组成，这 4 根 K 线分成 2 个部分：第一个部分是由前 2 根 K 线组成的顶部穿头破脚图形；第二个部分是由后 2 根 K 线组成的乌云盖顶图形。这说明下降覆盖线就是"穿头破脚 + 乌云盖顶"的 K 线组合。而图 4 中画框处的图形，若把它们分成两个部分，则是"穿头破脚 + 身怀六甲"的 K 线组合，这和标准的下降覆盖线还是有差异的。不过，如果从 K 线的实质上加以考量，它们是没有什么差异的，因为下降覆盖线前者是把 2 个重要的见顶信号组合在一起，以此来警示投资者股价已到了非常危险的境地，至于后半部分的图形是乌云盖顶还是身怀六甲并不重要。就做空的信号强度来说，下降覆盖线的图形与乌云盖顶的图形发出的做空信号，其强度不分上下。所以我们把图 4 中画框处的图形，定性为下降覆盖线的变化图形，理由非常充足，经得起推敲。（注："下降覆盖线标准图形与变化图形对照"，见下面图 D）

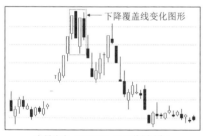

东风汽车（600006）日 K 线图 图 4

下降覆盖线标准图形与变化图形对照

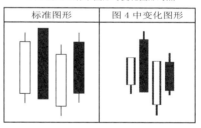

图 D

总之，测验题二中的 4 张图，画框处的图形都是股市中重要的见底或见顶信号。其中，图 1、图 2 中画框处的 K 线表现的是强烈的见底信号，投资者应积极跟进；图 3、图 4 中画框处的 K 线表现的是强烈的见顶信号，投资者应及时卖出。

测验题三 、（本题 10 分）

答：图 1、图 2 中箭头 A 指的 K 线，是倒锤头线的变化图形，图 3、图 4 中箭头 B 指的 K 线是吊颈线的变化图形。

大西洋（600558）日 K 线图 图 1

深圳华强（000062）日 K 线图 图 2

海王生物（000078）日 K 线图 图 3

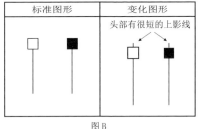

厦门钨业（600549）日 K 线图 图 4

那么，这些 K 线的变化图形与标准图形有何不同呢？下面我们将倒锤头线、吊颈线的标准图形与它们进行比较（见图 A、图 B），就可以看出两者的区别在什么地方。

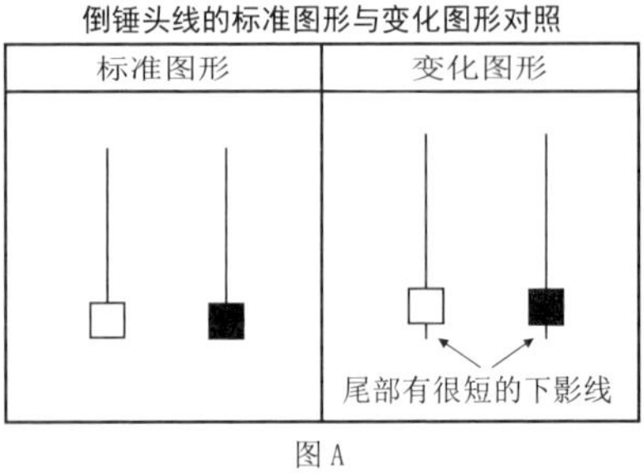

倒锤头线的标准图形与变化图形对照		吊颈线的标准图形与变化图形对照	
标准图形	变化图形	标准图形	变化图形

尾部有很短的下影线

头部有很短的上影线

图 A

图 B

从上面图 A 中看，倒锤头线标准的图形与变化图形区别在于，倒锤头线标准图形的尾部是没有下影线的，而倒锤头线变化图形的尾部是有很短的下影线的。

从上面图 B 中看，吊颈线标准图形与变化图形区别在于，吊颈线标准图形的头部是没有上影线的，而吊颈线变化图形的头部是有很短的上影线的。

这里大家要注意的是：无论是倒锤头线还是吊颈线，它们的变化图形与标准图形并没有什么质的差别。比如，无论是倒锤头线还是吊颈线，K 线实体可阴可阳，在这点上标准图形与变化图形两者之间是一致的。另外，作为倒锤头线上影线一定要很长，作为吊颈线，下影线也一定要很长。其实，变化图形与标准图形在这两方面要求是相同的。如果一定要说它们之间还有什么差别，那也是非常小的差别。比如，图 3 中出现的吊颈线的变化图形，它的阳线实体比标准图形中吊颈线的阳线实体要大一些，但这也是允许的，因为它的下影线很长，超过了其阳线实体的 2 倍，符合吊颈线的技术特征，把它归为吊颈线的变化图形，在逻辑上是站得住脚的。又如，图 1、图 2 中出现的倒锤头线变化图形，其实体比标准的倒锤头线的实体要小一些，但这也不会改变它的 K线性质，因其出现在下跌趋势的末端，上影线很长，它理所当然就是 1 根倒锤头线，它的出现表明空方能量得到充分释放，多方有可能在此绝地逢生。

测验题三图 1- 图 4 中变化图形的技术意义是：在股价下行途中出现倒锤头线的变化图形为见底信号，后市看涨；在股价上行途中出现吊颈线的变化图形为见顶信号，后市看跌。

测验题四 、（本题 10 分）

答：图 1- 图 4 中画框处的 K 线图形，都是尽头线的变化图形。在股市里，尽头线既可以出现在上涨途中，也可以出现在下跌途中。本题中这 4 张尽头线的变化图形，有 3 张图形是出现在上涨途中，有 1 张图形是出现在下跌途中。

冀东水泥（000401）日 K 线图 图 1

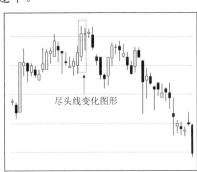

广博股份（002103）日 K 线图 图 2

华侨城 A（000069）日 K 线图 图 3

中信海直（000099）日 K 线图 图 4

　　为什么说它们是尽头线的变化图形呢？现在我们只要将它们与标准的尽头线图形做一个对照，大家就知道其中的道理了。

　　我们先来分析上涨途中出现的尽头线标准图形。它由一大一小 2 根 K 线组成，先是拉出 1 根大阳线或中阳线，这根阳线下面可以有下影线，也可以没有下影线，但必须有 1 根较长的上影线，接着第二天再出现 1 根小阴线，或小阳线、十字线，并且是依附在前面阳线的上影线之内。

　　下面我们再来分析，上涨途中的尽头线变化图形。上涨途中尽头线的变化图形与尽头线标准图形在形状上略有一些差异，但它具备了尽头线最核心的技术特征。上涨途中出现的尽头线变化图形，同样是由大小十分悬殊的 2 根 K 线构成。其出现的背景是：随着股价不断上涨，做多能量已耗尽，在拉出 1 根大阳线或中阳线后，多方已无力再把股价推上去，即使多方使出了很大力气，也只能是拉出 1 根很小的 K 线，这根小 K 线最好的情况也只是 1 根小阳线，差一点的就是小十字线，再差一点的是小阴线而已。而且这根小 K 线，通常出现在前面阳线的收盘价附近。

尽头线变化图形与尽头线的标准图形的区别是：尽头线标准图形的小 K 线明显地嵌入前面阳线的上影线之内，而尽头线变化图形中的小 K 线不会明显地嵌入前面阳线的上影线之内。其表现形式：或者是小 K 线与前面阳线的收盘价呈现并列状态；或者是前面阳线的上影线很短第 2 根小 K 线没有依附在前面阳线上影线之内的。（注："涨势中尽头线标准图形与变化图形对照"，见下面图 A）

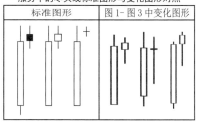

图 A

虽然尽头线变化图形与标准图形存在着这些差异，但它们之间主要技术特征是一致的，即多方在拉出 1 根带有上影线的中大阳线后，第二天就偃旗息鼓了，出现了 1 根滞涨的小 K 线，此时多方就像一个"缩头乌龟"。实际上，上涨时若出现这样的 K 线图形，说明多方已成了强弩之末，股价随时可能见顶回落。可见，缩头乌龟就是尽头线标准图形与变化图形所共有的一个鲜明特征。除此之外，尽头线标准图形与变化图形存在的细微差别都是次要的。

按照图形识别时要采取抓大放小的原则，平时我们观察K线图形时，只要比较下来在股价上涨时出现缩头乌龟这种现象，就可以推断它是尽头线的变化图形，这多半是正确的，不会犯错。

因此，我们可以有充分理由认定，图1、图2、图3中画框处的图形就是上涨时的尽头线变化图形。

最后，我们再来简单地说说，下跌时尽头线的标准图形与变换图形如何认定。

下跌时尽头线的标准图形是：先出现1根大阴线或中阴线，这根阴线可以没有上影线，也可以有上影线。但必须有1根很长的下影线，接着再出现1根小K线（可以是小阴线，或是小阳线、十字线），小K线一定要嵌在下影线之内。

从表面上看，图4中画框处的K线图形与下跌时标准的尽头线图形有一点差异。差异主要是第二根小K线——"十字线"没有嵌进前1根阴线的下影线之内。但仔细观察后就会发现，两者图形的基本特征是一致的，都是表示盘中做空能量已得到充分宣泄，空方已无力再将股价打下去。既然两者的主要技术特征是一致的，那么图形上的一些细微差别就不用管它了。所以我们就有理由判断图4中画框处的图形就是下跌时尽头线的变化图形。（注："跌势中尽头线标准图形与变化图形的对照"，见下面图B）

跌势中的尽头线标准图形与变化图形对照

图B

测验题五 、（本题12分）

答： 图1-图4中画框处的K线图形都是"早晨十字星"的变化图形。

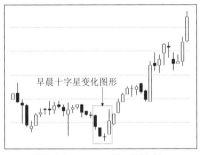

潍柴动力（000338）日K线图 图1

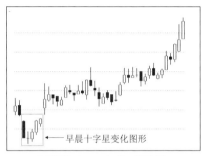

东阿阿胶（000423）日K线图 图2

吉林敖东（000623）日K线图 图3

华兰生物（002007）日K线图 图4

现在我们将早晨十字星的标准图形与变化图形作一番比较（见下图A），看看两者的区别在什么地方，头脑里先留下一个印象，然后再来进行详细分析。

早晨十字星标准图形与变化图形对照

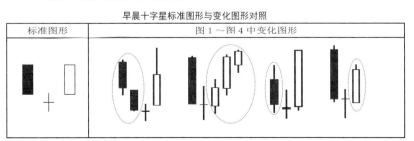

图A

接下来，我们就来说说早晨十字星的标准图形是怎么一回事。一般来说，它出现在下降趋势后期，由3根K线组成。第1根K线是大阴线或中阴线，第2根K线是1根小十字星，第3根K线是大阳线或中阳线，并且它的收盘价已高于或接近第1根K线的开盘价，转势信号十分强烈。

　　接着，我们再来看早晨十字星的变化图形。从图1－图4几个实例看，早晨十字星的标准图形与变化图形的差别还是很大的，只能说两者之间有70%的相似、30%的不相似。不相似的地方，我们在图中画了一个圈（见上页图A中画圈处）。但如果我们再作进一步分析，虽然两者之间有30%不相似的地方，但我们还是能找到它们之间的关联处。

　　比如，图1中的早晨十字星变化图形。如果我们将它的2根小阴线合并在一起看，就是1根中阴线，这根中阴线对应的是后面出现的中阳线。这样的话，该图形就和标准的早晨十字星就没有什么大的差别了。

　　同样的道理，图2早晨十字星变化图形中的3根小阳线也可以按此方式处理。如果把它们叠加在一起就变成为1根大阳线，这样它就和早晨十字星的标准图形相一致了。

　　图3中的早晨十字星变化图形，在它的右侧是1根带有上下影线的小阴线，它与标准图形中的阴线相比短了一截，但这不妨碍对其早晨十字星这个图形性质的认定。因为在对早晨十字星图形的辨认中，阴线实体短说明盘中做空能量小，这反而是件好事。只要后面的阳线实体比它大，那么就不会改变早晨十字星的性质。从某种程度上说，阴线实体短阳线实体长，反而是增强了早晨十字星的信号强度。

　　比较麻烦的是对图4中早晨十字星变化图形的认定，因为它与标准的早晨十字星图形相似度最低。这主要是它在最关键的第3根阳线上缺了一截，阳线实体短，说明做多能量小，因此要确定它为早晨十字星的变化图形，需要耐心多观察两天才能确定。

其实，早晨十字星的变化图形还不止这些，下面我们再来看2张图，这2张图中画框处也是早晨十字星的变化图形（见下面图5、图6）。

图5中画框处的图形，左边是1根中阴线，右边是1根中阳线，中间是1根小T字线，而不是标准图形中显示的小十字线，但小T字线与小十字线这两种K线的形状、作用都是差不多的。所以把它归为早晨十字星的变化图形理由很充分。

图6中画框处的图形与早晨十字星标准图形相比，图形出现了向上倾斜状，似乎有点差异。但它左边是1根大阴线，右边是1根比前面阴线力度更大的涨停大阳线，中间是1根小十字线。该图形完全符合早晨十字星的技术特征，因此将它归为早晨十字星的变化图形，名正言顺，不会有什么异议。

海王生物（000078）日K线图　图5

金圆股份（000546）日K线图　图6

早晨十字星变化图形的技术意义与早晨十字星标准图形的技术意义是一样的，都是股价见底的重要信号。但早晨十字星的变化图形有一定的隐秘性，不好寻找，也不好辨认，这就给投资者操作带来一定的困难。若投资者在操作时能仔细观察，及早识别出早晨十字星的变化图形，往往就能觅得一些非常好的投资机会。比如，上面几个实例中出现早晨十字星的变化图形后，过了一段时间，股价比前面都有不同程度的上涨，有的涨幅十分惊人。

测验题六 、（本题12分）

答： 图1- 图4中画框处都是"上升三部曲"的变化图形。

南岭民爆（002096）日 K 线图　图1

广东鸿图（002101）日 K 线图　图2

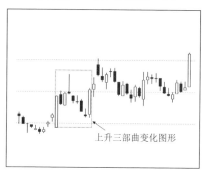

深圳华强（000062）日 K 线图　图3

吉林敖东（000623）日 K 线图　图4

　　对于这样的判断，有人怀疑，有人赞成。那么，为什么说它们就是上升三部曲的变化图形呢？下面我们还是按照老办法，先将上升三部曲的标准图形与之对照(见下图 A)，然后再进行分析。

上升三部曲的标准图形与变化图形对照

标准图形	图 1 ～图 4 中变化图形

图 A

首先，我们来看上升三部曲的标准图形是怎么构成的。它由大小不等的 5 根 K 线组成，盘中先是拉出 1 根大阳线或中阳线，接着连续出现 3 根小阴线，但都没有跌破前面阳线的开盘价，随后出现了 1 根大阳线或中阳线，其走势有点类似英文字母"N"。

　　有人会问，为什么会出现这样的图形走势呢？答案是主力有意为之。据了解，主力在拉抬股价做多时会先拉出 1 根大阳线，看到跟进来的人多了，或者主力觉得收集的筹码不多需要进行清理，接着就开始了连续放小阴线的动作，但这些小阴线的出现都在主力控制范围之内，主力不会让它们跌破前 1 根大阳线的开盘价。往后主力感到这次清理筹码的任务完成了，就会再拉出 1 根大阳线或中阳线，以此宣告这次洗盘行动结束。

　　也就是说，主力为了洗盘制造了 N 形上升图形，这就是上升三部曲的由来。大家可以再深一层想一想，主力制造 N 形走势进行洗盘，为什么一定要循规蹈矩，按照上升三部曲标准图形走势进行洗盘呢？如果主力每次都按这样的形式出牌，让对手摸清自己的底牌，这岂不是太傻了吗？正因为如此，主力用 N 形方式进行洗盘时，大部分情况下，其图形走势与标准的上升三部曲图形是有差异的，目的就是要迷惑对手，就像本题图 1- 图 4 中画框处变化图形一样。

　　当我们了解了主力的初心后，就会知道怎样去发现上升三部曲的变化图形。这个发现对于普通投资者来说非常重要，因为只要能确定是在上升初期出现上升三部曲图形走势，不管是标准的还是变化的上升三部曲，大家都可以积极看多做多，因为后面往往有一段上升的行情可期待。而要确定上升三部曲的变化图形也很简单，只要左右两边是大阳线或中阳线，即使有 2 根小阳线叠加形成的大阳线也无妨，中间 3 根小阴线扩大至 4 根、5 根甚至更复杂的小阴小阳走势也没有关系。只要整个图形走势出现 N 形状，就可以判断为上升三部曲的变化图形。根据这个逻辑推理，我们可以发现很多原来隐藏的不被人察觉的上升三部曲变化图形，并及时采取应对之策，就会显著提高实战操作的成功率。

【又及】本书完稿后向读者征求意见时，很多人认为这个练习对他们启发很大。他们不仅了解上升三部曲的变化图形，而且也明白了为什么会出现上升三部曲图形的缘由，这对往后正确运用 K 线，把握好投资机会会带来很大的帮助。同时他们希望我们能多举一些上升三部曲变化图形的实例，让他们进一步长长见识。为了满足大家愿望，我们请《股市操练大全》资料组找了一些这方面的实例，展示如下，供大家参考。

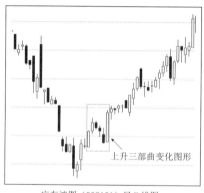

广东鸿图（002101）日 K 线图

兴化股份（002109）日 K 线图

科陆电子（002121）日 K 线图

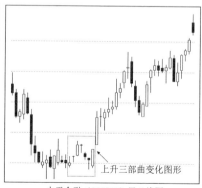

中天金融（000540）日 K 线图

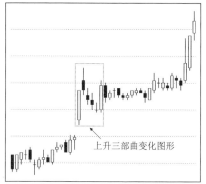

TCL 集团（000100）日 K 线图

爱尔眼科（300015）日 K 线图

测验题七 、（本题 12 分）

答：图 1-图 4 中画框处都是黄昏之星的变化图形。

泸州老窖（000568）日 K 线图　图 1

广博股份（002103）日 K 线图　图 2

生意宝（002095）日 K 线图　图 3

中兴通讯（000063）日 K 线图　图 4

那么，怎么确定它们就是黄昏之星的变化图形？其理由是什么呢？关于这个问题，我们先将黄昏之星的标准图形与这些变化图形进行对照（见下图 A），然后再来分析。

黄昏之星标准图形与变化图形对照

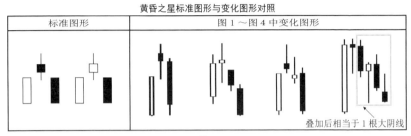

图 A

大家先来看黄昏之星的标准图形。黄昏之星由 3 根 K 线组成，第 1 根 K 线是大阳线或中阳线，第 2 根 K 线是小阴线或小阳线，第 3 根 K 线是大阴线或中阴线（简称长阴线）。这里要注意的是，第 2 根 K 线是高开的，K 线的下沿与第 1 根阳线的上沿之间有一个小空档。也就是说，即使第 2 根 K 线是小阴线，小阴线的收盘价也比前面阳线的收盘价要高出那么一点点。第 3 根长阴线的出现，表明市场趋势发生了实质性的转变，股价已经见顶或正在见顶，一场绞杀多方的浩劫即将展开。

我们在了解黄昏之星标准图形的技术特征与技术意义后，就要抓住市场趋势发生了实质性转变的这一核心内容进行考量，这样就容易判断图1-图4中的黄昏之星变化图形是否可以成立了。现在我们判断图1-图4中画框处的图形是黄昏之星的变化图形，不仅是它们与标准的黄昏之星图形在外观上有相似之处。更重要的是，画框处图形的最后部分已满足了 1 根长阴线的技术要求。只要确定图形最后部分是长阴线，市场趋势将发生实质性的转变就确定无疑了。

比如，图 1、图 3 中画框处的最后 1 根 K 线就是大阴线，图

2中画框处最后2根K线叠加起来也是1根大阴线。图4中右侧的阴线是最弱的，单从某根K线看是不符合要求的，但如果我们将画框处右边的4根K线合并起来当成1根周K线进行考量，它就是1根很标准的大阴线（见图A中说明），这样就符合黄昏之星右侧的K线必须是1根长阴线的要求了。

其实，黄昏之星的变化图形运用不止这些，我们只要抓住判断黄昏之星的核心技术要求，无论图形怎么变化，我们都能识别它是否是黄昏之星的变化图形，而不可能出现误认、误判。这样就能避免因为误认、误判给投资带来不必要的损失。

测验题八、（本题24分）

答：图1-图4中画框处都是"塔形顶"的变化图形。

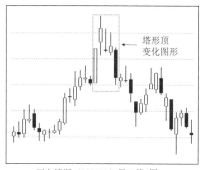

万向钱潮（000559）日K线 图1

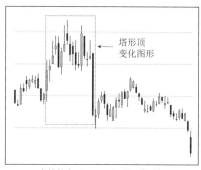

吉林熬东（000623）日K线 图2

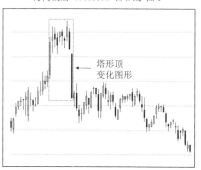

广博股份（002103）日K线 图3

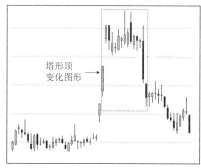

泛海控股（000046）日K线 图4

为什么说这几张图是塔形顶的变化图形呢？我们不妨将塔形顶的标准图形与其对照（见下图A），看看它们之间相似之处在什么地方，不相似之处又在什么地方。

　　塔形顶标准图形的技术特征是：该图形一般出现在上涨趋势中，先是拉出1根大阳线或中阳线，接着就会出现一连串横着走的小阳线或小阴线，最后出现1根大阴线或中阴线。之所以叫塔形顶，因为它的图形像一个"塔"，故而得此名。

　　如果我们将塔形顶标准图形与它的变化图形相对照，就会发现两者相似的地方并不多。那么问题来了，既然相似的地方不多，为什么要把下图A中右边几个图形判断为塔形顶的变化图形呢？原因是，虽然两者相似之处不多，但它们当中相似的地方却非常独特，在K线走势中具有唯一性。而这个唯一性就是我们判断究竟是不是塔形顶变化图形的依据。

　　具体来说，这个唯一性表现在K线走势中出现了高高耸起，形状像塔一样的图形，而这样的图形是只有塔形顶才具有的特征，其他的K线图形都不具备这样的特征，所以抓住这个唯一性，就是抓住了识别塔形顶的灵魂。至于两者不相似的地方虽然很多，但这些都是枝节问题了，不会影响对塔形顶大的格局判断。

塔形顶标准图形与变化图形对照

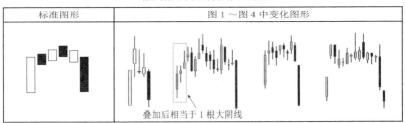

图 A

　　比如，就本测验题而言，图1中画框处的图形，一共有5根K线组成，第1根K线与最后1根K线构成了一个塔架，中间几根K线就是塔尖。

图 2 中画框处 K 线有很多，但大多数 K 线都处于陪衬角色，而只有少数几根 K 线是这个图形中的主体，左边的 3 根阳线，如果叠加起来（见上页图 A 中画框处）就相当于 1 根大阳线，最右边的是 1 根大阴线，由它们搭建了一个塔形顶的框架。在它们的上面一大堆 K 线就是该塔形顶庞大的屋顶。

图 3 中画框处的 K 线，左边的大阳线与右边的大阴线是不对称的，最后 1 根大阴线上方有一个缺口。我们可以把这个缺口看成为这个塔形顶的右边开了一个"窗口"。

同样的道理，图 4 中画框处的 K 线，左边大阳线上方也有一个缺口，我们也可以把它视为这个塔形顶的左边开了一个窗口。

投资者在识别某个图形是不是塔形顶的变化图形时，一定要紧紧抓住它的"唯一性"，宜粗不宜细，这样才能提高图形识别的准确率。所谓粗只要大的格局符合要求，即图形高高耸起像一个塔就可以了，此时就能大胆推断它是一个塔形顶的变化图形，而另外的细节部分，比如塔尖的形状怎么样，塔身有无残缺等都是枝节问题，不要过于追究。投资者若能用这样的思维方式去识别塔形顶的变化图形，就会少走很多弯路，即使主力在里面玩弄什么花招，只要是塔形顶显身了，你就能马上发现它，不会被一些虚假的现象所蒙蔽。

大量的事实证明，及时发现识别塔形顶非常重要。因为塔形顶是股市中出现频率很高，而且杀伤力最厉害的顶部形态之一。投资者稍不留意就会被塔形顶压得体无完肤，遍体鳞伤，所以我们对塔形顶要予以特别警惕。今后在实战中，投资者一旦发现在上涨途中，特别是股价大涨后出现塔形顶的变化图形，就应该及时卖出，离场观望。

为了增加大家对塔形顶变化图形的印象，提高大家对塔形顶的警觉性，下面再请大家看一些相关实例。

塔形顶变化图形的相关实例（见后面图 5 ~ 图 14）

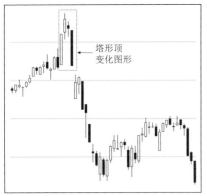

我武生物（300357）日 K 线图　图 5

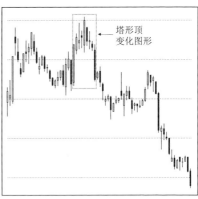

瀛通通讯（002861）日 K 线图　图 6

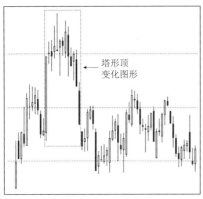

裕同科技（002831）日 K 线图　图 7

生意宝（002095）日 K 线图　图 8

冀东水泥（000401）日 K 线图　图 9

三维通信（002115）日 K 线图　图 10

永鼎股份（600105）日 K 线图　图 11

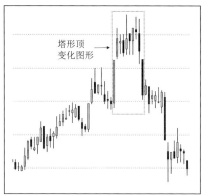

泛海控股（000046）日 K 线图　图 12

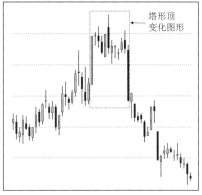

冀东水泥（000401）日 K 线图　图 13

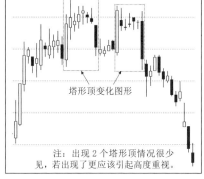

注：出现 2 个塔形顶情况很少
见，若出现了更应该引起高度重视。

紫鑫药业（002118）日 K 线图　图 14

　　（编后说明：在股市中属于标准的 K 线图形仅为少数，大量的是非标准的 K 线图形，即 K 线变化图形。如果我们只认识 K 线的标准图形，而对 K 线的变化图形一无所知或知之甚少，这就等于把股市中最大的一片 K 线信号都拒之门外，使自己在股市中变成了一个睁眼瞎，操作风险陡然剧增，这是非常危险的。

　　K 线变化图形种类繁多，难以穷尽，本书列举的 K 线变化图形仅仅是其中的很小一部分。我们的目的是想通过这些 K 线变化图形的练习，启发大家如何来识别 K 线变化图形，找到一些发现、认识 K 线变化图形的规律。大家应该明白，K线变化图形是从K线标准图形演变过来的，它再怎么变化都有K线标准图形的影子在里面。我们只要善于观察、善于分析，透过现象看到本质，就能及时发现并识别出各种不同类型的K线变化图形，了解到它们各自不同的特征与作用。

本章练习中向大家介绍的运用相似相近、抓大放小等方法来识别K线变化图形，都是经前人总结并被实战证明是行之有效的方法。投资者若能认真学习、深入研究这些方法，就能进入到一个新境界，从而做到举一反三、触类旁通，练就成一副火眼金睛，让绝大部分K线变化图形都能在你面前彻底曝光，无法逃循。届时，你即可成为一个真正的K线图形识别高手。）

要想在股市中胜出，关键在"练"。这就像高考要考出好成绩，考前要做大量复习题的道理是一样的。本次K线练兵测验，是一次系统的、全面的K线练习，从概念、图形识别，到实战运用，应有尽有，涉及K线的方方面面。这样的股市学习、训练机会非常难得。抓住这个机会，认真做好每一道题，不断总结，不断进步，就能圆上股市赢家的梦想。

下 篇

K 线实战技巧运用与考核

K 线练兵 ④ 试卷

—— K 线实战技巧运用测验题之一

姓名: _____ 分数: _____

说明：关于 K 线实战技巧运用的考核共有 9 张试卷，100 多道测验题。这里面每一道题都是根据股市多空博弈的真实情况设计的，题题有悬念、题题出精彩。在你认真做完这些测验题后，你对 K 线技术的理解与运用就会产生质的飞越，并有望达到信手拈来、驾轻就熟的新境界，届时就能实现在股市中腾飞的梦想。

测验题一、该股从 16.79 元跌至 6.95 元，股价跌掉近 6 成，股价见底后出现了一轮力度较大的反弹行情，短期内股价就翻了一番。

请问：该股见底时的最后 2 根 K 线组合叫什么名称？它的特征、技术意义是什么？投资者的安全买点应该设置在何处？（本题 10 分）

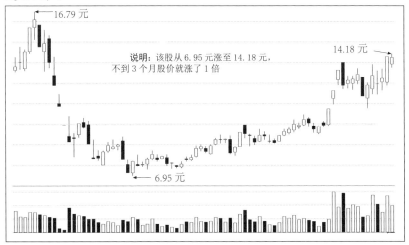

16.79 元

说明：该股从 6.95 元涨至 14.18 元，不到 3 个月股价就涨了 1 倍

14.18 元

6.95 元

测验题二、下图画框处是一个头部，这个头部有 4 个重要的见顶信号。正是在这 4 个重要见顶信号的重压下，该强势股终于低下头见顶回落了。

请问：你知道画框处出现了哪 4 个见顶信号呢（请逐个指认说明）？（本题 10 分）

测验题三、请仔细观察下边这张图，然后回答问题。

请问：图中画圈处是该股当时见底的地方，若从 K 线上分析，画圈处到底有多少种 K 线见底信号（请逐个指认说明）？（本题 10 分）

测验题四、某股市高手指着下面一张图对大家说，如果你认真学过 K 线技巧，该股的头部就很好分析。大家只要抓住其中的两点就能判断该股什么地方见顶了，之后就可以很从容地卖出，成为高位胜利出逃的赢家。

请问：高手说的究竟抓住哪两点就能知道该股见顶了？投资者具体该怎么操作？（本题 10 分）

测验题五、请仔细看下面这张图，然后回答问题。该股当时见底时 K 线走势上发出了明确的见底信号，大家只要按照 K 线信号操作，无论是激进型投资者还是稳健型投资者都能很方便地找到合适的买点。

请问：激进型投资者可选择在何处买进？理由是什么？稳健型投资者可选择在何处买进？理由是什么？（本题 10 分）

测验题六、下面图中的股票刚上市时走势强劲，连拉15个涨停板。在涨停板打开后，继续高歌猛进，但后来遭到空方连续三次用同一种见顶信号的K线狂轰滥炸，终于将其股价打了下来。

请问：这是一种什么类型的见顶K线？如果投资者遇到这种情况具体应该怎么操作？（本题10分）

测验题七、下面的股票在上涨途中有一个规律，出现"上涨XXX"后（见图中画框处）就歇一歇，然后盘整一段时间再发力上攻。

请问："XXX"具体指什么？本题中的"上涨XXX"与普通的"上涨XXX"有何不同？投资者见到它应该怎么操作？（本题10分）

测验题八、经验告诉我们：投资者做股票时不能对股票的走势图一看了之，而是要多看、多想、多研究，往往就能发现其中的一些规律性现象。一旦找到了其中的规律，心里就有底了，知道该怎么操作了。

比如，下面的图显示，该股在下跌时就有一个规律性的现象，这个现象你发现了吗？若发现了，你知道应该怎么操作吗？（本题10分）

　　测验题九、有一天，一位股市高手指着下面2张图说，图中画框处是股价见底的地方，这2个股票见底后都出现了大涨。如果我们对这2个股票见底的地方进行仔细分析，就会发现它们见底时各自出现了4个不同的见底信号，支持着日后股价大涨。

　　请问：你知道画框处有哪4个不同的见底信号吗？（请逐一说明，但不包括成交量）（本题10分）

说明：2016.1.28，该股跌至17.66元，见底后一路上扬，2017年末股价涨至150元，最大涨幅达到749.38%。

17.66元

图1

说明：2017.8.25，该股跌至29.88元，见底后股价震荡向上，3个月后股价涨至73.05元，最大涨幅达到144.48%。

29.88元

图2

测验题十、某天上课时，《股市操练大全》培训班杨老师拿出一张图请大家分析。杨老师问大家：① 图中箭头 A、箭头 B 指的 2 根 K 线叫什么名称？ ② 它们在股价走势中起了什么作用？ ③ 投资者见到这种情况应该怎么操作？（本题 10 分）

测验题十一、某股市高手很看好下面图中股票的后市，并大量买进该股。据悉，高手看好该股的主要理由有 5 条：① 除权之前无……行为；②……之星；③ 向上……；④ 冉冉……；⑤ 神秘……；⑥ 阳量……。之后，果然该股出现了大涨。现在请你将省略号的内容填充后，再把这些理由作简单的梳理，以便让大家更清晰地了解高手的投资理念，并能对其投资理念、投资行为作出正确的理解与借鉴。（本题 10 分）

测验题十二、杨老师说：很多股票的走势都是有规律可寻的。比如，如果你仔细观察下面的股票，你就会发现该股下跌有一个明显的特点——xxx 下跌，而实现这种形式的下跌，主要是靠了一种 K 线。

请问：杨老师说的"XXX 下跌"，究竟是什么形式的下跌，它是靠哪一种 K 线实现的？该案例给我们操作上带来什么启示？

（本题 10 分）

据了解，本次 K 线练兵共有 12 张试卷，100 多道测验题，总分为 1500 分。其中，及格分为 900 分、优秀分为 1275 分、高手分为 1350 分，大赢家分为 1425 分。我们要努力向高分攀登，练在当下，赢在明天！

K 线练兵 ④ 试卷

——K 线实战技巧运用测验题之一

参 考 答 案

测验题一、（本题 10 分）

答： 见底时最后 2 根 K 线组合叫"旭日东升"（见下图中画圈处）。它的特征是：① 出现在下跌趋势中，② 由一阴一阳 2 根 K 线组成。③ 先是 1 根大阴线或中阴线，接着出现 1 根高开的大阳线或中阳线，阳线的收盘价已高于前 1 根阴线的开盘价。

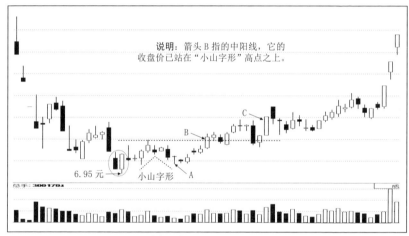

中航地产（000043）日 K 线图

从图中看，该股出现旭日东升时，右侧拉出的是 1 根冲击涨停的大阳线（注：因图形在电脑中被压缩的原因，不仔细看，看不出是 1 根涨停大阳线）。虽然这根大阳线开盘价与前 1 根阴线的收盘价持平，但其收盘价已明显高于前 1 根阴线的开盘价。因此，这是一组旭日东升的变化图形。该股在低位出现旭日东升后，股价并没有马上涨起来，而是小幅上涨后再回落。呈现一个"小山字形"的走势。这说明该股见底后，多空双方都很小心谨慎，谁也不敢大打出手。最后，多方略胜一筹，"小山字形"右侧的低点（见图中箭头 A 所指处）高于前面 6.95 元这个低点之后，该股在成交量配合下，股价开始缓慢爬升，至图中箭头 B 指的 K 线（注：当日涨 6.83%）是 1 根中阳线，其收盘价已高于"小山字形"顶峰的股价，此时成交量也随之放大，上升趋势初步确立。

从技术上说，箭头 B 指的中阳线地方，就是一个较安全的买点，即稳健型投资者可以先试探性买入的地方。当然，更安全的买点应该放在箭头 C 所指处，因为这里是 1 根大阳线。它的出现表明股价在突破前面高点，经过回踩确认突破有效后，多方重新启航的地方。可以说，此处上升趋势已经确立。一般来说，投资者操作时，可先在箭头 B 处买一点，然后再在箭头 C 处进行加仓。

测验题二、（本题 10 分）

答：图 1 中画框处出现了"T 字线，高位大阴线、倾盆大雨、顶部岛形反转"4 个见顶信号。

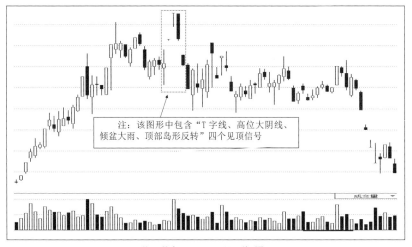

注：该图形中包含"T 字线、高位大阴线、倾盆大雨、顶部岛形反转"四个见顶信号

浙江鼎力（603338）日 K 线 图 1

下面我们将这 4 个见顶信号用图形分解（见图 2）的方式向大家进行详细说明。A、T 字线；B、高位大阴线；C、倾盆大雨（将 T 字线与大阴线的结合在一起，就成为倾盆大雨的变化图形）；D 顶部岛形反转（整个画框处左右各有一个缺口，构成了顶部岛形反转图形）。

从技术上说，见顶信号越多，下跌的概率就越大，这是投资者需要高度警惕的，切不可马虎大意。

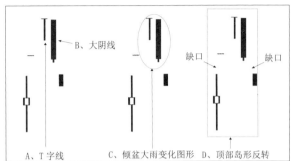

图 2

测验题三、（本题 10 分）

答：图 1 中画圈处出现了"倒锤头线、谷底大阳线"等 6 种见底信号。

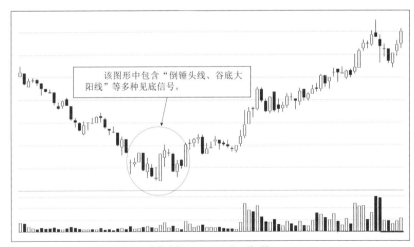

该图形中包含"倒锤头线、谷底大阳线"等多种见底信号。

华控赛格（000068）日 K 线 图 1

下面我们对图1中画圈处的见底信号用图形分解（见图2）的方式予以说明。A、画圈处左侧第1根K线是1根T字线的变化图形，这是一个见底信号；B、画圈处第7根K线是倒锤头线的变化图形，这也是一个见底信号；C、紧贴倒锤头线旁边的是1根大阳线，这是最重要的见底信号；D、这根大阳线几乎覆盖了左侧的多根K线，构成了一个底部穿头破脚的图形，这又是一个见底信号；E、画圈处最右侧的1根K线也是1根大阳线，这根低位出现的大阳线也是见底信号；F、如果将这根最右侧的大阳线与画圈处中间的大阳线连起来看，在它们之间夹杂着1根大阴线与一些小阴、小阳线，这就是一个"上升三部曲"的变化图形。上升三部曲出现在低位，看多做多的信号非常强烈。

　　当然，在该股诸多见底信号中起定海神针作用的是画圈处中间那根大阳线，它的正式学名称为"谷底大阳线"【注】。谷底大阳线是最重要的转势信号。

见底信号图形分解说明

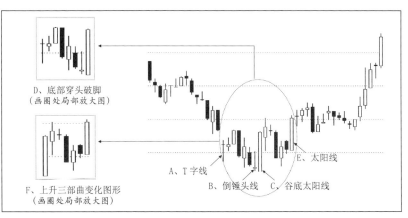

图2

<hr />

　　【注】关于对谷底大阳线的详细介绍与相关实例，可参见《股市操练大全》第八册第23页～第28页、第536页～第538页。

测验题四、（本题 10 分）

答：股市高手说的两点，其内容是：第一，是指股价冲高时出现了 1 根上影线很长的"倒 T 字线"。倒 T 字线是见顶信号，上影线很长，说明上档的抛压非常沉重。而在这根倒 T 字线后出现的 1 根小阴线，已收在倒 T 字线之下，说明市场已确认这倒 T 字线是见顶信号。第二，是指股价筑顶时的成交量，投资者从 K 线下面的柱状线上很容易看到，这一段时期该股的成交量特别大。如果你仔细核查就会发现，这一段时期的成交量是该股上市几年以来最大的量，也就是天量了（见下图中说明）。俗话说，天量就是天价，这样该股大跌就势在必然，无法避免。很显然，投资者只要抓住这两点，就可以清晰的看出当时主力已把大量筹码抛售，做多力量已彻底衰竭，股价见顶就是板上钉钉的事了。

从操作层面上说，投资者可以在出现倒 T 字线第二天，最多第三天、第四天就应该卖出。因为 K 线走势图上显示，该股倒 T 字线出现后的第三天、第四天，盘中股价都有冲高动作，很多不明事理的人还在盲目追高接盘，这个时候卖出是很容易的。

说明：出现倒 T 字线的当天换手率是 17.12%，而在倒丁字线出现的前一天，换手率是 19.11%，倒 T 字线出现后的第二天换手率是 12.95%，第三天的换手率是 13.12%。仅这 4 开，该股一半以上的流通股已被换掉。

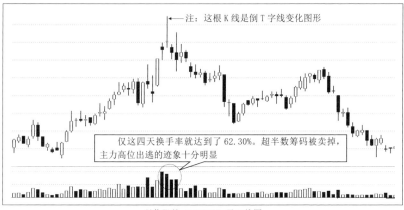

← 注：这根 K 线是倒 T 字线变化图形

仅这四天换手率就达到了 62.30%。超半数筹码被卖掉，主力高位出逃的迹象十分明显

兴化股份（002109）日 K 线图

测验题五、（本题 10 分）

答： 激进型投资者买进的地方可设在箭头 B 处。理由是：箭头 B 处，该股已发出了 3 个明确的见底信号。见底信号①："锤头线"（见图中箭头 A）；见底信号②："T 字线"（见图中箭头 B）；见底信号③："平底"（锤头线、T 字线的最低点相同，同为 21 元，故把它称为平底）。K 线理论告诉我们，在低位出现的锤头线、T 字线、平底都是重要的见底信号。有了这样 3 个见底信号作支撑，激进型投资者可在此大胆抄底入市。

稳健型投资者买进的地方可选择在箭头 C 或箭头 D 处。理由是：该股在双针探底（指出现 2 根长下影线并列的现象），构筑一个平底后，股价稍有上涨就出现了激烈的震荡，但当出现了箭头 C 这根大阳线后，表明短期震荡已经结束，上升趋势确立，此时买进风险已很小，因此这里可作为稳健型投资者买入的地方。当然，更稳健的投资者可选择在箭头 D 处买入。因为股价行至箭头 D 处，多方完全掌控了局势。在箭头 D 前面，K 线图上出现了一个"两红夹一黑"的变化图形（见图中画圈处）。K 线理论告诉我们，在低位出现两红夹一黑是强烈的看涨信号。另外，下面的成交量也开始放大，阳量大于阴量的情况已相当明显，故这儿买入已相当安全。

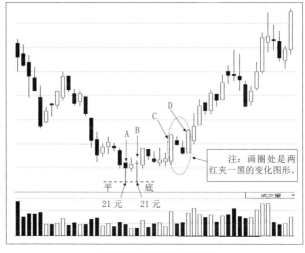

超图软件（300036）日 K 线图

测验题六、（本题10分）

　　答：这种形式的见顶信号叫"乌云盖顶"（见图中画框处）。乌云盖顶在高位出现是强烈的见顶信号，一般的股票经过乌云盖顶一次打击，最多两次打击就扛不住了。或许因为该股前期走势很强，所以空方连续用了3次乌云盖顶做武器，才扼止住了该股票的上升势头，硬生生地将股价打了下来。如果我们仔细观察后会发现，空方这3次用乌云盖顶进行打压使用了同一种手段，即第一天先拉出1根涨停大阳线（见图中箭头A、B、C），第二天再用大阴线从高处往下砸。每次打压，阴线的实体都深入前面涨停板大阳线实体的1/2以下处，这显示空方打压力度是很强的。据了解，当时有一些人敢于在高位追进，就是因为盘中拉了涨停大阳线，这才壮了这些人的胆。但懂K线的人知道，前面的涨停大阳线一出现，就马上遭到空方大阴线的重击，这就是不祥之兆。如果说，第一次出现乌云盖顶，有人继续看多做多尚可原谅。但第二次、第三次出现乌云盖顶，仍在后面跟进做多，这就不好原谅了。因为这种盲目蛮干的"死多"情节，正是造成一些人高位吃套、输大钱的重要原因。其实，了解K线的投资者都知道，

只要发现盘中连续出现乌云盖顶的现象，操作时的唯一选择就是卖！卖！卖！所以，做股票一定要懂K线，要顺势而为，才能立于不败之地。

联得装备（300545）日K线图

测验题七、（本题 10 分）

答：图中画框处的 K 线组合叫"上涨二颗星"（见下图）。是 K 线中的一种重要的上涨信号。一般的上涨二颗星前面的 1 根 K 线，可以是中阳线，也可以是带上影线的大阳线。但该股上涨二颗星前面的 K 线都是涨停大阳线，其中 1 根是光头光脚的涨停大阳线，另外 2 根是略带下影线的涨停大阳线（注：这可以从该股当日涨幅与形态上作出判断）。因此，其市场意义就很不一般，它蕴含的做多能量更大。

从操作层面上说，投资者见到这种以涨停大阳线为主体的"上涨二颗星"，积极跟进，比看到一般的上涨二颗星跟进做多，胜算率将更高。当然，投资者在积极看多做多时，也要防范风险。如果在股价往后的运行过程中出现上涨二颗星的大阳线被后面的 K 线吞吃的现象，比如，出现阴线深入到大阳线 2/3 以下处，甚至击穿了大阳线的开盘价，这时候应该马上止损离场。

东尼电子（603595）日 K 线图

测验题八、（本题 10 分）

答：从图中看，该股的走势规律是：股价呈现台阶式下跌的态势，即它不是一下子从高位跌至低位的，而是跌一段出现一个反弹，反弹结束再跌一段，然后，再出现一个反弹，反弹结束再下跌，而且每轮反弹的高点都在下移（见图中说明），高点与高点之间的空间距离也大致差不多。更有规律的现象是，反弹结束的当天，K 线上都会拉出 1 根长上影线。也就是说，该股反弹时，一旦出现长上影线就是反弹结束的时候。

根据上面的一些规律性现象，如果有此股票并且已经被套的投资者可以这样操作：一是在反弹时，若见到拉长上影线就赶紧卖出，然后等到股价跌下来时再买进，尔后再等到下一轮反弹时，看到哪一天 K 线上拉出长上影线时再卖出（如何选择卖点、买点，可见图中说明）。这样几次做下来，操作顺利的话就能解套了。

但大家操作时要记住，对这种台阶式下跌的股票不能长期持有，长期持有会越套越深，因为它最后跌到什么地方是底是个未知数。另外，大家还要记住的是，该股高点在逐渐下移，所以，做反弹时在离前面一个高点只差一点点的地方就要主动卖出，而不是等反弹结束大跌时再卖出。大跌后反而是一个短线买点，如果做反了，损失会更大。

这里要提醒大家的是：对这种逐级下跌的股票，稳健型投资者不要去参与，因为一旦被它粘上就很麻烦。从该股走势分析，估计操作该股主力也被套了，或者是主力手中有大量的剩货出不掉，而该股的基本面又在恶化，所以主力只能用台阶式下跌的方式出货。当然，对于一些反应灵敏的短线投资者来说，做反弹也是一个短线获利机会，此时，可依据其走势规律，选好买点、卖点、高抛低吸，赚一些短线差价。但投资者做反弹一定要控制好仓位，设立好止损点，千万不要把短线做成长线。

说明：具体操作方法是，股价接近或碰到通道上轨线就是短线卖点，碰到通道下轨线就是短线买点（但如果股价有效跌破通道下轨线，就不能看多做多，而要及时止损离场）。

万润科技（002654）日K线图

测验题九、（本题10分）

答：图1中画框处4个见底信号是：① 下跌三连阴；② 低位大阳线；③ 旭日东升；④ 神秘数字"66"【注1】。图2中画框处4个见底信号是：① 下跌三连阴；② 倒锤头线；③ 低位螺旋桨K线；④ 神秘数字"88"【注2】

【注1】【注2】数字有普通数字与神秘数字之分，"88"、"66"属于神秘数字。主力（庄家）经常使用神秘数字进行操盘。比如，在中国A股历史上，很多时候这些神秘数字都成了一个见底的标志。因此，有经验的投资者都把它视为一个重要的见底信号看待。读者若要详细了解为什么这些神秘数字会成为见底信号，以及主力操盘习惯与相关实例，可详见《股市操练大全》特辑第441页－第449页。

图1 画框处见底信号分解说明

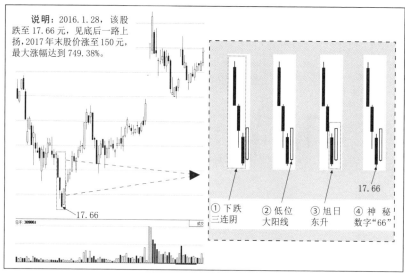

说明：2016.1.28，该股跌至17.66元，见底后一路上扬，2017年末股价涨至150元，最大涨幅达到749.38%。

① 下跌三连阴 ② 低位大阳线 ③ 旭日东升 ④ 神秘数字"66"

17.66

鸿特精密（300176）日K线图 图1

图2 画框处见底信号分解说明

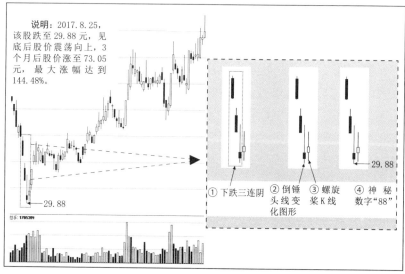

说明：2017.8.25，该股跌至29.88元，见底后股价震荡向上，3个月后股价涨至73.05元，最大涨幅达到144.48%。

① 下跌三连阴 ② 倒锤头线变化图形 ③ 螺旋桨K线 ④ 神秘数字"88"

29.88

新华保险（601336）日K线图 图2

测验题十、（本题10分）

答： ① 图中箭头A、B指的K线是大阴线。

② 在连续下跌途中出现大阴线，表明做空能量暂时得到充分释放，起到了阶段性止跌的作用。通常盘中出现这样的大阴线后，股价会出现一段止跌回升的走势。但是若股价回升时成交量没有放大，说明上涨是暂时的，之后还会出现新的下跌。

③ 从操作上说，投资者在这种情况下，最多只能短线抢一把反弹，并要采取打得赢就打，打不赢就走的策略。从图中看，箭头A指的大阴线反弹很弱，箭头B指的大阴线反弹略强一些，但它们的性质都是反弹，故一定要快进快出。投资者操作时需要注意的是，在它们阶段性见底时，成交量没有放大，到反弹见顶时却出现放量。此时放量，说明出逃的人多了，反弹就会画上句号。通常，短线反弹只适用于对市场敏感的投资者。一般的投资者对这种刀口上舔血的行情以不参加为宜，可耐心等待股价真正见底时，再买也进不迟。

说明：箭头A指的阴线当日跌8.93%，箭头B指的阴线当日跌6.98%。虽然它们都是赶反弹信号。但随后出现的止跌与见底都是暂时性的、阶段性的止跌与见底。若把它当成真正的赶底信号，积极做多者都上当受骗了。

总手：62751↑

成交量

苏州固得（002079）日K线图

答：填充：①除权之前无抢权行为（见下图1中说明）；②早晨十字星（见图1箭头A所指处）；③向上跳空缺口（见图1箭头B所指处）；④冉冉上升形（见图1中画小圈处）；⑤神秘数字：⑥阳量大于阴量（见图1中说明）。

我们仔细观察图中走势后就会发现，高手看好该股的理由是很充分的。第一，该股送股除权前并没有出现抢权行为，也就是说没有出现过大涨。如果除权前出现了抢权行为，除权后下跌的概率就很大，这种情况在股市里屡见不鲜。正因为该股送股除权前走势平稳，涨幅有限。这样除权后就为股价上行留下了空间，填权的可能性就增加了。第二，该股除权后最先出现的3根K线，把它连起来看就是一个早晨十字星的K线组合，早晨十字星是见底信号。第三，该股在出现早晨十字星后又出现了一个向上的跳空缺口，这是一个向上突破性缺口，对股价上行起到很大作用。第四，该股见底的价格是19.99元。其中，"99"是一组神秘数

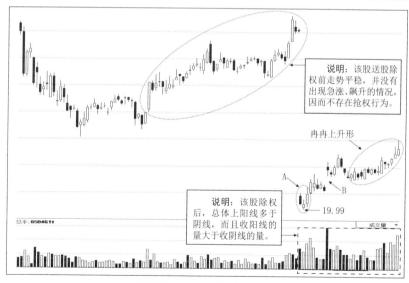

美的集团（000333）日K线图　图1

字，有很多事实可以证明，在低位出现"99"这样的神秘数字，往往就是主力锁定底部的一个信号。第五，该股见底后，成交量开始放出，并且阳线的成交量（阳量）比阴线的成交量（阴量）要大。阳量大于阴量说明盘中做多的能量大于做空的能量。第六，K线排列上出现冉冉上升形，这往往是股价大涨的前兆。

　　高手说，有上面6条看涨的理由，所以他很看好该股后市，并大量买进该股，后面获利十分丰厚。我们认为，高手看好该股上涨的理由在逻辑上是经得起推敲的。高手的投资理念、投资行为，是值得大家学习与借鉴的。（注：该股往后走势见下图2）

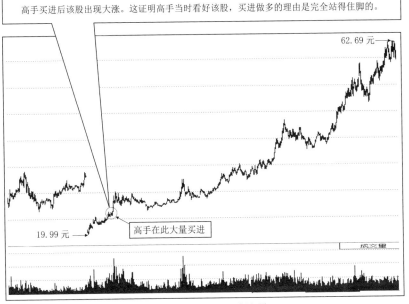

高手买进后该股出现大涨。这证明高手当时看好该股，买进做多的理由是完全站得住脚的。

62.69 元

19.99 元

高手在此大量买进

成交量

美的集团（000333）日K线图 图2

测验题十二、（本题10分）

　　答：杨老师说的："XXX下跌"，具体的就是指"台阶式下跌"。从图中看，它的特点是该股每盘整一段时候就会下一个台阶。而实现台阶式下跌的关键，主要是靠 1 根大阴线或中阴线（见下图中说明）。也就是说：只要出现大阴线或中阴线，股价必然会下一个台阶，下了台阶后再次盘整，但过后不久，再来 1 根大阴线又将股价打下一个更低的台阶运行。我们数了一下，该股从 129元高位跌至 61 元，共出现了 5 个台阶，同时也出现了 5 根大阴线或中阴线（见下图中箭头 A、B、C、D、E 所指的 K 线）。正是这 5 根阴线的下杀，让股价不断破位，形成了台阶式的下跌。

　　该案例给我们的启示是：投资者在操作时，一是要仔细观察盘面变化，善于发现股价的运行规律。二是发现股价运行规律后就要积极应对。比如，就图中股票而言，若发现该股呈现台阶式下跌的现象，空仓的投资者就不要轻易抄底，而要耐心观望，一定要等到台阶式下跌现象消除了，才能考虑对它看多做多。持有该股的投资者就应该按下面方法操作：在股价盘整期间积极争取卖出，见到大阴线时更要及时止损离场，千万不要做"逢低补仓"的傻事。

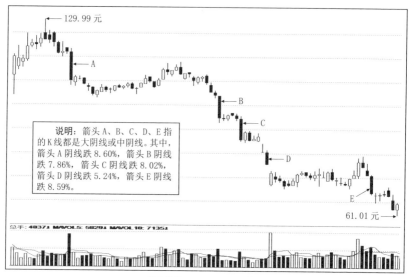

维宏股份（300508）日 K 线图

K 线练兵 ⑤ 试卷

—— K 线实战技巧运用测验题之二

测验题一、前一阵子，某高手看了下图中的 K 线走势后认为，该股头顶上乌云遮天，杀气重重，日后必有一场大跌。据说，后来的走势果然印证了高手的预判。

请问：高手当时是怎么看出该股乌云遮天，杀气重重的，投资者见此图形时应该怎么操作？（本题 10 分）

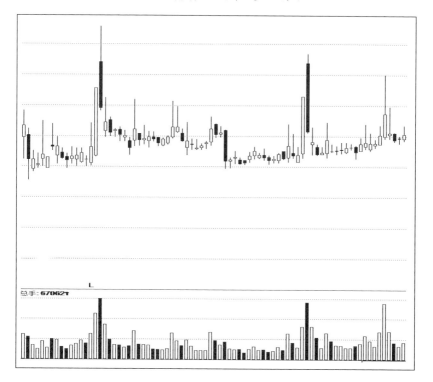

测验题二、某天收盘后，小张拿着一张图请教一个老股民。小张说他手里有这个股票，现在不知道该怎么操作？老股民说，从 K 线上看，该股走势已经坏了，应该马上卖出。

请问：老股民说的对吗？为什么？（本题 10 分）

测验题三、请仔细观察下图，然后回答问题。

请问：下面图中最后 3 根 K 线是什么 K 线图形？投资者见此图形具体应该怎么操作？（本题 10 分）

测验题四、张先生是一位老股民，他与股友讨论股市问题时向来不说狠话，不过这次却是例外。他指着下图说：今天该股出现 1 根止跌小阳线是一次逃命机会，再不卖出就是在找死，因此投资者必须先退出观望。

请问：为什么这位张先生会发此狠话，他说这话是不是在故意吓唬大家？（本题 10 分）

测验题五、请仔细观察下图，然后回答问题。

请问：图中最后 3 根 K 线，技术上叫什么名称？出现这样的 K 线图形，投资者应该怎么操作？（本题 10 分）

测验题六、图中的个股在出现 1 根涨停大阳线后，接连出现 2 根带有上下影线的小阴线。不过，幸运的是大阳线出现后的 2 天，尽管收的是阴线，但收盘价比大阳线的收盘价要高。有人对其后市看好，也有人对其后市看坏。

请问：你是怎么看的？为什么？（本题 10 分）

测验题七、请仔细观察下图，然后回答问题。

请问：你认识下面图中画圈处的图形吗？现在股价有止跌回升的迹象，你对该股的后市究竟是看好还是看坏？为什么？（本题 10 分）

测验题八、针对下面股票的走势，有人说，图中画 A 框处是激进型投资者买进的地方，画 B 框处是稳健型投资者买进的地方。

请问：这个说法对不对？为什么？（本题 10 分）

测验题九、请仔细观察下图，然后回答问题。

请问：图中最后 3 根 K 线叫什么名称？该股前期大跌，后来见底回升，现在股价运行到这个位置，投资者应该怎么操作？（本题 10 分）

测验题十、请仔细观察下图，然后回答问题。

请问：① 图中画框处的 K 线叫什么名称？它的技术意义是什么？ ② 该股冲高回落后止跌，股价开始回升，现在拉出了 1 根涨停大阳线，下一步应该怎么操作？（本题 10 分）

涨停大阳线

成交量 ▼

测验题十一、小赵从《股市操练大全》培训班学习归来，就像换了一个人，分析股市行情拿捏的比以前准确多了。某天收盘后，他帮助大家分析下面图中的个股走势。小赵说，他仔细观察了该股目前的走势，发现 K 线上有四种看涨信号。另外，从成交量、MACD 指标上看，也支持对该股看多做多。因此，现在跟进或持股待涨正是时候。

请问：小赵的观点是否正确？小赵说的 K 线上有四种看涨信号，你能分析出来吗？（本题 10 分）

测验题十二、请仔细观察下图，然后回答问题。

请问：图中最后 3 根 K 线叫什么名称？投资者见到该图形时应该如何操作？（本题 10 分）

K 线练兵 ⑤ 试卷
——K 线实战技巧运用测验题之二

参 考 答 案

测验题一、（本题 10 分）

答： 大家仔细看下面这张图就会发现，该股近一段时间出现过两次乌云盖顶的 K 线图形（见下图 1 中画框处）。乌云盖顶是强烈的见顶信号，一般来说，出现乌云盖顶后股价都是跌的，但奇怪的是，该股出现乌云盖顶后，股价并没有大跌仍然横盘着，不过下面的成交量却放大了很多。那么，为什么会出现这种现象呢？唯一可以解释的是：主力手中握有大量筹码，因为出货不爽才出现了这样的走势。其实，这个问题也很好理解，虽然主力精

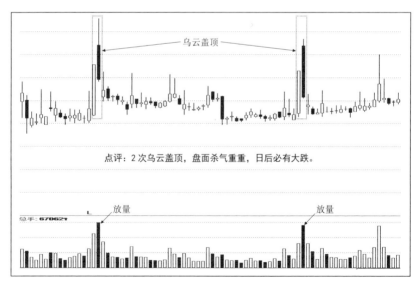

点评：2 次乌云盖顶，盘面杀气重重，日后必有大跌。

特力 A（000025）日 K 线图 图 1

心制造了乌云盖顶的图形，并在股价冲高的过程中出了一些货，但由于股价拉高时，别人抢先卖了，你卖我卖，大家都抢着卖，在这种情况下，主力实际上并没有出清多少货。故而，主力为了把手中的剩货出清，他们暂时还不想让股价跌下来，所以在两次大的乌云盖顶出现之后，仍然让股价横着走，以此制造股价跌不动的假象。主力这一招非常阴险，他们想通过这种方式来引诱不明真相的中小散户跟进，自己则可以悄悄地小批量往外出货。

　　主力是很狡猾的，一旦等到他们把大部分筹码抛掉，股价横盘就到了尽头，后面必然会出现大跌的现象。有鉴于此，投资者见到这种图形应该高度警惕。可趁主力还未大规模出货，股价尚处在横盘时卖出，卖出越早越好，因为你不知道什么时候股价会出现大跌。（注：该股往后走势见下图2）

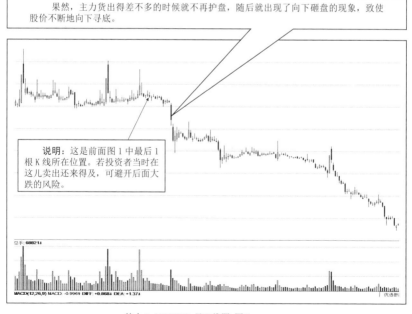

特力A（000025）日K线图 图2

答：老股民的观点是对的，该股头部迹象很明显，它在收出 1 根中大阳线（见图 1 中倒数第 4 根 K 线，当天涨幅达到 6.45%）时，下面放出巨量（当天换手率达到 16.98%），阳线上方留下了 1 根较长的上影线。这说明上方抛压很重，当天出逃者众多。

接着，该股第 2 天大幅低开，收了 1 根"小十字线"。这根小十字线与前面中大阳线组合成"身怀六甲"的图形。技术上，身怀六甲是见顶信号。该股在大阳线出现后的第三天收了 1 根中阴线。这根中阴线出现在小十字线的下方，这样就基本上确认了前面身怀六甲的见顶信号是有效的。

该股在中大阳线出现后的第 4 天又收了 1 根十字线，似乎股价暂时止跌了,但十字线的下影线已击破了中大阳线的开盘价(见图 1 中说明),这显示了股价重心在下移的迹象,形势变得很危险。

大家必须注意的是：倘若日后中大阳线的开盘价失守，该股下跌大门就打开了，这样该股局势就非常危险。因此明天很关键，

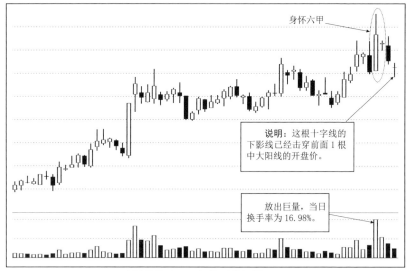

身怀六甲

说明：这根十字线的
下影线已经击穿前面 1 根
中大阳线的开盘价。

放出巨量，当日
换手率为 16.98%。

恒宝股份（002104）日 K 线图　图 1

若明天能收出 1 根中阳线，该股尚有希望，若明天收的是阴线并且股价收在中大阳线的开盘价之下，此时就不能再抱有什么幻想，应全部卖出。（注：该股往后走势见下图 2）

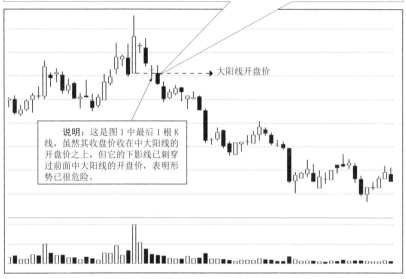

　　老股民说得对，明天很关键。第二天当箭头指的这根阴线出现时，表明前面的这根中大阳线的开盘价真的被击穿了，这样后市大跌几成定局，此时应马上卖出，规避风险。

大阳线开盘价

说明：这是图 1 中最后 1 根 K 线，虽然其收盘价在中大阳线的开盘价之上，但它的下影线已刺穿过前面中大阳线的开盘价，表明形势已很危险。

恒宝股份（002104）日 K 线图　图 2

测验题三、（本题 10 分）

　　答：测验题图中的最后 3 根 K 线，叫"跳空上扬形"（见下图 1 中画圈处），它是看涨信号。从以往经验看，低位出现跳空上扬形后，股价继续上涨的概率很大，因此，投资者对这个 K 线组合应引起足够重视。

　　这里要提醒大家的是：跳空上扬形与另一种 K 线组合——"上涨二颗星"相比，它的看涨信号更强烈，因为在它的阳线与后面 2 根 K 线中间还有一个"向上缺口"。这不是普通的向上缺口，而往往是一个向上突破性缺口，这是一个非常重要的看涨信号。

换言之，这个 K 线形态实际上是"上涨二颗星"+"向上缺口"的看涨信号重叠，从而大大增加了它的助涨作用。

另外，下面的成交量也在放大，属于价升量增状态；5 日均量线与 10 日均量线也出现了黄金交叉；MACD 升至 0 轴，红柱状线也在放大。盘中这些现象都是积极的看多做多信号。

综合这些因素，投资者下一步可对该股积极跟进，持股待涨。当然，我们在对该股看多做多的时候，也要预防万一出现的风险。比如，若日后突然出现股价回调跌破缺口的现象，特别是跌到跳空上扬形大阳线实体的 2/3 以下处，这样就不能看好其后市了，此时应及时止损离场。（注：该股往后走势见图 2）

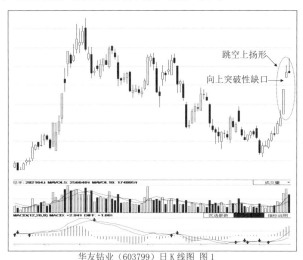

华友钴业（603799）日 K 线图 图 1

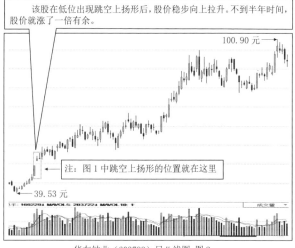

华友钴业（603799）日 K 线图 图 2

【相关实例】

方大特钢（600507）。2007年初，该股在低位出现跳空上扬形K线图形后，股价一路往上攀升。

方大特钢（600507）日K线图

测验题四、（本题10分）

答：虽然这位老股民话说得狠了些，但他的话是有道理的，决不是在吓唬大家。因为关键是图中后面的这根长阴线（见图1中倒数第3根K线）太厉害了。这根长阴线实体已超过10%，技术上称为超级大阴线，它与前面几根K线结合在一起，又变成了一个杀伤力很厉害的顶部穿头破脚的图形（见图1中画框处）。

我们看到，这根超级大阴线一下子吞吃了前面多根阳线，并且下面放出巨量。有人统计过，出现这种形式的顶部穿头破脚，继续下跌概率超过了8成。因此当时该股形势非常危险。在这根超级大阴线出现后的第二天，又出现1根中阴线，成交量也放得

顶部穿头破脚

放出巨量

华菱钢铁（000932）日 K 线图　图 1

很大。这说明空方砸盘出逃是非常凶狠的，短期内股价止跌再向上的概率几乎为零。虽然最后 1 根 K 线是小阳线，但它绝对不是什么止跌或看多做多的信号，而是给未出逃者提供了一个逃跑的机会，后面的大跌已在预料之中。（注：该股往后走势见图 2）

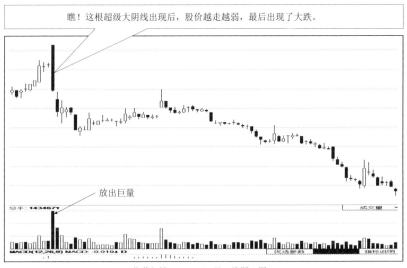

瞧！这根超级大阴线出现后，股价越走越弱，最后出现了大跌。

放出巨量

华菱钢铁（000932）日 K 线图　图 2

测验题五、（本题 10 分）

答： 图 1 中最后 3 根 K 线，技术上叫"连续跳空三阴线"（见图中画框处）。在股价大幅下跌的情况下出现连续跳空三阴线是见底信号，如果同时成交量急剧放大（注：该股当时成交量比正常放大了五六倍），表明恐慌盘大量杀出，做空能量得到充分释放，这样股价就很有可能完成最后一跌，绝地逢生的概率非常高。

白云机场（600004）日 K 线图　图 1

所以投资者此时不能再看空做空，相反要积极地逢低吸纳，持股待涨。后来的事实证明，果然该股出现连续跳空三阴线后见底了，不久该股就启动了一轮向上行情，出现了大涨。（注：该股往后走势见下图）

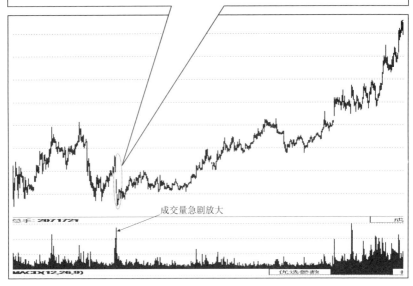

说明：本图是日K线压缩图，具体K线已看不清楚。图中画圈处是图1中连续跳空三阴线所在位置。随即股价在此见底了，然后震荡向上，股价出现了大涨，让在此逢低吸纳、持股待涨的投资者获得了不菲的收益。

成交量急剧放大

总手：2071721

MACD(12,26,9)

白云机场（600004）日K线压缩图　图2

测验题六、（本题10分）

答：应该对该股的后市看坏。理由是：该股在拉出涨停大阳线后，出现的2根小阴线，并不是什么简单的小阴线，而是实体很小，但上、下影线都很长的小阴线，这种形式的K线就是股市中大名鼎鼎的"螺旋桨K线"，这是一个常见的见顶信号。一般来说，盘中出现1根螺旋桨K线，投资者就要当心了，但该股在反弹时却接连出现了2根螺旋桨K线，并且以并列的方式排列。螺旋桨K线上影线较长，业内人士把它称为"剑"，现在的情况是螺旋桨K线并列形成了"双剑并排"格局（见图中画圈处）。这个现象在盘面上很少见到，一旦见到后市多半是跌的。再加上该股拉涨停大阳线时不放量，而出现螺旋桨K线时成交量却成倍地放出。这就让人怀疑主力是不是在利用大阳线诱多，进行拉高出货呢？从技术上说，股价反弹时出现价升量跌、滞涨量增的现象，并非是好事。特别是出现螺旋桨 K 线的两日，换手率近40%，1/3 以上的筹码被换掉，挺吓人的。这说明盘中往上做多的力量很薄弱，但往下做空的力量却很强大，形势非常危险。

历史经验告诉我们，盘中出现双剑并排，巨量换手，这往往是股价大跌的先兆。所以投资者要特别当心。我们建议，如果明天股价不是高开高走或平开高走，而是低开低走，就应立即卖掉，规避风险。

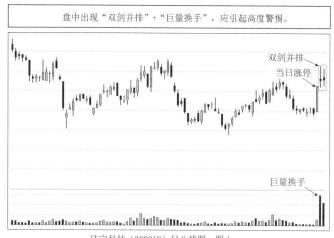

盘中出现"双剑并排"＋"巨量换手"，应引起高度警惕。

双剑并排
当日涨停
巨量换手

硅宝科技（300019）日 K 线图　图1

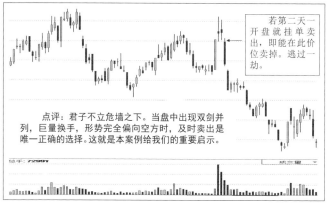

对其后市看坏，并能立即采取行动的投资者，才能逃过后面大跌的风险。这说明盘中形势不妙时，能否果断做空非常重要。

若第二天一开盘就挂单卖出，即能在此价位卖掉。逃过一劫。

点评：君子不立危墙之下。当盘中出现双剑并列，巨量换手，形势完全偏向空方时，及时卖出是唯一正确的选择。这就是本案例给我们的重要启示。

总手：72991　　　　成交量

硅宝科技（300019）日 K 线图　图2

测验题七、（本题10分）

答：我认识图中画圈处的图形，其特征是高位"T字线＋大阴线"。这是一种典型的头部形态，这种图形出现后股价深跌的概率很大。"T字线＋大阴线"的K线组合，在传统的K线理论中没有交代。故而有人将它视为"倾盆大雨"的变化图形，因为它的图形结构、技术特点与倾盆大雨最相似；也有人给它起了一个新名称"落井下石"，把它单独作为一种独立的K线形态看待。我们赞同后一种观点。

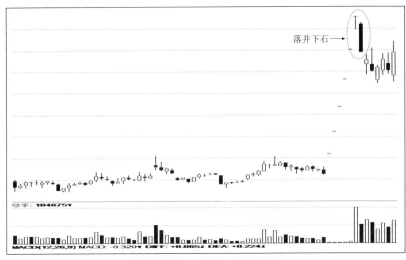

浔兴股份（002098）日K线图　图1

其理由是：在中国A股市场20多年的历史中，出现这样的图形情况很多，单独把它列出来作为一种独立的K线形态是必要的。落井下石的名称不仅是叫得响，更重要的是，用落井下石描绘这个图形更加贴切、形象。其中T字线就是一个"井"，后面的大阴线就是一块"石头"。显然，将这个图形定名为落井下石，对投资者更具有教育意义与警示性。

落井下石比起倾盆大雨、乌云盖顶这些高位见顶信号来说，看跌的信号更加强烈。原因是倾盆大雨、乌云盖顶K线组合中前面 1 根 K 线好歹还是 1 根大阳线或中阳线，只不过是后面的 1 根 K 线是大阴线或中阴线，侵入到了前面阳线的实体之内，让其变成了一个危险的见顶信号。而落井下石的第 1 根 K 线就是 1 根长 T 字线，它本身就是一个见顶信号，再加上后面的大阴线是跳空低开，一路下杀形成的，它杀跌的凶狠程度远胜于倾盆大雨、乌云盖顶这些见顶 K 线图形。所以，盘中出现落井下石的 K 线图形，投资者更加对它要引起高度警惕，及时止损离场是非常重要的。

　　这里要提醒大家的是，从图 1 中看，虽然落井下石出现后股价并没有大跌，图中最后几根 K 线显示的是阳多阴少的走势。可能有人被这假象迷惑了，认为该股的形势开始向好，于是盲目看多做多。但我们要郑重地告诉大家，这仅仅是落井下石见顶图形出现后给仍持有该股的投资者的一次逃命机会，而绝不是继续看多做多的机会。若现在不卖出，日后就会感到十分后悔，该股大跌走势是很难避免的。（注：该股往后走势见下图 2）

　　　该股在高位出现"落井下石"图形后，多方败局已定。虽然后面多方作了一些抵抗，但大势已去，最后股价只能不断向下寻求支撑。看不清这个形势而盲目做多的投资者，后面就要为此付出惨重代价。

←落井下石

换手：479211

成交量

浔兴股份（002098）日 K 线图　图 2

测验题八、（本题10分）

答：这个说法是对的。画A框处有2根K线，1根是大阴线，另1根是低开高走的小阳线，小阳线已深入大阴线实体的下端部分。从技术上说，这根大阴线是在连续下跌的情况下出现的，属于赶底信号。这在操作层面上称为第一买点，也是激进型投资者买进的地方。画B框处，该股筑底已基本完成，1根放量的大阳线宣告该股筑底后上了一个新台阶，随后的几根小阳线、小阴线在大阳线的上方移动，这是相对安全的上车地方，在操作层面上称为第二买点，这也是稳健型投资者跟进做多之处。

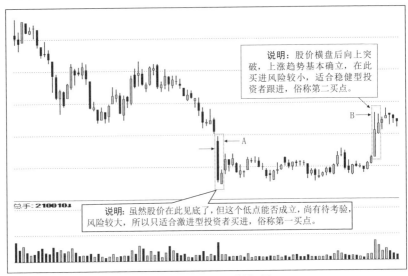

说明：股价横盘后向上突破，上涨趋势基本确立，在此买进风险较小，适合稳健型投资者跟进，俗称第二买点。

说明：虽然股价在此见底了，但这个低点能否成立，尚有待考验，风险较大，所以只适合激进型投资者买进，俗称第一买点。

总手：2100101

中集集团（000039）日K线图　图1

从图中看，第一买点价位比第二买点价位低，但由于股价刚刚落地，见底是否能获得成功还要经受考验。如果考验后市场对这个底部信号不承认，在第一买点买进做多的人就会被套牢。所以第一买点出现时，尽管股票价位低，但风险相对较高，故而它只适合风险承受程度较高的激进型投资者买进，而不是稳健型投资者的买进之处。虽然第二买点的价位比第一买点价位要高，但在这里买进的好处是，股价见底信号已经经过市场考验，被市场确认，上涨趋势也已明朗，安全系数较高，故而它能适合承受风险程度较低的投资者买进，他们当中大多数是追求稳扎稳打的投资者。正因为如此，人们把低位上来的第二买点，称为稳健型投资者买点。（注：该股往后走势见下图2）

> **说明：** 本图中画A、B框处与图1中画A、B框处属于同一位置。画A框处为激进型投资者买进点，俗称第一买点；画B框处为稳健型投资者买进点，俗称第二买点。另外，投资者还可以这样操作：先在第一买点买一点，到第二买点再加仓。分批买进，稳扎稳打，这也是一个很好的投资方法。

中集集团（000039）日K线压缩图　图2

测验题九、（本题10分）

答： 图1中最后3根K线叫阳线跛脚形。阳线跛脚形K线组合的特征是：它由3根以上K线组成，最后2根K线都是低开的，且最后1根阳线的收盘价比前面阳线的收盘价要低。阳线跛脚形的技术意义是：滞涨信号，后市看淡。从该股出现阳线跛脚形时下面成交量急剧放大的情况看，可以判断主力在这个当口出了大量货。如不出意外，股价在此反弹见顶的可能性很大。

阳线破脚形

成交量放大

万向钱潮（000559）日K线图　图1

鉴于上述情况，投资者在此应该采取的策略是：① 原来想买进该股的，要停止做多，持币观望。② 有此股票者应及时卖出或减仓。③ 如果明后天K线收阴，将最后1根阳线覆盖，此时就不能再犹豫了，应该马上下定决心把股票全部卖出，止损离场。（注：该股往后走势见下图2）

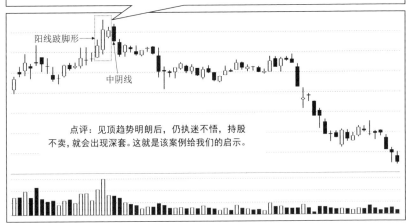

瞧！该股在出现阳线跛脚形后的第二天就收了1根中阴线，此时形势已明朗，应马上卖出，清仓离场，这样就可以逃过后面的大跌。

阳线跛脚形→

中阴线

点评：见顶趋势明朗后，仍执迷不悟，持股不卖，就会出现深套。这就是该案例给我们的启示。

万向钱潮（000559）日K线图　图2

测验题十、（本题 10 分）

答： 图 1 中画框处的 K 线名称叫"下降覆盖线"。它是一个重要的见顶信号，后市看跌。

东风汽车（600006）日 K 线图 图 1

从技术上说，该股见顶信号是一组复合型见顶信号[注]。因此它的见顶信号强度比一般 K 线见顶信号要强很多，故而有经验的投资者对它特别警惕。虽然图 1 中最后拉出的是 1 根大阳线，股价似乎有回暖的迹象，但因为该股下降覆盖线的见顶信号十分强烈，所以这根大阳线并不是看多做多的信号，反而是一个逃命的信号。如果持有该股的投资者现在不及时出逃，后面就要遭遇很大的风险。（注：该股往后走势见下图 2）

―――――――――――――――――

【注】图 1 中画框处共有 4 根 K 线。前 2 根 K 线是一个"穿头破脚"的 K 线组合，后 2 根 K 线是一个"倾盆大雨"的 K 线组合。因此，"下降覆盖线"实际上就是"穿头破脚"+"倾盆大雨"合成的复合型见顶信号。

果然，在下降覆盖线见顶信号出现后，图1中最后1根大阳线就成了主力忽悠大众的一个诱饵，凡是被骗进去的或没有及时出逃的投资者，后面都遭遇了大跌，输得很惨。

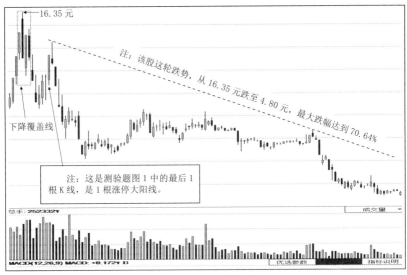

东风汽车（600006）日K线图　图2

测验题十一、（本题10分）

答：我认为小赵的观点是正确的，小赵说的K线图上有四种看涨信号，分别是：①平底，②徐缓上升形（见图1说明）③上涨二颗星，④向上缺口（见图2说明）。

奥拓电子（002587）日K线图　图1

另外，K 线图下的柱状线显示，该股上涨得到了成交量的支持，是放量上涨的，下面的 MACD 显示，MACD 在往上走，目前已接近 0 轴，这些都是支持做多看涨的信号。

奥拓电子（002587）日 K 线图　图2

综合起来看，小赵分析是对的，现在确实是对该股做多的较好时机。（注：该股往后走势见下图 3）

　　经验证明，见底信号越多，底部形态就越扎实，上涨动力就越足。短短 2 个月，该股的股价涨幅就近 2 倍。

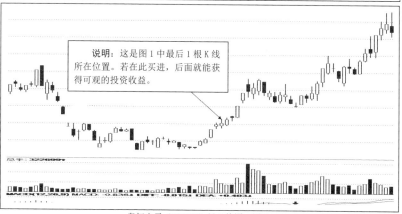

奥拓电子（002587）日 K 线图　图3

测验题十二、（本题10分）

答： 最后3根K线连起来看，是"身怀六甲"见顶的K线组合，因为该图形第1根K线是大阳线，后2根K线是小阳线，嵌在大阳线之内，其图形又与阳线跛脚形图形有点相似。身怀六甲与阳线跛脚形出现在这个地方，都有滞涨作用。并且该股在出现身怀六甲时，股价重心下移，成交量递减的情况十分明显（见图1说明），反映盘中做多力量萎缩得很厉害，这样形势就非常危险。

从技术上说，"大量＋滞涨"，说明主力在此疯狂出货。如果情况果真如此，那么后市大跌的可能性就很大。此时投资者即刻卖出是最佳策略。（注：该股往后走势见右图2）

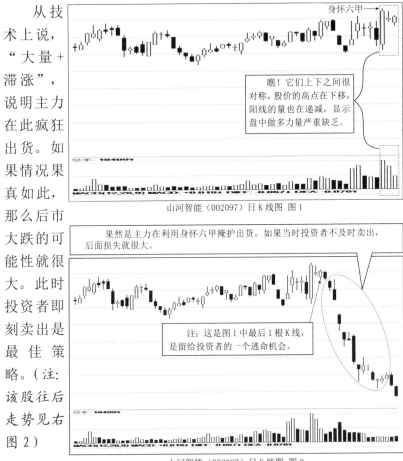

身怀六甲→

瞧！它们上下之间很对称，股价的高点在下移，阳线的量也在递减，显示盘中做多力量严重缺乏。

山河智能（002097）日K线图 图1

果然是主力在利用身怀六甲掩护出货。如果当时投资者不及时卖出，后面损失就很大。

注：这是图1中最后1根K线，是留给投资者的一个逃命机会。

山河智能（002097）日K线图 图2

K 线练兵 ⑥ 试卷
—— K 线实战技巧运用测验题之三

姓名：_____ 分数：_____

测验题一、请仔细观察下图，然后回答问题。

请问：
① 图中画框处的 K 线叫什么名称？它的技术意义是什么？② 接下来投资者应该怎么操作？
（本题10分）

测验题二、某天，一位老股民指着下图说，如果你熟悉 K 线图形，该股在筑顶时就完全可以从容地派发，绝对不会出现高位套牢的问题。

请问：这个观点对吗？为什么？请结合图中 K 线走势进行分析。
（本题10分）

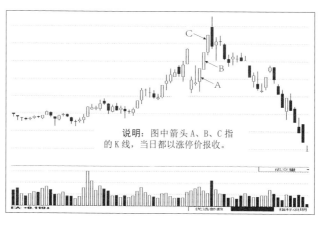

说明：图中箭头 A、B、C 指的 K 线，当日都以涨停价报收。

测验题三、 下图是一个次新股的走势。该股上市后连拉涨停，但自打开涨停板后出现了一轮深幅调整。有人认为，从图中最后的几根 K 线走势看，这轮调整可能已经结束，现在可以对它看多做多了。

请问：你同意这个观点吗？图中最后几根 K 线是什么 K 线组合的图形？投资者具体应该怎么操作？（本题 10 分）

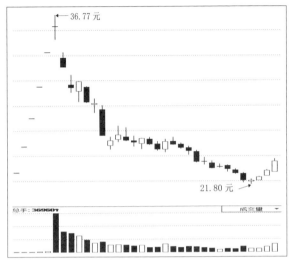

测验题四、请仔细观察下图，然后回答问题。该股走势一直很好，昨天收了 1 根大阳线，今天突然大幅低开，虽然多方做了顽强抵抗，但收盘仍被打至跌停，图中出现了 1 根倒 T 字线。有人说，这是主力在强行洗盘；也有人说，这是主力在疯狂出逃。

请问：你对这个问题是怎么看的？下一步应该怎么操作？（本题 10 分）

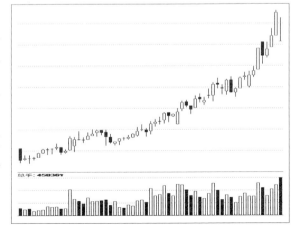

测验题五、股民老沈对 K 线很有研究，他今天看了下面的图后很高兴。老沈说他看到了平时很难见到的看涨 K 线图形。老沈认为这个图形很重要，让投资者做多有了充分的理由，今天虽然收出 1 根射击之星，好像上方抛盘很重，但实际上是给没有买进这个股票的投资者提供了一次低吸的机会。

请问：老沈说的对吗？他说的平时很难见到的看涨 K 线图形究竟是一个什么样的图形？（本题 10 分）

测验题六、请仔细观察下图，然后回答问题。有人说图中长十字线（见图中箭头 A 所指处）为止跌信号，今天在长十字线的上影线处收了 1 根小阳线，股价有调整到位见底回升的迹象，当下正是逢低吸纳的时候。

请问：这个观点对不对？为什么？（本题 10 分）

测验题七、请仔细观察下图，然后回答问题。

请问：① 画框处的上半部分是什么 K 线图形？ ② 画框处中间还有一个什么重要的信号？ ③ 投资者现在应该怎么操作？（本题 10 分）

测验题八、下面的图显示，该股送股除权后股价出现了回落的走势。目前，股价似已企稳，图中画框处的 K 线出现一种略微上翘的现象。

请问：画框处的 K 线叫什么名称？投资者见此 K 线图形应该怎么操作？（本题 10 分）

测验题九、请仔细观察下图，然后回答问题。

请问：① 图中画框处的 K 线叫什么名称？ ② 它发出了什么信号？ ③ 这个信号是否被市场验证了？ ④ 投资者下一步应该怎么操作？（本题 10 分）

测验题十、下面图中的最后 3 根 K 线，在民间有一种说法，称为"XXXXX"。所以看懂这张图的人，一般都知道怎么操作，而且准确率很高。

请问：你知道是怎么回事？该股的后市应该怎么预判？（本题 10 分）

测验题十一、请仔细观察下图，然后回答问题。

请问：① 图中画框处是什么图形？ ② 该股的下跌趋势已经确立了吗？为什么？ ③ 下一步应该怎么操作？（本题 10 分）

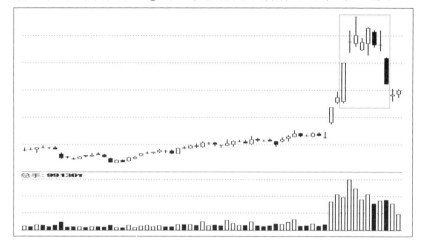

测验题十二、一位老股民指着下面的图说：如果股价上涨遇到"穿头破脚双杀"，应果断停损离场，因为此时盘中做空能量很大，若不及时卖出会遭受很大损失。

请问：老股民说得对吗？什么是"穿头破脚双杀"？（本题 10 分）

K线练兵⑥试卷

—— K线实战技巧运用测验题之三

参 考 答 案

测验题一、（本题10分）

答：图中画框处的K线叫"高开出逃形"。顾名思义，盘中出现高开出逃形K线组合，说明主力拼命在往外出逃了。大家从图1下面成交量一栏中可以清楚地看出，该股主力一直在往外甩货，如箭头A、B、C所指处都在放大量，并且当日K线都是收阴的，技术上将这种现象称之为放量出逃。其中，第二次出逃的成交量最大，第一次的成交量稍微小一点，第三次，也就这一次成交最小。虽然最小，但比起前面一段时间的无量交易状况来说，还是大很多（见图1中文字说明）。

> 说明：① 箭头A（当日换手率为8.67%），箭头B（当日换手率为13.05%），箭头C（当日换手率为4.39%）。② 从图中看，平时该股换手率都在1%左右，少则在0.5%以下，故日换手率超过4%就是放大量了，反映主力在大量卖出。

智飞生物（300122）日K线图 图1

大家仔细观察图中走势就会发现，主力通过前几次出逃，已经甩卖了大量的获利筹码，剩下的最后一批获利筹码，主力就在这两天把它卖了。如果情况确实是分析的这样，那么接下来该股再次大跌就是必然的了。故而，持有该股的投资者应该马上出逃，空仓的投资者则要坚决捂紧口袋，持币观望。（注：该股往后走势见下图 2）

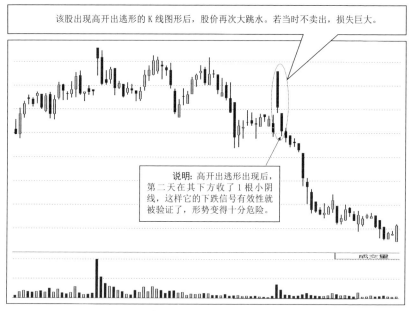

> 该股出现高开出逃形的 K 线图形后，股价再次大跳水。若当时不卖出，损失巨大。

> 说明：高开出逃形出现后，第二天在其下方收了 1 根小阴线，这样它的下跌信号有效性就被验证了，形势变得十分危险。

成交量

智飞生物（300122）日 K 线图　图 2

测验题二 、（本题 10 分）

　　答：老股民的观点是对的。理由是：该股头部的 2 根 K 线是"乌云盖顶"的图形，这是一个重要的见顶信号。另外，该股见顶之前连续出现 3 根涨停大阳线，有加速赶顶意味（见图 1 中说明）。如果再仔细观察就会发现，该股前期送股除权，除权后连续出现 3 根大阳线，表明股价已充分填权，主力获利丰厚，高位派发已成了主力的当务之急。乌云盖顶出现的当天，拉出 1 根大阴线，下面又是放量的，说明主力正在大量出货；在乌云盖顶出现后第二天拉出1根小阳线，接着，在第三天又拉出1根十字线，成交量则显著减少，说明主力已不再推高股价。

历史经验告诉我们，盘中出现这种下跌放量，上涨减量的现象，往往是股价趋势逆转的一个重要特征，反映出当时该股的形势已变得十分危险。

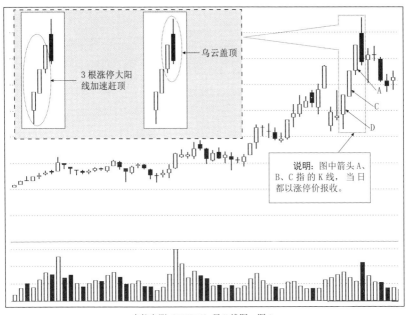

中航电测（300114）日K线图　图1

有人说，形势危险了，但卖出容易吗？答案是并不难。实际上，若投资者当时真的想把它卖掉是非常容易的，因为乌云盖顶头部K线出现后的2根小阳线，都有上影线，说明盘中有拉高现象，这样就可以很从容地卖掉。故而老股民说，只要懂K线的人，都能在高位出逃，不会在高位吃套。可见，老股民说的很有道理，关键是大家信不信，有没有行动。

这位老股民说得对，当看见连拉 3 根涨停大阳线加速赶顶，然后又出现乌云盖顶信号后，见顶已是板上钉钉之事，此时必须卖出，不卖出被深套只能怪自己太大意了。

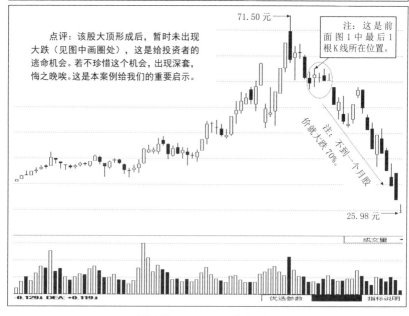

　　点评：该股大顶形成后，暂时未出现大跌（见图中画圈处），这是给投资者的逃命机会。若不珍惜这个机会，出现深套，悔之晚唉。这是本案例给我们的重要启示。

71.50 元

注：这是前面图 1 中最后 1 根 K 线所在位置。

注：不到一个月股价就大跌 70%。

25.98 元

成交量

-0.129↓ DEA: +0.119↓　　　优选参数　　　指标说明

中航电测（300114）日 K 线图　图 1

测验题三、（本题 10 分）

　　答：我同意看多做多的观点。从下面图 1 中看，该股最后 3 根 K 线是"红三兵" K 线组合。如果再仔细观察，这个红三兵不是普通的红三兵，而是红三兵中力度很强的"三个白色武士"。因此对它的出现，投资者应该引起足够的重视。另外，从成交量看，该股出现三个白色武士时，成交量也在逐渐放大，价量配合较理想。

　　有鉴于此，我们的操作建议是：激进型投资者现在就可以试着买进，稳进型投资者可再耐心观察几天，一旦发现三个白色武士出现后股价重心在抬高，这个时候就可积极跟进。

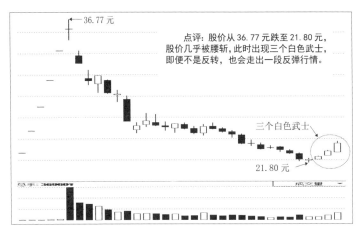

点评：股价从 36.77 元跌至 21.80 元，
股价几乎被腰斩，此时出现三个白色武士，
即便不是反转，也会走出一段反弹行情。

← 36.77 元

三个白色武士

21.80 元

总手：

成交量

美格智能（002881）日 K 线图　图 1

当然，投资者操作时也要注意控制风险。怎么控制呢？具体地说，如果日后股价冲高回落，出现股价跌到三个白色武士 1/2 以下处的现象时，就应该先退出观望，此时就不能再看多做多了。（注：该股往后走势见下图 2）

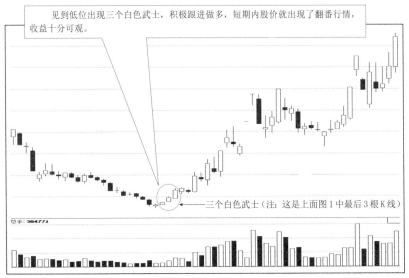

见到低位出现三个白色武士，积极跟进做多，短期内股价就出现了翻番行情，
收益十分可观。

三个白色武士（注：这是上面图1中最后3根 K 线）

总手：364771

美格智能（002881）日 K 线图　图 2

测验题四、（本题 10 分）

答：原来股价走势好好的，突然出现大幅低开的现象，收盘又被打至跌停板，并且成交量放出近期天量（注：这天的成交量是这轮上涨行情以来的最大量，当日换手率为 13.05%），这说明确实有人在大量卖出。

经验告诉我们，在股价大幅上涨后出现大量抛盘，最后又将股价打至跌停收盘，除了主力所为，一般中小散户根本没有这个能力，也没有必要这样做。如此时成交量很小，说主力在洗盘还有些说得过去，但该股是在股价大涨后放出天量并且以跌停收盘，此时说主力在洗盘，在逻辑上是站不住脚的。

另外从 K 线上看，高位出现"倒 T 字线"就是股价见顶的信号。因此，我们认为，当下应该采取"三十六计，走为上计"的策略，抓紧卖出是当务之急。

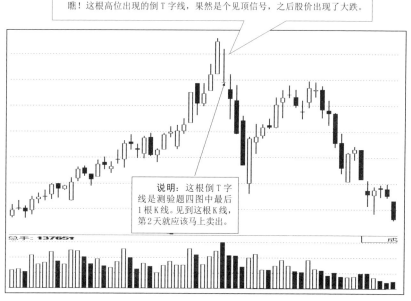

瞧！这根高位出现的倒 T 字线，果然是个见顶信号，之后股价出现了大跌。

说明：这根倒 T 字线是测验题四图中最后 1 根 K 线。见到这根 K 线，第 2 天就应该马上卖出。

急手：137651

江西长运（600561）日 K 线图

答：我赞同老沈的意见，今天的"射击之星"仍收在前面大阳线的上方，其实质的含义是：主力在上攻之前进行了一次向上试盘动作。虽然盘中拉出了 1 根射击之星，但这根射击之星是假的，是吓唬人的。这恰恰应该是一次很好的跟进做多机会。

老沈从图中看到的重要看涨图形是指该股在底部出现了一个"上升三部曲"的 K 线图形（见图 1 中画圈处）。这个图形与上升三部曲的标准图形有所不同，它属于一种变化形态的上升三部曲图形。从技术上说，上升三部曲是一个重要的看涨形态，它比"两红夹一黑"更有做多的参考价值,推动股价上升的力度更大。

华灿光电（300323）日 K 线图 图 1

据了解，上升三部曲出现在底部的现象，在中国 A 股历史上并不多见。若出现在底部，并且这个上升三部曲被后面的 K 线走势所验证，后面往往会有一段漂亮的上升行情可期待，所以现在老沈建议大家买进是对的。（注：该股往后走势见下图 2）

老沈说得对，图1中最后出现的射击之星不是见顶信号，而是主力在拉升股价前的一次试盘。若当时积极跟进，后面就有很大的收益可期待。

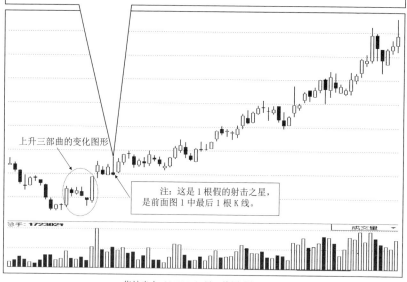

上升三部曲的变化图形

注：这是1根假的射击之星，是前面图1中最后1根K线。

华灿光电（300323）日K线图 图2

测验题六、（本题10分）

答：不对，因为这根长十字线的见底信号还未被后面的K线所验证。从下图中看，该股拉出长十字线后，第二天出现的仅是1根小阳线。这根小阳线既没有量（成交量很小），又没有突破长十字线上影线的束缚，

长十字线

上海贝岭（600171）日K线图 图1

而是嵌在长十字线上影线的下端处，像这种微弱的阳线信号，怎么可以证明："股价有调整到位见底回升的迹象"，而由此可以跟进做多呢？说穿了，这仅仅是一些做多情节严重的投资者单相思而已【注】。但是这样想，这样做风险是很大的。

从技术上说，一个见底信号若要通过市场验证是有严格条件的。就该股的见底信号需要验证的条件是：长十字线被后面的阳线全部覆盖，股价已连续3日以上站在长十字线最高价的上方运行，并且下面的成交量也跟着放大。但这些条件现在都没有出现，所以投资者只能持币观望。（注：该股往后走势见下图2）

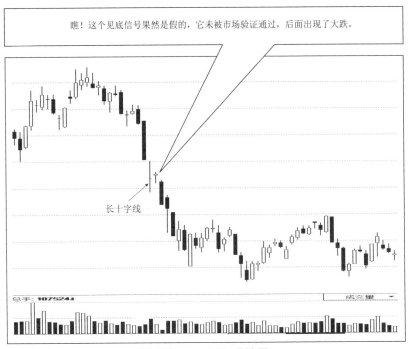

上海贝岭（600171）日 K 线图 图 2

【注】根据大数据统计，抄底抄在半山腰，最后被深套的投资者中，有超过半数是因为做多情节严重，单相思而造成的，这是一个必须要解决的问题。具体方法可参见《股市操练大全》第六册第330页～第337页。

— 173

测验题七、（本题 10 分）

答 :① 本题图中画框处上半部分 K 线图形是 "塔形顶" 的变化图形（见下图 1 画圈处）。

② 塔形顶下面有一个缺口，此为向下突破缺口。塔形顶与向下突破缺口都是重要的看跌信号。

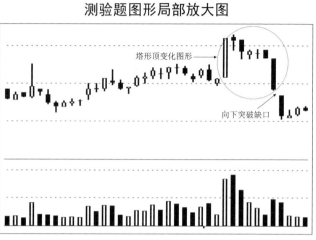

中亚股份（300512）日 K 线图 图 1

③ 现在该股走势很危险，股价继续下跌几乎成定局，面对这样的走势，投资者要赶紧卖出，规避风险。（注：该股往后走势见下图 2）

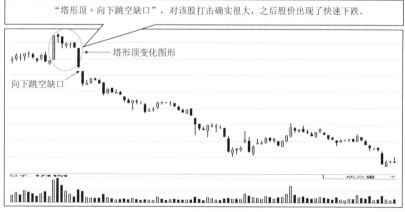

中亚股份（300512）日 K 线图 图 2

测验题八、（本题 10 分）

答： 本题图中画框处的 K 线图形叫"冉冉上升形"。该图形是看涨形态，若在低位出现，股价向上的概率很大。大家仔细看图就可以发现，这段冉冉上升形的 K 线走势与前面略微向下倾斜的 K 线走势，正好构造了一个圆底。若圆底一旦成立，该股就有可能出现一波上涨行情。我们再来看下面的成交量，右侧的成交量呈现半圆弧形状，并且上涨的量明显大于下跌的量，这说明现在的股价回升是得到成交量支持的。

因此，综合以上几种因素，现在投资者可考虑积极跟进。（注：该股往后走势见下图 2）

瞧！本图右侧的 K 线走势呈现圆底状态，下面的成交量走势也是一个明显的半圆弧形状。

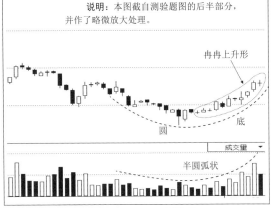

说明：本图截自测验题图的后半部分，并作了略微放大处理。

洲明科技（300232）日 K 线图 图 1

该股通过冉冉上升形的 K 线走势，成功地构造了一个圆底，然后股价就稳步向上推行，最后出现了大涨。当初低位跟进者获利十分丰厚。

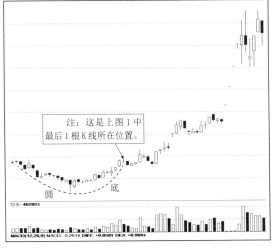

注：这是上图 1 中最后 1 根 K 线所在位置。

洲明科技（300232）日 K 线图 图 2

测验题九、（本题10分）

答：

① 图中画圈处的 K 线组合叫"身怀六甲"。

② 它发出了股价见顶的信号。

③ 该见顶信号被它下面的 1 根大阴线（见图 1 中箭头 A 所指处）与后面几根 K 线走势所验证（注：从技术上说，下跌幅度超过 3%，下跌天数超过 3 天，就可验证为见顶信号有效）。

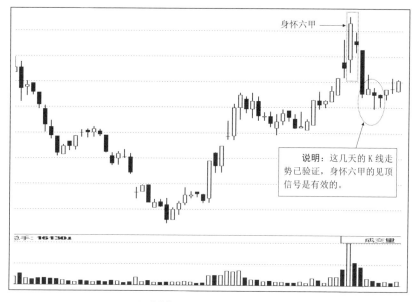

汉威科技（300007）日 K 线图　图 1

④ 既然身怀六甲的见顶信号被市场验证是有效的，那么接下来的操作就只能是看空做空了。大家一定要明白，该股见顶下跌趋势确定后，多方的抵抗一般是无用的。图中最后几根 K 线收阳，只是股价向下破位后的一次反抽动作，因为下面的成交量十分萎缩，反抽可能随时夭折。一旦反抽夭折，空方就会大开杀戒，

所以现在必须抓紧时间赶紧卖出，不能买进。（注：该股往后走势见下图2）

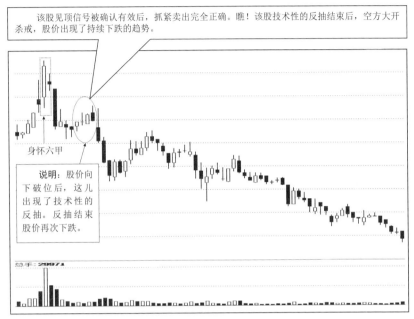

该股见顶信号被确认有效后，抓紧卖出完全正确。瞧！该股技术性的反抽结束后，空方大开杀戒，股价出现了持续下跌的趋势。

身怀六甲

说明：股价向下破位后，这儿出现了技术性的反抽。反抽结束股价再次下跌。

总手：29971

汉威科技（300007）日K线图　图2

测验题十、（本题10分）

答：从本题图中看，该股最后3根K线都是螺旋桨K线。在股价大涨后出现的螺旋桨K线，一般都是见顶信号。而该股出现螺旋桨K线的见顶信号，不是一个，而是3个，这就让多方扛不住了，后市向下的可能性很大。民间将此现象称之为"下降三星线"。据了解，下降三星线是非常厉害的杀跌图形，常常会砸得多方晕头转向。

更让人担忧的是，这个下降三星线已经将前面的向上缺口封闭（见下图1中说明），这对多方来说，又是一个极为不利的因素。一般来说，向上缺口被封闭，说明盘中做空力量很强，股价

向上缺口

说明：这个"下降三星线"，已经将前面的向上缺口封闭，形势变得十分危急。

总手: 1742441

成交量

东方财富（300059）日 K 线图 图 1

继续下跌的概率居多。因此投资者一定要认清当前形势，把防范风险放在首位，及时离场观望。（注：该股往后走势见下图 2）

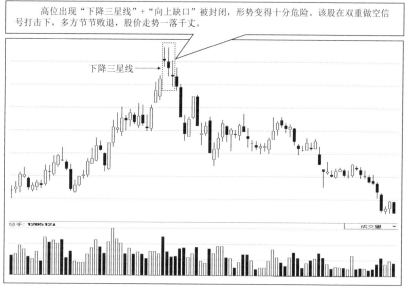

高位出现"下降三星线"+"向上缺口"被封闭，形势变得十分危险。该股在双重做空信号打击下，多方节节败退，股价走势一落千丈。

下降三星线

总手: 1205121

成交量

东方财富（300059）日 K 线图 图 1

测验题十一、（本题10分）

  答：该股的下跌趋势已经确立。因为图中画框处，即最后2根小阳线的上方是一个"塔形顶"，塔形顶是一个重要的见顶信号。同时，这个塔形顶又是一个很可怕的"顶部岛形反转图形"（见下图1中说明）。

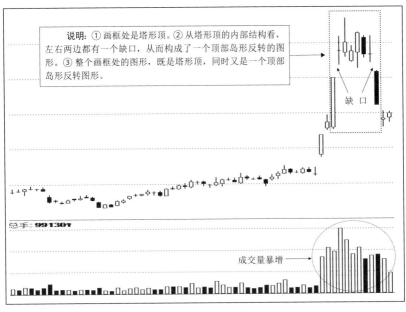

说明：① 画框处是塔形顶。② 从塔形顶的内部结构看，左右两边都有一个缺口，从而构成了一个顶部岛形反转的图形。③ 整个画框处的图形，既是塔形顶，同时又是一个顶部岛形反转图形。

缺 口

总手：991130↑

成交量暴增 →

吉林敖东（000623）日K线图 图1

  "塔形顶 + 顶部岛形反转"，高位出现2个重要的做空信号，对多方打击非常沉重。而且下面的成交量放得非常大，说明在塔形顶形成的过程中，有大量的人在卖货，这不排除主力趁机在疯狂地抛货出逃。如情况真的如此，那该股后市就十分危险了。大家头脑一定要清醒，塔形顶形成后，这两天出现的小阳线，仅仅是多方一次无力的挣扎而已，这对局势的改变起不到任何作用。因此投资者必须丢掉幻想，趁股价还没有大开杀跌前，赶紧卖出，

避免更大的损失。（注：该股往后走势见下图2）

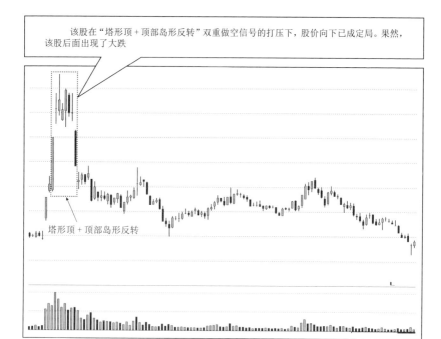

该股在"塔形顶＋顶部岛形反转"双重做空信号的打压下，股价向下已成定局。果然，该股后面出现了大跌

塔形顶＋顶部岛形反转

吉林敖东（000623）日K线图 图2

测验题十二、（本题10分）

答：老股民说得很对，本题图中确实出现了"穿头破脚双杀"现象。我们仔细看该图右上方的最后几根K线，其中，倒数第1根K线是1根大阴线，这根大阴线覆盖了前面2根阳线，构成了一个"顶部穿头破脚"图形。另外，倒数第4根K线也是1根大阴线，它也覆盖了前面2根阳线，这又是一个顶部穿头破脚图形。这样2个顶部穿头破脚连在一起，就构成了穿头破脚双杀的图形。（见下图1中的说明）。

根据大数据统计，在上涨途中出现穿头破脚双杀，日后的下

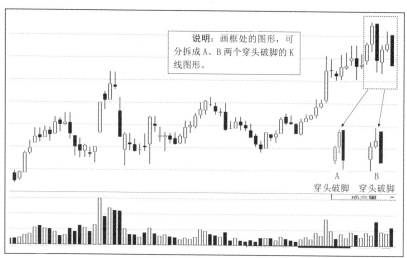

说明：画框处的图形，可分拆成 A、B 两个穿头破脚的 K 线图形。

A

B

穿头破脚   穿头破脚

成交量 ▼

徐工机械（000425）日 K 线图 图 1

跌概率超过 85%，所以投资者此时应果断停损离场，规避风险。

（注：该股往后走势见下图 2）

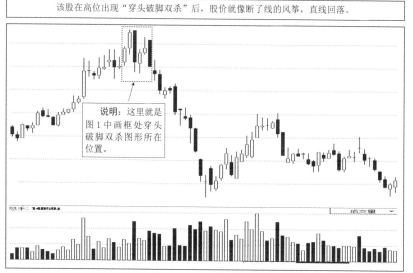

该股在高位出现"穿头破脚双杀"后，股价就像断了线的风筝，直线回落。

说明：这里就是图 1 中画框处穿头破脚双杀图形所在位置。

成交量 ▼

徐工机械（000425）日 K 线图 图 2

K 线练兵 ⑦ 试卷

—— K 线实战技巧运用测验题之四

姓名：_____ 分数：_____

测验题一、某天上课时《股市操练大全》培训班的杨老师拿出下面的图说，这张图很有代表意义，我们把它分析透了就能举一反三，这对提高投资者操作水平有很大帮助。我希望大家分析这张图时能思考以下几个问题，并作出详细分析。

请问：① 该股是以什么方式见顶的？ ② 见顶时出现的是什么 K 线？它的意义是什么？ ③ 这里出现的是大顶还是阶段性顶部？ ④ 如果是阶段性顶部，补了缺口是否意味着股价已经调整到位？最后出现的几根小阳线是否表明股价再次启动了？ ⑤ 现在应该是买进还是卖出？（本题 15 分）

测验题二、仔细观察下图，然后回答问题。

请问：该图走势有什么特点？依据现在的 K 线状况，投资者应该怎么操作？（本题 10 分）

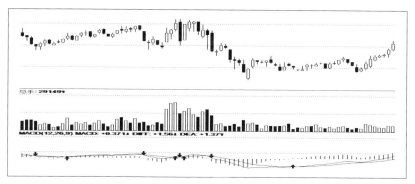

测验题三、某天证券公司中户室的甲、乙两位投资者都在关注着下面这个股票。不过，两个人的观点截然相反。甲认为，该股走势彻底变坏了，这轮行情已画上句号，主力在高位不断派发，所以投资者应马上卖出。乙认为，因为该股上涨过快引发大量抛盘，但当缺口被补后盘中做空力量逐渐衰减，主力再继续做空的理由不存在了，所以这两天股价跌不下去了，仅以小阴线收盘，成交量也显著减少。此时正是给投资者提供了一次回补跟进的机会，该股新一轮行情即将启动。

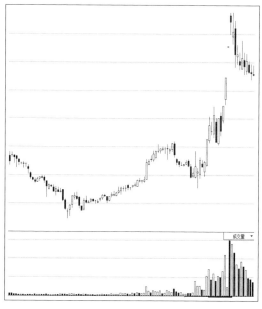

请问：甲乙两人的观点谁对谁错？为什么？（本题 10 分）

测验题四、下图中的股票是沪市的一个小盘股，上市后股性一直很活跃，这次股价从低位上来创出了新高。有人对其后市十分看好，但有一位老股民说，无论你对该股后市怎么看好，在当下情况下必须马上把它卖掉，否则后果不堪设想。

请问：这位老股民究竟发现了什么会讲此话？你是否同意他的观点？为什么？（本题10分）

测验题五、徐女士是一个很有主见、很有掌控能力的老股民。她投资的股票赢多输少，这次她又发现了一个潜力股。她说，这个股票的见底形态很少见到。但这种见底形态一旦确立，后市上涨是大概率的事情。今天，她仔细看了盘面，认为这种见底形态已初步被市场认可，可以积极买进了。

请问：徐女士这次说对了吗？你的看法如何？徐女士说的很少见到的见底形态究竟是什么形态？你对这个问题能进行解释吗？（本题10分）

测验题六、某股市高手看了下图中的K线走势图后对大家说，该股现在是处于"双吊杀"状态，有此股的投资者就要成为双吊杀的陪葬品了。

请问：这位高手说的话是否有道理？为什么？（本题10分）

测验题七、股民小唐看了下图的走势后说，这张"五杀图"十分厉害，今天收出1根带长下影线的阳线，能让一些人有机会把股票卖掉，这对多方来说太幸运了。众人诧异地看着股民小唐，似乎他是故意在说大话吓唬大家。

请问：你对此事怎么看的？你觉得现在该股的形势果真有那么严重吗？（本题10分）

测验题八、 下图是一个次新股，有人想做该股的反弹。现在请你从 K 线上分析，此时买进是机会大还是风险大？如果买进的话，止损点应该设在何处？（本题 10 分）

测验题九、赵小姐问，《股市操练大全》第一册介绍 K 线知识时说过，股价大幅下跌后出现十字线和 T 字线，都应该是见底信号。但为什么在下面这个股票上，这些都不是见底信号呢？如果说箭头 A 指的十字线，是因为它的下影线较短，说明下档支撑不强，说它不是见底信号还可以理解，那么箭头 B 所指的 T 字线，箭头 C 所指的锤头线，下影线都很长，说明下档支持很强，为什么它们也不是见底信号呢？

请问：谁能对赵小姐的疑问作出合理的解释？（本题 10 分）

测验题十、下图中的股票在一阵急跌后，在图中画框处止跌企稳。然后出现了小幅反弹，但反弹力度很弱，后面股价又出现了持续阴跌状态。

现在请你说说，画框处的K线图形叫什么名称？其意义是什么？投资者下一步应该怎么操作？（本题10分）

测验题十一、某天，股民老施拿着下面一张图对大家说，该股筑底已经很长时间了，它在前面先构筑了一个塔形底（见图中画框处），每次股价打至下方时，在当天都会被拉回来，所以这段时间该股的下影线特别多，仅锤头线、T字线的K线就有10多根，因而这个底很扎实。这个就像造房子打桩一样，桩打得越多基础越牢固，底部也就越扎实。今天该股收了1根放量的中阳线，似有行情启动的迹象。股民老施认为该股筑底很成功，现在可以跟进做多了。

请问：你同意股民老施的观点吗？为什么？（本题10分）

测验题十二、某天收盘后，一群股民在分析下图中个股的走势。有的认为该股在触底后先是出现了一轮反弹，然后冲高回落，经过调整后股价又有抬头的迹象，这说明反弹还能延续，后市可看高一线。有的认为反弹结束了，因为该股在触底后，出现了"连续跳空三阳线"（见图中画框处）。从技术上说：连续跳空三阳线是见顶信号，果然，后来股价就冲不上去，在高位进行回落整理。由于这次反弹出现暴量（成交量特别大），估计主力出货的量也特别大，等主力的货出完，股价就会再次大跌，所以现在应该抓紧时间卖出。

请问：你对该股的后势是怎么判断的？现在应该如何操作？

（本题 15 分）

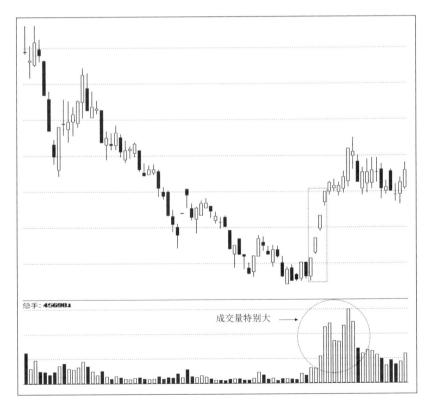

成交量特别大

K 线练兵 ⑦ 试卷
——K 线实战技巧运用测验题之四

参 考 答 案

测验题一、（本题 15 分）

答： 对杨老师提出的几个思考问题，大家讨论后达成了共识。

① 该股是以快速上涨方式见顶的，技术上称它为加速赶顶走势。从图中看，该股这波上升行情先是小步慢跑，然后突然拉出 1 根涨停一字线，第二天股价继续冲高，多空进行大搏杀、大换手。2 天股价就涨了 20%，一字线涨停后的第二天成交量特别大，换手率达到 24.97%（见下页图 1 中说明）。据了解，这是该股近几年来最大的日成交量，可称为天量。从技术上说，天量意味着天价，上涨途中出现天量，见顶的概率很大。

② 该股见顶的 K 线叫"吊颈线"（见下页图 1 中说明）。有人说，这根 K 线是阳线，并且当日是以涨停价收盘的。但是，大家仔细观察后就会发现，这根阳线的实体很小，下面还拖了 1 根长尾巴（长下影线），这种形状的 K 线，技术上称为吊颈线。它的出现给该股后市蒙上了一层阴影，因为吊颈线是一个重要的见顶信号。吊颈线俗称绞刑线，光从其名称上，就让人感到不寒而栗。除非后面股价能收在此吊颈线的上方，才能化解这个危机。但这个可能性很小，因为下面的成交量放得太大，仅一天的时间就将整个流通盘换了 1/4。若不是主力当日拉高出货，就不大可能出现这种状况。既然主力在高位大量出货，就不会再推高股价，这样后面的股价就不可能站到吊颈线之上了。

当然，该股是不是真的见顶了呢？不能光以 1 根吊颈线作定论，还要看吊颈线后面的 K 线走势。如果后面的 K 线在吊颈线的下影处运行，股价重心是在向下移动，由此才可以确定吊颈线见顶信号是有效的。我们从图中看，吊颈线出现后的第二天收了 1 根中阴线，并且连续几天股价都在吊颈线的下方运行，这样就验证了这根吊颈线确实是在做头了，毫无疑义它就是见顶信号。

③ 该股见顶已成事实，但这个顶究竟是什么性质的顶呢？如果是一个大顶，那么股价就会一路跌下去；如果是上升途中的一个阶段性顶部，股价经过短期回调，清洗浮筹后就可重拾升势。显然，这是一个不能回避的问题。在研判后确定这个顶属于大顶，那毫无疑问应该把股票全部卖掉，并在很长时间内不再对该股看多做多；在研判后确定这个顶属于上升途中的阶段性顶部，可短期卖出，但必须在股价回调到位后及时补进，否则就会踏空日后上升行情。

可见，对该股顶的性质能否作出正确判断，将直接关系到投资者的输赢。

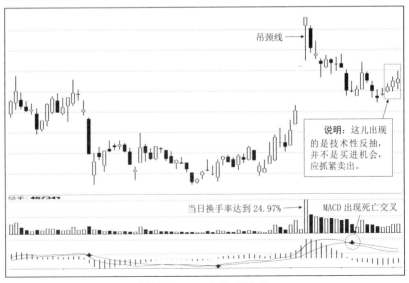

美锦能源（000723）日 K 线图 图 1

关于这个问题，大家讨论的一致意见是，假设这个顶部是阶段性顶部，那么这个阶段性顶部能否成立，就要看下面的成交量、MACD 走势了。

首先，一方面图中最后出现 3 根小阳线，股价回升时，成交量并没有放大，而另一方面前面股价下跌时的成交量比股价上升时的成交量要大。这种下跌有量上涨无量的现象，说明盘中的做空能量还有待进一步释放，股价还得继续下跌。如此一来，所谓阶段性顶部的观点就不能成立了。

其次，MACD 走势出现了死亡交叉（见上页图 1 中说明），其走势一直在向下，弱势情况十分严重。所谓"阶段性顶部后股价回调到位"的说法根本无从谈起。当时盘中做空力量还十分强大，多方节节败退，大跌几乎成定局。

由此可以判断，这个顶至少是一个大的中期顶部，而不是什么阶段性顶部。

④ "如果股价回调到位，最后出现的几根小阳线是否表示股价再次启动了？"这个问题是和上一个问题有联系的，既然上面的阶段性顶部被否定了，那么图中最后出现的几根小阳线，只能理解为该股上升缺口被封闭后出现的一次技术性反抽，反抽结束后股价还会不断地向下寻底。

⑤ "现在应该是买进还是卖出？"对这个问题，可以作出明确结论：坚决卖出，坚决看空，并且卖出后在相当长的一段时间里不对该股看多做多。另外大家要明白，技术性的反抽稍纵即逝，若现在不抓紧卖出，股价再次下跌，投资者损失会更大。（注：该股往后走势见下图 2）

唉！真是不练不晓得，练后才知道自己的短处、弱点、痛点在哪里。这样的火线练兵对我来说太及时、太重要了！

瞧！该股拉出吊颈线见顶后，股价出现了持续下跌。如果当时不抓紧卖出，持股观望，那会输得惨不忍睹

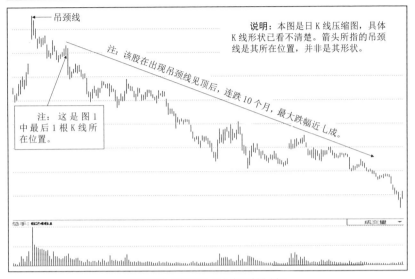

美锦能源（000723）日K线压缩图 图2

测验题二、（本题10分）

答：该图走势有什么特点呢？图中的最低点是17.18元，见到17.18元的当天，股价是低开高走的，拉出了1根中阳线。这根中阳线已深入到昨天中阴线实体的1/2处以上，从而构成了一组"曙光初现"的K线组合。曙光初现是见底信号，之后该股就在曙光初现的右侧阳线1/2以上处进行小幅震荡，震荡20多天后，股价开始缓慢向上。股价在震荡期间构筑了一个"平底"（见下图1中画虚线处）。平底也是见底信号，这个平底与17.18元最低点相比也算是上了一个台阶。这个平底被后面缓慢上行的K线所验证，说明它是有效的。这样的话，该股见底时的曙光初现见底信号与后面的平底见底信号都被市场验证为有效了。

另外，图中最后8根K线都是一些小阳线，阳线虽小但股价已不知不觉的涨了一大截。不过让人感到有点担心的是，连续出现小阳线时下面的成交量并没有放大。但好在下面MACD走势较强，它已上升到0轴以上，并且出现了连续的红柱状线，说明盘中做多力量仍比较积极。

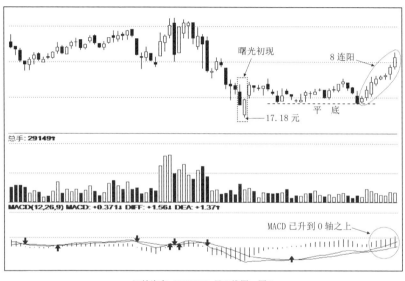

江铃汽车（000550）日K线图　图1

　　对于这样走势的个股，后市如何判断呢？客观的进行评价，可以说股价继续向上的概率较大。理由是：曙光初现、平底，这两个见底信号都被市场验证了，MACD走势也支持股价上行。另外，最后的K线八连阳也不能小视。股市里有一句名言，"底部七连阳，中线当走强。"现在该股底部出现的不是七连阳，而是八连阳，那后市向好的愿景更值得期待。综合来看，该股目前走势利多因素大于利空因素，激进型投资者可以现在就买一些，稳健型投资者可等后面拉出放量阳线，特别是有力度的中、大阳线时再跟进，这样操作就更加安全。（注：该股往后走势见下图2）

当图中出现箭头 A 这根大阳线时，下面的成交量也同步放大。此时上涨趋势已明朗，稳健型投资者可积极跟进。

注：这是图 1 中最后 1 根 K 线。

A

说明：出现箭头 A 这根大阳线的当天，成交放出巨量。

35.24 元

17.18 元

总手：88201

江铃汽车（000550）日 K 线图　图 2

测验题三、（本题 10 分）

答：甲的观点是正确的，乙的观点是错误的。从图中看，该股头部迹象十分明显，股价见顶时拉出 1 根射击之星，射击之星是见顶信号。而且它的上影线特别长，说明上方抛盘承压非常严重。该股见顶后第二天收了 1 根大阴线，它和前面的射击之星又组成了一个顶部穿头破脚的图形（见下图 1 中说明），顶部穿头破脚是非常厉害的看跌信号。该股见顶的前后 3 天，换手率达到 50% 以上，属于天量。高位放出天量，说明主力在大量卖出。在这根大阴线之后的几天，虽然成交量比其天量时减少了一大块，但总体上比前面股价上升时出现的成交量大很多，每天的换手率都在 8% 以上，这说明盘中做空的力量还很大。

射击之星 →

穿头破脚 →

缺口 →

该K线已将
前面的缺口
完全封闭。

仅仅3天，换手
率就高达51.77%。

成交量 ▼

浙江东方（600120）日K线图　图1

　　从技术上说，上升的缺口被封闭后，对多方很不利，这至少反映出一个问题：空方的力量强于多方，空方在掌控局势，继续向下寻求支撑的可能性很大。出现这样的情况，怎么能随便说在缺口被补后，主力继续做空的理由不存在了呢？由此可以看出，乙方的观点完全错误，是经不起推敲的。其实，按照缺口理论，向上缺口是不能轻易被回补的，一旦补了，就说明优势不在多方一边，而在空方一边，股价运行就处于弱势状态。成熟的投资者，对于弱势状态运行的个股是有充分理由进行回避的，即使有人对它留恋，买进做多也是以后的事情。在这个当口，绝对不是买进做多的时候，退出观望是上策。

　　按照历史经验，一旦股价头部形成，主力大量出货后，往后相当长的一段时期内，股价会处于阴跌或持续下跌状态，只有到盘中做空能量彻底释放完毕，股价才会上涨。有鉴于此，我们认

为当务之急是应该对该股采取看空做空的策略，规避其继续下跌的风险。（注：该股往后走势见下图2）

> 瞧！该股在"射击之星＋穿头破脚＋天量＋缺口被封闭"诸多见顶信号的重压下，一路震荡走低，股价出现了大跌。

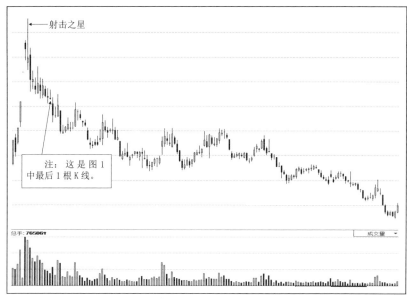

射击之星

注：这是图1中最后1根K线。

总手：765061

成交量

浙江东方（600120）日K线图　图2

测验题四、（本题10分）

答：我同意这位老股民的观点。我认为，虽然这位老股民的话说得狠了点，但他做出这个判断的道理是很充分的。有人可能不同意，认为现在该股创了新高，这次股价回调是创新高后的一次回踩。虽然今天收了1根中阴线，但K线下面的下影线很长，说明该股下档支持力度很强，日后股价持续创新高是可期待的。但这些投资者恰恰忘了，小盘股流通盘易受主力操控，利用创新高诱多是主力惯用的手法。图中最后2根K线是"乌云盖顶"组合，这是一个典型的见顶信号。

　　让人担心的是，今天这根中阴线虽然出现了很长的下影线，但盘中换手率竟然达到 69.85%，放出了历史天量（见下图 1 中说明）。也就是说，该股整个流通盘近 70% 筹码被换成新人。显然，在这个位置接受这么大量筹码的新人，肯定是中小散户，而

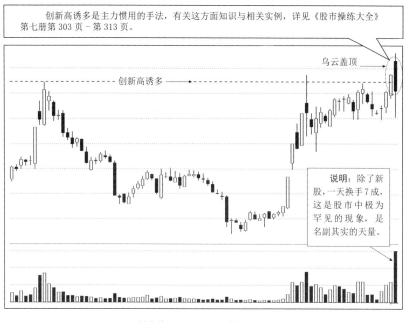

新通联（603022）日 K 线图　图 1

大量向外派发筹码的肯定是该股主力。由此可以预见，在主力已大量出逃的情况下，该股后面必然会产生一轮多杀多的现象，股价大跌已不可避免。也正因为如此，这位老股民才说起狠话，现在留恋该股，持股不卖或买进做多就是找死，老股民说这狠话，话虽难听但用意还是好的，他想以此提醒大家，在当下防范风险是最重要的。（注：该股往后走势见下图 2）

果然，该股在出现乌云盖顶K线图形，并且放出天量后，股价就形成了狂泻走势，不及时卖出者损失很大。

乌云盖顶

注：该股这轮跌势，从31.80元跌至6.21元，跌幅超过八成。

成交量

一天换手7成，此为天量。

新通联（603022）日K线图　图2

【相关实例】

实例一：振静股份（603477）。2018年6月，该股借着好

消息出现一轮反弹，6月27日该股冲高时出现1根放巨量的阴线，当日换手率超过七成。第二天股价就见顶了。仅2个半月，股价即遭到腰斩。

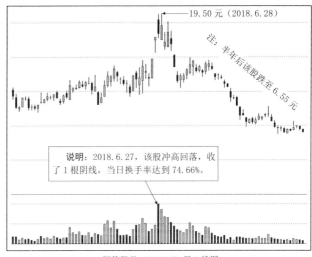

19.50元（2018.6.28）

注：半年后该股跌至6.55元

说明：2018.6.27，该股冲高回落，收了1根阴线，当日换手率达到74.66%。

振静股份（603477）日K线图

实例二：润禾材料（300727）。2018年4月，该股出现了一轮反弹，在冲高51.29元时拉出1根大阴线，并放出巨量，当日换手率超过六成，该股马上就见顶了。虽然后面股价下跌后出现了一轮反抽，但因为股价的下跌趋势已形成，后面的股价越走越低，4个月后，该股股价被腰斩过半。

润禾材料（300727）日K线图

实例三：英派斯（002899）。2018年3月，该股出现了一轮强劲的上涨行情，但自5月15日拉出1根天量阳线当日换手率超过七成，这轮上涨行情就结束了，尔后连续3天出现跌停。仅仅1个多月，股价就跌掉近50%。

以上几个实例充分说明，股价在上升途中，尤其是在反弹

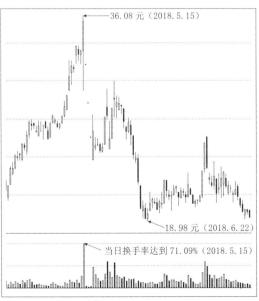

英派斯（002899）日K线图

中，不论 K 线是收阳线还是收阴线，只要成交放出巨量，如单日换手率达到了六、七成，见顶的概率极大。投资者若继续看多做多，不及时撤离，就很有可能遭受大跌的风险。故而，投资者对这样的现象一定要高度警惕，切不可马虎大意，犯下大错。

测验题五、（本题10分）

答：我认为徐女士判断是正确的。徐女士说的很少见到的见底形式是指图中出现了以下现象：股价先是快速下跌，见底时连续出现两个向下跳空缺口，然后多方绝地反击，在低位出现了"下探上涨型的 K 线"组合（见下页图1）。

从图中看，该股当天最低跌至 13.64 元，这个 13.64 元实际上是该股当天跌停板的价格，同时也是下探上涨形大阳线的开盘价。也就是说，该股当日以跌停价开盘，然后就一路走高，拉出 1 根谷底大阳线【注】，它和前面的 K 线一起组合成了"下探上涨形"的 K 线形态，并且当日成交量剧增，比往常放大了数倍。之后，该股又遭空方打击，股价出现了回探，但回探的低点也高于 13.64 元。在前两天盘中拉出了 1 根有力度的中阳线，并且当天是放量的，最后两天该股在这根中阳线上端收了 2 根小阳线。盘中出现这些现象，反映出市场基本上认可了前面该股下探上涨形见底形式是有效的。

另外，从图中可以看出，该股筑底阶段，拉阳线时出现的成交量远大于拉阴线时出现的成交量，即通常说的阳量大于阴量。

【注】什么是谷底大阳线？有关这方面知识与相关实例，详见《股市操练大全》第八册第 23 页 - 第 28 页、第 536 页～第 538 页。

这说明多方占了很大优势（见图1中说明）。我们再进一步分析，发现该股这轮见底行情，是以"快速下跌＋连收阴线＋向下缺口"的形式出现的。图中左下方的最后一个缺口是下跌趋势中的竭尽缺口，现在该缺口已被完全封闭。向下竭尽缺口的出现，反映盘中的做空能量得到了充分释放，这是一个赶底信号。

综合来看，徐女士这次判断正确性较高，现在对该股积极买进做多，确实是一次机会大、风险小的投资，很适合稳健型投资者进行操作。（注：该股往后走势见右图2）

宇顺电子（002289）日K线图 图1

瞧！该股在低位出现下探上涨形K线图形后，股价一路振荡走高。可见，当时徐女士对该股的预判是完全正确的。

宇顺电子（002289）日K线图 图2

测验题六、（本题10分）

答： 高手的话很有道理。高手说的"双吊杀"，是指图中最后2根K线都是吊颈线（见图1 中说明）。吊颈线又称绞刑线，听听这个名字就很吓人，何况是一下子出来2根吊颈线。第1根吊颈线出来后，从高到低，跌了近10%（注：这是指盘中最大跌幅，不是指收盘价）；第2根吊颈线出现，股价又跌了近10%。

而且2天都放出了近期天量。第一天换手率为37.12%。第二天换手率为20.29%。2天内该股一半以上筹码被抛售，主力大甩卖的现象非常明显，所以"双吊杀"后，股价继续大跌几成定局。对该股继续看多做多，持股不走的投资者将会输得很惨。（注：该股往后走势见图2）

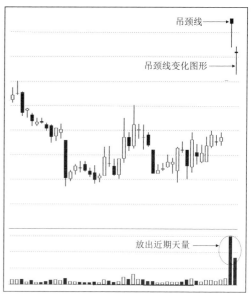

四川双马（000935）日K线 图1

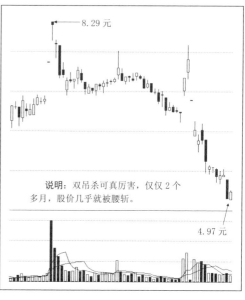

四川双马（000935）日K线 图2

测验题七、（本题 10 分）

答：股民小唐的话说得是狠了些，但说的都是事实。小唐说图中是一张"五杀图"，这是指该股已经形成了一个重要的头部。这个头部有五个下杀的隐患。

一杀、二杀，是指这个头部出现了 2 根"吊颈线"（见图 1 中箭头 A、箭头 B 指的 K 线），吊颈线是重要的见顶信号。三杀是指头部出现了 1 根光头光脚的大阴线（见图 1 中箭头 C 指的 K 线），当日股价跌了 10%，这根大阴线是很重要的见顶信号。四杀是指这根大阴线将前面 4 根阳线都吞没了，这又是一个凶险的顶部穿头破脚图形。五杀是指前面的上升缺口被完全封闭了。

股价大涨后出现这五杀，让股民小唐感到不寒而栗。因为无论哪一杀，对多方都可能是致命的。而在这个五杀头部形成后，今天股价竟然没有继续大跌，而是收了 1 根带有长下影线的阳线。众所周知，K 线收阳说明当天有谁真想要卖出股票是很容易卖掉的。因此小唐感叹地说：今天对多方太幸运了，能让持股的投资者有一个很好的逃命机会。

小唐向大家解释，之所以在五杀头部形成后还能让多方有机会出逃，说明该股人气还没有完

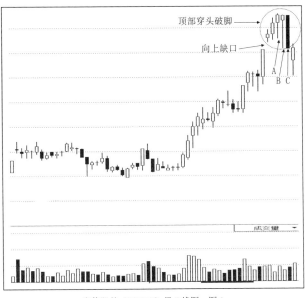

珈伟股份（300317）日 K 线图　图 1

全散掉。但随着时间推移，这个五杀头部的影响会扩散开来，到大家都明白的时候，多方出逃的机会就会越来越少。有鉴于此，没有出逃的投资者应该赶紧醒悟，早一点卖出，损失就少一点。（注：该股往后走势见下图2）

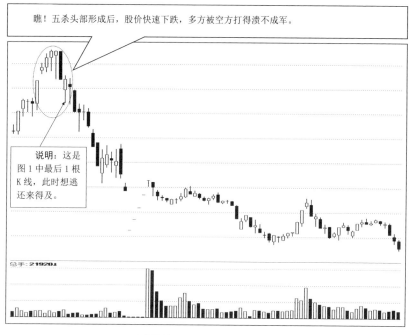

瞧！五杀头部形成后，股价快速下跌，多方被空方打得溃不成军。

说明：这是图1中最后1根K线，此时想逃还来得及。

珈伟股份（300317）日K线图　图2

测验题八、（本题10分）

答：该股目前的状况是：从高位回落后，在低位构筑了一个时间跨度较大的平底，然后股价开始回升，回升过程中出现了一个"两红夹一黑"的K线组合（见下页图1中说明）。现在，该股在两红夹一黑右侧大阳线实体的上端处进行整理。

从整个图形看，该股从41.99元跌至24.04元，股价几乎被拦腰斩了近一半。短期内出现如此大的跌幅，下跌也够狠的了，理论上会出现一轮超跌反弹行情。因此,投资者只要把握得好,这个反弹行情是可以做的。

　　该股构筑平底的时间跨度长,这个底相对比较扎实,两红夹一黑出现在低位,又是一种积极看涨信号。这些都是做多、做反弹的有利因素。不利因素是,股价往上回升时成交量没有放大,若股价要进一步上涨需要补量。

> 说明:本图最右侧的向下虚线,并不是真实的走势,而仅仅是一种假设。若日后股价走势中万一出现这种假设,投资者就应该采取行动,在股价跌到止损点处及时卖出,规避风险。

康泰生物(300601)日 K 线图　图 1

　　综合评估下来,现在买进该股机会大于风险。想做反弹的人,可先适量跟进,若后面放量,可再增加仓位。买进时要考虑,万一情况出现变化应该怎么办,如股价不涨反跌应该怎样安全退出等,所以事先要设立止损点。止损点可设在两红夹一黑左侧大阳线的开盘价处(见上面图 1 中说明)。也就是说,一旦日后发生股价跌破这根大阳线的开盘价现象，应该立刻止损离场。不过，该股这些情况都未发生，后来，股价出现了大涨。（注：该股往后走势见下图 2）

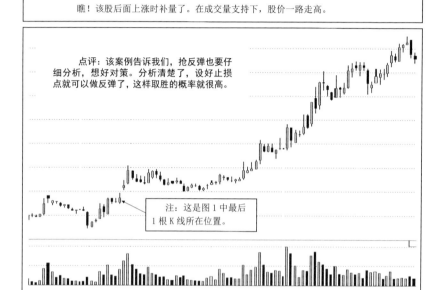

瞧！该股后面上涨时补量了。在成交量支持下，股价一路走高。

点评：该案例告诉我们，抢反弹也要仔细分析，想好对策。分析清楚了，设好止损点就可以做反弹了，这样取胜的概率就很高。

注：这是图 1 中最后 1 根 K 线所在位置。

康泰生物（300601）日 K 线图　图 2

测验题九、（本题 10 分）

答：《股市操练大全》第一册在介绍 K 线知识时确实说过，在下跌趋势中，特别是股价大幅下跌后出现十字线，T 字线、锤头线都是见底信号。但同时书中也提醒过大家，K 线中所有的见底或见顶信号都要有一个后面 K 线走势的验证过程。比如，出现锤头线见底信号时，日后的 K 线走势只有逐渐向上，才能验证这个见底信号是有效的。从技术上说，不论后面的股价怎么波动，锤头线中的下影线所触及的最低价是不能跌破的。一旦跌破，即宣告锤头线见底信号无效。根据这个 K 线信号的验证原理，投资者在见到十字线、T 字线、锤头线见底信号时，先不要急于抄底做多，而是要仔细观察这个见底信号能否被后面的K线走势所验证。本案例中箭头A指的十字线、箭头B指的T字线、箭头C指的锤头线（见图1）。虽然就K线本身而言，可以认为是一种见底信号。但这种见底信号并没有被后面的K线走势所验证，所以

这种见底信号，是假的不是真的。凡信以为真，盲目抄底者都上当受骗了。故而我们操作时一定要坚持一个信念：下跌途中出现的见底信号，只有等到验证有效后再进行抄底，这样才能有效地规避市场风险。

靖远煤电（000552）日K线图 图1

另外，我们还要告诉大家的是，当市场进入极弱势状态时，在下跌途中出现某K线见底信号，如不经验证，就盲目相信它进行抄底，有时就会发生买进即套的现象（见图2中说明），这样投资者就会面临很大的市场风险。

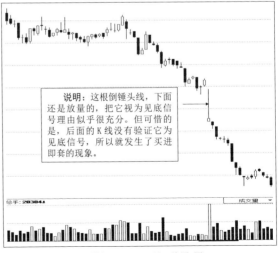

说明：这根倒锤头线，下面还是放量的，把它视为见底信号理由似乎很充分。但可惜的是，后面的K线没有验证它为见底信号，所以就发生了买进即套的现象。

靖远煤电（000552）日K线图 图2

测验题十、（本题10分）

答：本题图中画框处的图形叫"曙光初现"，这是股市中的一个见底信号。该股见底是在快速下跌，拉连拉阴线情况下出现的，其赶底的3根阴线，杀气重重，称为"连续跳空三阴线"。最后还留下一个向下跳空缺口，这个缺口俗称"向下竭尽缺口"。

从技术上说，连续跳空三阴线、向下竭尽缺口（见图1说明），都表示做空能量得到了充分释放，空方已成为强弩之末，之后1根放量大阳线的出现是多方的绝地反击。故而，这根大阳线与前面的1根大阴线组成的曙光初现见底信号，意义就非同一般。

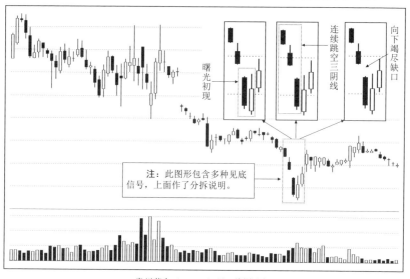

贵州茅台（600519）日K线图 图1

该股见底后出现了冲高回落的现象，有人把它视为反弹结束。但大家仔细观察后可以发现，该股见底反弹时，上涨收阳是放量的，下跌收阴是缩量的，特别是图中尾部3根小十字线，成交量萎缩得非常厉害。这说明盘中的卖盘很轻，况且连续几根小十字星在这儿出现，也意味着在这个地方止跌的可能性很大。如果这样分析推断是正确的，投资者就可以在此逢低吸纳、耐心持股待

涨。投资者若不能透过现象看到本质，继续对它看空做空就会犯下大错，后悔莫及。（注：该股往后走势见下图2）

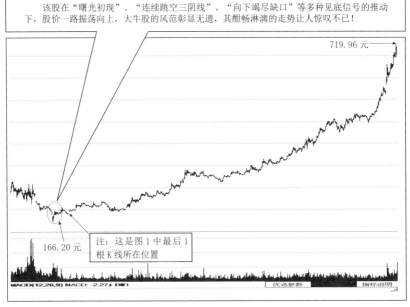

该股在"曙光初现"、"连续跳空三阴线"、"向下竭尽缺口"等多种见底信号的推动下，股价一路振荡向上，大牛股的风范彰显无遗，其酣畅淋漓的走势让人惊叹不已！

719.96 元

166.20 元

注：这是图1中最后1根K线所在位置

MACDX(12,26,9) MACD: -2.271 DIF1

优选参数　　　　指标说明

贵州茅台（600519）日K线压缩图 图2

（编者按：本题主角是贵州茅台。现在一提起贵州茅台，几乎人人皆知，它是当今中国股市中第一高价绩优股，其市场的表现让世人惊叹不绝。但是在中国A股市场历史中，无论什么优秀的股票，除了有它辉煌的一面，也必定有它悲惨的一面，本题主角贵州茅台就是这样的典型。现在又有谁会想到，当年的贵州茅台落难时竟然也会出现连续跳空的下跌惨状呢？

本案例给投资者的启示是，股市中最大的投资机会就是能够在低位抓住被错杀的潜力股。一旦抓住了，盈利就非常丰厚。而要想抓住这些被错杀的潜力股，K线技术就是一个重要武器。由此可见，对普通投资者而言，认真学习K线技术就非常重要，真如一位高人所说，学好K线将终身受益。）

测验题十一、（本题 10 分）

答：我不同意这位投资者的观点，现在大家千万不要盲目跟进做多。从图形上看，这是一个典型的"老庄股"。目前这个老庄股正处于抛货出逃阶段。我们判断，该股日后在很长一段时间内，股价只会往下跌而不会往上涨。那么，怎么能证明该股是一个老庄股呢？证据就是该股 K 线下面出现的数量众多的下影线，似乎每天都有下影线出现。也就是说，股价跌下去，每天都会有人护着，收盘时就会把股价拉上去（见下图 1 中说明）。

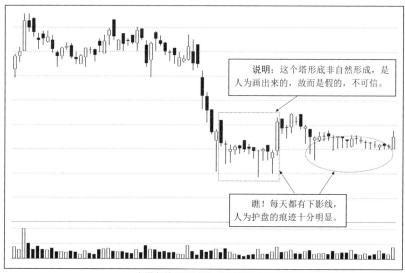

宏图高科（600122）日 K 线图 图 1

有人问这个"人"是谁呢？答案是：除了该股主力（庄家），别无他人。因为其他人谁愿意去做这种吃力不讨好的事情呢？主力（庄家）之所以要每天做这种事情，绝不是在闹着玩的，他们的目的是不想让股价就此跌下去，原因是他们手中还有不少存货等着别人接盘。当不明真相的散户冲进来接了他们的货，主力（庄家）负担减轻后，就不会再托盘，不会每天再将股价拉上去。这样股价必然会向下滑落，盲目进去的人就被套了进去，所以，对这种人为制造下面有强大支撑，故意出现这么多下影线的现象，投资者一定要高度警惕。经验告诉我们，老庄股是绝对不能看好的。只要是老庄股，无论什么"塔形底"、"锤头线"、"T字线"等见底信号都是假的，投资者千万不要被人为做出来的这些假像所迷惑，一旦陷了进去，就会遭受大难。（注：该股往后走势见下图2）

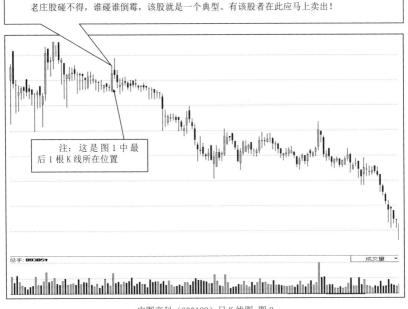

老庄股碰不得，谁碰谁倒霉，该股就是一个典型。有该股者在此应马上卖出！

注：这是图1中最后1根K线所在位置

总手：893057

成交量

宏图高科（600122）日K线图 图2

测验题十二、（本题15分）

答：我认为该股后市可以看好。理由是：该股下跌时并没有什么成交量，属于无量下跌，到见底时成交量萎缩得非常厉害，说明盘中主动性抛盘基本上已没有了。

该股跌至最低点（见下图1中箭头A），低开高走，拉出1

根大阳线并深入前面 1 根阴线实体的大半，2 根 K 线合在一起就是一组"曙光初现"的 K 线组合。曙光初现是一个重要的见底信号，在这个地方出现值得大家关注。

我们发现此时股价虽然见底，但成交量还是很小。但到了图中第二个画圈处，形成"两红夹一黑"的 K 线组合时，成交量开始放大了。大家别小看这个两红夹一黑，它的"两红"，即 2 根阳线都是拉涨停的大阳线，低位出现 2 根有力度的涨停大阳线说明盘中做多的力量很大。从技术上说，两红夹一黑又是一个重要的见底看涨信号。据了解，两红夹一黑在底部出现的情况并不多，出现了日后股价大涨的概率很高。

该股在低位出现两红夹一黑后，接着，又出现了连续跳空三阳线，此时下面的成交量出现了暴增。虽然 K 线理论上说连续跳空三阳线是滞涨信号，后市看淡。但这个情况是有前提的。这个前提是连续跳空三阳线出现在股价涨势中。显然，它不包括在股价见底时出现的这种情况。股价在见底时出现连续跳空三阳线，下面成交量急剧放大，并不是见顶信号，只能解释为该股有什么

东旭光电（000413）日 K 线图　图 1

大的利好被市场认可了，机构、个人投资者都来抢筹了，才会出现这种连续逼空的走势。

当然因为该股短期升幅过大，技术指标出现了超买的情况，股价冲高后会出现激烈震荡，这种震荡走势，既可以理解为对技术指标超买的一种修正，也可理解为主力在洗盘夯实股价。因此，只要股价在震荡回落时连续跳空三阳线的缺口不被封闭，并且是阳量大于阴量（注：阳量指拉阳线时出现的成交量，阴量指拉阴线时出现的成交量），后市就能看高一线。

从以往的经验看，该股见底信号扎实，"曙光初现 + 两红夹一黑 + 连续逼空 + 阳量远大于阴量"等利多因素的叠加，对后市行情的影响不容小觑，所以现在不是应该考虑卖出的时候，而是应该考虑什么时候赶紧"上车"（指买进股票）。上车后要少做短线，防止被主力震仓出局。投资者一定要记住，只要该股中长线趋势向上，就坚决持股待涨。（注：该股往后走势见下图 2）

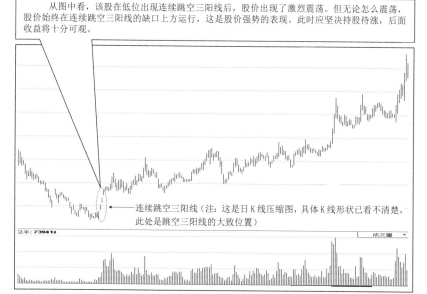

从图中看，该股在低位出现连续跳空三阳线后，股价出现了激烈震荡。但无论怎么震荡，股价始终在连续跳空三阳线的缺口上方运行，这是股价强势的表现。此时应坚决持股待涨，后面收益将十分可观。

连续跳空三阳线（注：这是日 K 线压缩图，具体 K 线形状已看不清楚，此处是跳空三阳线的大致位置）

东旭光电（000413）日 K 线压缩图　图 2

K 线练兵 ⑧ 试卷

—— K 线实战技巧运用测验题之五

姓名:＿＿＿＿＿＿＿　分数:＿＿＿＿＿＿＿

测验题一、请仔细观察下图,然后回答问题。该股盘整了很长时间,股价在探底 8.44 元后就不再创新低,在图中末端,跳空拉出 1 根涨停大阳线,接着在大阳线上方,出现了几根并排的小 K 线(其中 1 根是小十字线,2 根是小阳线)。

请问:面对这样的走势,投资者应该怎么操作?(本题 10 分)

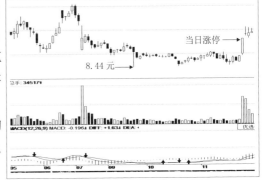

测验题二、某天,一位分析师指着图说:这是一个必跌图形,从战略上看该股走弱已成定局,它将面临大跌的风险。

请问:你同意这位分析师的观点吗?为什么?(本题 10 分)

测验题三、某天，一家证券公司中户室几位股友在观察下面一个股票，他们发现该股行至高位时，多空搏杀激烈，空方大打出手，但多方也十分顽强，后市究竟鹿死谁手很难定论。但据一位刚从《股市操练大全》培训班学习归来的小张说，从 K 线信号上看，该股走势已彻底变坏，一场大跌不可避免，现在马上卖出是最佳选择。

请问：该股形势真的有小张说的那么严重吗？小张是如何从 K 线信号上得出该股走势彻底变坏的结论的？小张的观点到底对不对？为什么？（本题 15 分）

62.99 元

27.00 元

测验题四、某天，股民小周指着下面图中的股票说，该股底部扎实，上升势头明显，现在正是对它积极跟进做多的时候。请问：你赞同股民小周的观点吗？为什么？（本题 10 分）

成交量

测验题五、 下面图中的股票是一个上市已 10 多年的老股，最近因遇到重大利好消息，连拉涨停，现在涨停板打开，股价在高位横盘了 3 天。有人说，该股涨停板打开后正是上车买进的好机会；也有人说，现在高位横盘是主力在诱多，谁买进谁倒霉。

请问：你认为当下对该股究竟应该是做多还是做空？谁的胜算更大（请说明理由）？（本题 10 分）

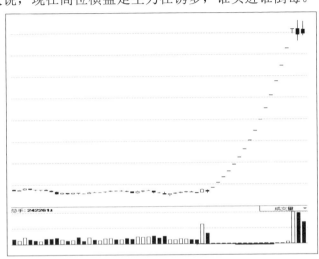

测验题六、 仔细观察下图的走势，然后回答问题。

请问：你对图中股票的后市是怎么看的（请说明理由）？现在股价止跌，出现了 2 根小阳线，下一步应该怎么操作？（本题 10 分）

测验题七：下图中的股票横盘许久后向下破位，最后在箭头 A 所指处止跌，但止跌后股价并没有什么起色，忽上忽下，让人捉摸不透。不过最近几日走势让人眼睛一亮，该股出现了小幅拉升的现象。一位老股民说，上涨时成交量没有放出，属于无量上涨，这样的上涨是不牢靠的，估计在触及箭头 B 指的上影线处就会遇阻回落，故而现在应该把股票卖出，规避风险。

请问：这个观点对吗？为什么？

（本题 10 分）

测验题八、股民老李对下图中的股票很迷恋。有人告诉他，这个股票在上方横盘了很久，优势已转向空方；也有人对他说，久盘必跌要小心，但他都置之不理。不过，有一天一位资深老股民说了一番话后，老李心里有点慌了，准备明天一早就把该股卖出。

请问：这位资深老股民究竟说了些什么让老李如此惊慌，该股现在是不是真的应该马上卖出？你的看法如何？（本题 10 分）

测验题九、某高手说，一个股票底部是否扎实，主力做多的态度如何，有时从 K 线上就能看出端倪。比如下面这张图，我们就能从 K 线上看出当时该股底部是扎实的，主力做多态度是积极的，此时就可以大胆地跟着主力做多。

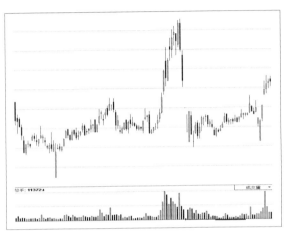

请问：你知道高手如何从 K 线上看出其中奥秘的吗？（本题 15 分）

测验题十、仔细观察下图，然后回答问题。

请问：① 图中最后 3 根 K 线是什么图形？ ② 看到这样的图形你是选择做多还是做空，估计这样操作有几成胜算？（本题 10 分）

测验题十一、某天收盘后，一家证券公司中户室里的老贾一改过去说话稳重的态度，他对大家说，下图的股票彻底没戏了，有这个股票的投资者明天开盘就走吧！但其中也有人持不同意见，他们认为该股还在上升途中，下面堆积很大的量，显示主力实力不一般，今天收阴是主力在刻意打压洗盘，后市仍可看好。

请问：你赞成谁的观点？理由是什么？（本题10分）

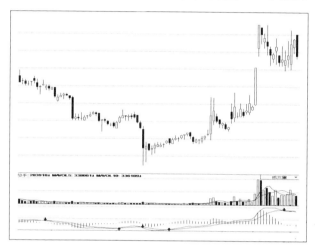

测验题十二、股民小余看了下面图的走势后说：从K线图形上分析，现在对该股抄底时机到了，当下如果买进至少有7成以上的胜算。小余说他准备明天买进，并建议大家跟进。

请问：小余说的对不对？为什么？（本题10分）

K 线练兵 ⑧ 试卷

—— K 线实战技巧运用测验题之五

参 考 答 案

测验题一、（本题 10 分）

答：我们认为现在应该积极跟进。理由是：

首先该股跌至 8.44 元后不再创新低，之后回落的低点在不断抬高（见图 1 中说明），反映市场认可了前面这个低点。现在股价跳空向上拉出 1 根涨停大阳线，成交量急剧放大，这是向上突破的一个重要信号。接着，在大阳线的上方出现了 1 根小十字线与 2 根小阳线。K 线理论上有一种上涨信号，称为"上涨二颗星"，而现在又多了一颗星（即图中出现的最后 1 根小阳线），那么就成为"上涨三颗星"了。显然，上涨三颗星的看涨信号要强于上涨二颗星。

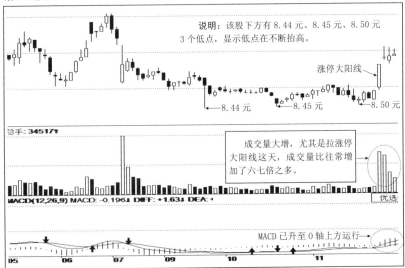

中洲控股（000042）日 K 线图 图1

可见，该股图中的 K 线走势呈现着一股积极的向上力量，这是我们看好该股后市的第一个重要原因。

其次，从成交量方面看，向上突破时的成交量比盘整时期的成交量要增加数倍之多（见上页图 1 说明），这说明现在盘中做多的动能在不断地增加。

第三，再看下面的 MACD 已升至 O 轴以上运行。不光是 MACD 在 O 轴上方，MACD 的红柱状线也在逐步放大。

综合以上几个因素来看，现在是买进做多的好时机，投资者应该抓紧时机上车。（注：该股往后走势见下面图 2）

该案例给我们的启示是：当 K 线走势图上出现积极做多因素时，我们要善于发现它。若缺乏这种眼光，那么再好的投资机会也很难抓住。而要做到善于发现，其必要条件是：对 K 线图形必须知根知底。否则，一切都是空谈。

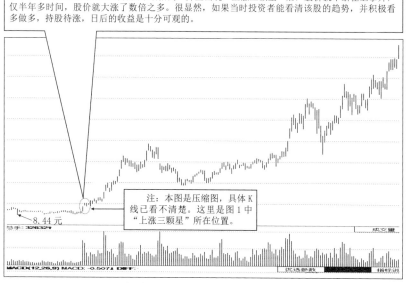

瞧！该股在低位整理时低点不断抬高，并且出现"上涨三颗星"后，股价就不断往上攀升，仅半年多时间，股价就大涨了数倍之多。很显然，如果当时投资者能看清该股的趋势，并积极看多做多，持股待涨，日后的收益是十分可观的。

→ 8.44元

总手：326321

注：本图是压缩图，具体 K 线已看不清楚。这里是图 1 中"上涨三颗星"所在位置。

成交量

MACD(12,26,9) MACD: -0.5071 DIFF:

优选参数   指标说

中洲控股（000042）日 K 线压缩图　图 2

测验题二、（本题 10 分）

答： 我基本上同意这位分析师的观点。但对它的"狠话"，我持保留意见，因为股市中没有百分之百绝对事情，所以分析师说："必跌图形"、"已成定局"，用词有点过了，如果改称为"这是下跌概率极大的图形"、"几乎成为定局"那就更加符合客观实际了。

确实，出现这样的图形，说明市况很危险，战略上应该对它看空做空，大跌的风险很难避免。为什么这样说呢？我们仔细观察了图中最后 5、6 根 K 线图的走势，发现该股有 2 个重要的见顶信号都被市场认可了。

第一个见顶信号是"射击之星"（见下图 1 中倒数第 4 根 K 线）。这个射击之星的下面拖了一点尾巴，它属于射击之星的变化图形。在射击之星出现后的第二天，该股跳空下行，收了 1 根大阴线（当日是以跌停收盘的），这样的 K 线走势就基本上承认了射击之星的见顶信号是真实的。

第二个见顶信号是出现了"顶部岛形反转"。从图 1 看，射

东旭蓝天（000040）日 K 线图　图 1

击之星下方的左右两边都有一个缺口，从而构成了顶部岛形反转的图形，射击之星就是顶部岛形反转中的一个孤零零的"岛"。

目前，无论是射击之星，还是顶部岛形反转，出现后已过了3天，其信号的有效性已被市场确认。如此一来，该股见顶与下跌的格局就基本确立了。也就是说，该股后面的走势九成以上是要大跌的，只有一成不到的希望会让该股突然出现峰回路转，绝地逢生（比如，该股突然出现一个重大利好）。当然对于一个成熟的投资者来说，绝不会对这种不着边际的一成希望抱有什么幻想，面对该股严峻的形势，他们会尊重现实，选择大概率的事情作出抉择。

鉴于当时该股 K 线见顶信号已被市场确认的情况下，投资者应该顺势而为，坚决卖出，止损离场。（注：该股往后走势见下图）

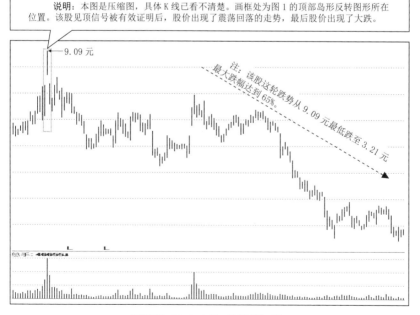

说明：本图是压缩图，具体 K 线已看不清楚。画框处为图 1 的顶部岛形反转图形所在位置。该股见顶信号被有效证明后，股价出现了震荡回落的走势，最后股价出现了大跌。

9.09 元

注：该股这轮跌势从 9.09 元最低跌至 3.21 元，最大跌幅达到 65%。

总手：46655.1

东旭蓝天（000040）日 K 线压缩图　图 2

测验题三、（本题 15 分）

答：小张说的很对，该股走势图右上角出现了几个很明显的见顶信号。① 右上角处显示，当时该股最高价是 62.99 元，"99"是一组神秘数字，是主力高位出逃时留下的记号。② 该股冲高时出现的 3 根阳线，是一个典型的"升势受阻"的 K 线组合（见下面图中画框处），它是滞涨信号，后市看跌，③ 该股在冲高62.99 元后的第二天，又拉出 1 根大阴线，一下子把前面 2 根阳线全部覆盖。技术上将它称之为"顶部穿头破脚"的 K 线组合（见下面图中说明），顶部穿头破脚是很重要的见顶信号。

该股主力接连施出重拳砸盘，说明主力出逃决心已定。从技术层面上说，图中最后出现的这 2 根阳线，仅仅是股价见顶破位后的一次反抽而已。而且这个反抽很弱，多方已招架不住空方打击，图中最后 1 根 K 线上方出现的 1 根长上影线就是最好的证明。

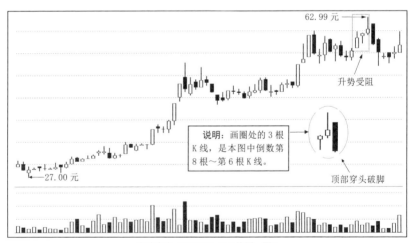

中油资本（000617）日 K 线图　图 1

鉴于以上情况，可以预见，随着主力打压力度加强，多方一旦放弃抵抗就会溃不成军，股价大跌就不可避免，故当务之急应马上卖出为宜。（注：该股往后走势见下页图 2、图 3）

该股在 62.99 元见顶后，出现了一波快速下跌的走势（见下图）。那么，该股在 62.99 元见顶被腰斩后是否跌到位了呢？

答案是否定的。下面我们继续看它的走势，图 3 是该股的中长期走势图。从图中看，该股在 62.99 元见顶后，仅仅一年的时间，股价最低竟跌至 5.19 元，最大跌幅达到 91.76%，这实在太可怕了。看来当初小张建议卖出是完全正确的。若犹豫不卖出，真的会输得血本无归。

【又及】

本书完稿后

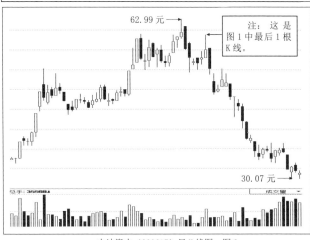

请注意：图 1 中最后 1 根 K 线就是给多方逃命的机会。仅一个月时间，股股价就遭到腰斩，逃之不及者损失很大，

注：这是图 1 中最后 1 根 K 线。

62.99 元

30.07 元

中油资本（000617）日 K 线图　图 2

说明：箭头所指处是图 1 中最后 1 根 K 线所在位置，也是小姜建议大家卖出的地方。若在此卖出，逃顶可逃在次高位，这样做就很漂亮了。

62.99 元

太吓人了，最大跌幅超九成！

5.19 元

中油资本（000617）日 K 线压缩图　图 3

向读者征求意见时，有人提出凭什么说"99"就是主力（庄家）出逃时留下的记号。关于这个问题，我们最好用事实来说话，请看下面一个实例。

这个实例中的股票同样是"中油资本"，当时该股见顶的价格是 19.99 元（见下面图 4），又是"99"见顶。不过，时间已换成了两年后。这个 19.99 元，是当时该股反弹时见到的最高价。试问，该股上涨时连续 2 次出现"99"，股价即刻就见顶了，这难道是巧合吗？故而我们认为，该股主力习惯用"99"这个神秘数字作为他们"胜利大逃亡"的标志【注】，这是谁也改变不了的事实。那么，为什么主力喜欢用"99"数字操盘呢？其中的道理在《股市操练大全》其他几册书中介绍过，读者可以仔细查阅，这里不再展开了。

瞧！该股反弹见顶时又一次出现了"99"神秘数字，此时投资者若马上卖出，就可以避开后面连续下跌的风险。

中油资本（000617）日 K 线图　图 4

【注】为什么主力喜欢用"99"这个神秘数字作为见顶的标志。有关这方面的知识与操作技巧，详见《股市操练大全》第 10 册第 135 页 – 第 149 页。

另外，我们还想告诉大家的是，若记住高位出现"99"是主力（庄家）出逃时留下的记号，或许投资者可以逃过"问题股"爆发后的灭顶之灾。众所周知，一旦问题股内情被揭露，马上就会出现连续跌停，陷在里面的人就只能坐以待毙，无法出逃。不过有一个现象值得注意，在问题股内情被揭露之前，一些先知先觉的主力（庄家）会提早撤退，并有可能留下以神秘数字为标志的出逃痕迹。此时，投资者若有所警觉，也可以跟着主力（庄家）"胜利大逃亡"，躲过后面的灭顶之灾。

下面我们来看两个实例：

实例一：银广夏（000557）。该股在本世纪初曾被媒体誉为"中国A股市场第一绩优股"，但后来发现该股所谓的绩优完全是造假造出来的。在它的真相被曝光后，该股出现连续跌停，股价从30多元，最低跌至0.74元（见下图），可谓跌得惨不忍睹。但该股在暴跌前几个月，股价一直在30几元横盘，其最高价是37.99元，"99"就是主力的出货信号。当时若有谁看到"99"，就对该股看空做空，完全可以逃过该股后面的暴跌。

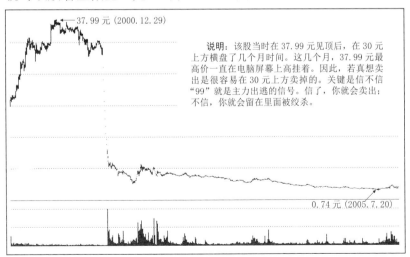

说明：该股当时在37.99元见顶后，在30元上方横盘了几个月时间。这几个月，37.99元最高价一直在电脑屏幕上高挂着。因此，若真想卖出是很容易在30元上方卖掉的。关键是信不信"99"就是主力出逃的信号。信了，你就会卖出；不信，你就会留在里面被绞杀。

银广夏（000557）日K线压缩图

实例二：长生生物（002680）。2018 年 7 月，该股因生产的疫苗造假被曝光后，股价出现了连续跌停，连续跌停的次数达到 32 个，创下了中国 A 股市场连续跌停的最高记录，持有该股的投资者损失惨重。其实，该股在疫苗造假问题被曝光之前，主力已"先知先觉"出逃了。看看它上方最高价 29.99 元，大家就会明白了。试想，当时持有该股的投资者看到"99"也跟着卖出，就能逃过后面的灭顶之灾。这不是一件幸事吗？

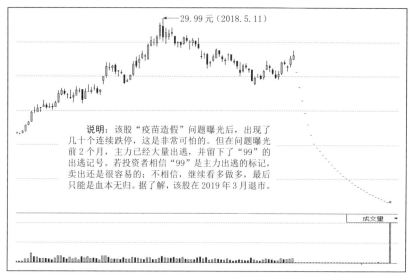

长生生物（002680）日 K 线图

测验题四、（本题 10 分）

答：我赞成股民小周的观点。该股在连续下跌后构筑了一个平底（见下页图 1 中说明）。在平底之后，K 线向上时阳多阴少，末尾收了 1 根中阳线（见图 1 倒数第二根 K 线）。这种形式的 K 线图形，技术上称为"稳步上涨形"。稳步上涨形的出现，表明股价仍会继续上涨，这是一个做多信号。有了平底、稳步上涨形这两个看涨信号，股民小周开始看好该股的后市。另外，他认为可以对该股积极看多做多，还有一个重要原因，因为当时该股下面的成交量，在筑底与股价回升时都出现了阳量大于阴量的现象，这是一个非常理想的价量配合的结果，是看多做多的重要依据。所以股民小周建议，趁现在 K 线收阴之际，对它跟进或持股待涨，这样做风险小，机会大。（注：该股往后走势见图 2）

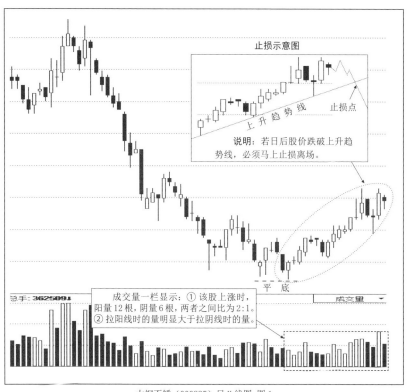

太钢不锈（000825）日 K 线图 图 1

不过，股民小周的建议还是有点小瑕疵，因为他没有提到止损的问题。从统计数据看，低位出现稳步上涨形，日后上涨与下跌之比为 7:3. 也就是说仍旧存在 3 成下跌风险，因此，止损的问题一定要事先计划好，否则就晚了。止损方法见图2中"止损示意图"。

瞧！该股在低位出现稳步上涨形后，股价依托上升趋势线一路往上攀升。

太钢不锈（000825）日K线图 图2

测验题五、（本题10分）

答：应该做空，做空的胜算更大。理由是：

① 该股遇利好连拉16个涨停板，仅仅17个交易日，股价涨幅就达到379%。这种情况在老股中十分罕见。记得比它早的外高桥股票也出现过这种情况。2013年8月，外高桥股票在遇到特大利好消息后，连拉涨停，也同样是17个交易日后见顶，最大涨幅达到375%。外高桥股票见顶后股价大幅下挫，连跌几年，最后又跌回起涨点。这种过山车式走势，让人触目惊心。故而为避免重蹈覆辙，投资者一定要记住，只要是在短期内，涨幅达到300%以上的老股票，哪怕再有什么重大利好消息都不能盲目看多做多，此时应该把防范风险放在首位，不做山顶接盘的冤大头。

② 从 K 线走势分析，该股在连拉涨停，打开涨停板后的 3 根 K 线上观察，可以明显地看出都是见顶信号。3 根 K 线中的第 1 根是 T 字线，T 字线出现在高位就是见顶信号。第二根是螺旋桨 K 线，第三根是射击之星 K 线，这 2 根 K 线同样是见顶信号。也就是说该股打开涨停板后一下子在 K 线图上出现了三个见顶信号，这充分说明该股在此见顶的可能性很大。

③ 另外，该股打开涨停后一下子成交量暴增，放出了天量。天量天价，说明该股目前危机重重。

综合上述因素，投资者对该股不宜再继续看多做多，有该股票者要逢高出局，离场观望，持币者要坚持捂紧口袋，不买不碰这个股票。（注：该股往后走势见下图）

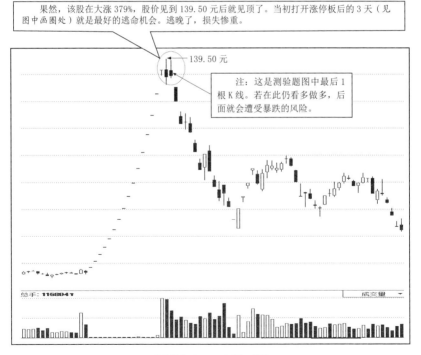

果然，该股在大涨 379%，股价见到 139.50 元后就见顶了。当初打开涨停板后的 3 天（见图中画圈处）就是最好的逃命机会。逃晚了，损失惨重。

139.50 元

注：这是测验题图中最后 1 根 K 线。若在此仍看多做多，后面就会遭受暴跌的风险。

总手：1168041

成交量

紫光股份（000938）日 K 线图

测验题六、（本题 10 分）

答： 我对图中个股的后市短期内不看好。因为从 K 线图上看，该股走势已明白无误地告诉我们，股价是要继续下跌的。既然明白该股要下跌，那么正确的选择就是卖出。

为什么短期内不看好该股呢？理由是：该股的短期头部已经确立，这个头部是带有上下影线的"品"字结构（见下图中画圈处）。"品"字上方的口是 1 根螺旋桨 K 线，"品"字下方的两个口是 2 根吊颈线。这三根 K 线都是见顶信号。因此这种 K 线结构的图形出现在高位，后市下跌是大概率的事情。该股"品"字结构头部出现后，接着就拉出了 1 根中阴线（当日跌 4.23%），这根中阴线的下杀（注：该阴线已击穿上升趋势线），从而确认了这个"品"字形 K 线图形，就是该股短期见顶的地方。

万孚生物（300482）日 K 线图　图 1

虽然这两天看似股价稳定，出现了反弹，拉出了 2 根小阳线，但它下面的成交量很小，特别是最后 1 根阳线的成交量萎缩的非常厉害。K线理论告诉我们，上涨是要有成交量支持的，没有成交量放大就没有做多的力度。多方这种毫无力度的反弹是经不起空方打击的，空方只要稍微用点力股价就会跌下去。另外，紧跟着"品"字形头部图形出来后的1根中阴线，已经将该股的上升趋势击穿，表明股价继续下跌已势在必然。

所以从操作层面上说，外面的投资者不要再来淌这浑水了，买进去就会被套牢，在里面的投资者可趁股价还在反弹的途中，应该马上抓紧卖出。（注：该股往后走势见下图）

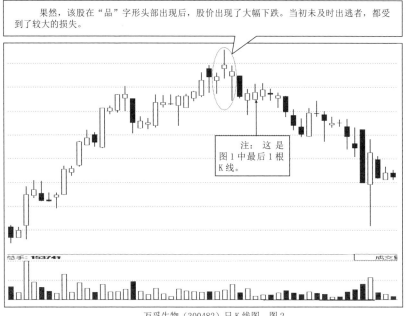

果然，该股在"品"字形头部出现后，股价出现了大幅下跌。当初未及时出逃者，都受到了较大的损失。

注：这是图1中最后1根K线。

万孚生物（300482）日K线图 图2

测验题七、（本题10分）

答：这个观点并不正确，因为该股的底部相对比较扎实。它日后上涨的概率要大于下跌的概率。图中显示，该股在跌至箭头A处时出现了1根"锤头线"。股价大幅下跌后出现的锤头线，在技术上是见底信号。该股在跌至箭头 A 处，小幅冲高后出现了上下折腾的现象，但股价回落的低点相差无几，如果把这些低点连起来，整个阶段 K 线走势就是一个"平底"的 K 线组合（见图 1 中画虚线处）。这个平底构筑时间较长，反复夯实，基础还是比较牢靠的。平底又是一个见底信号，所以应该重视。图中最后几根略有向上倾斜的 K 线，是一个"冉冉上升形"的 K 线组合。冉冉上升形是看涨信号。根据有关资料，若股价上升初期出现冉冉上升形，后市往往会有一个较大的上升空间。

万业企业（600641）日 K 线图　图 1

　　当然，该股走势也并不是没有问题，就是上涨无量。但是大家别忘了，该股下跌也无量，而且 K 线收阴时出现的成交量比 K 线收阳线时出现的成交量更小。既然涨跌都无量，那就表明盘中做空与做多的动力都不足。现在 K 线收阳时的成交量略大于 K 线收阴时的成交量，表明做多的力量略强于做空的力量，这也就造成了最后该股小幅扬升的态势。

　　另外，还有一个重要秘密与大家一起分享，该股见底时的价格是 2.99 元。"99"是一组神秘数字【注】，这很可能是主力锁定底部的重要信号，若真是这样，该股后市上涨就值得期待了。

我们来总结一下，该股做多因素有："锤头线＋平底＋冉冉上升形＋神秘数字"；不利因素有：上涨无量。权衡下来，我们认为有该股的投资者可先持股观望，如果发现后面有拉出中阳线、大阳线，成交量开始放出时，可再增加仓位；没有该股的投资者可先持币观望，一旦发现放量上涨，可即刻跟进。（注：该股往后走势见下图）

说明：该股图1中最后1根k线的收盘价是3.47元。若在此买进，2年后股价涨了5倍多。可见，精准分析K线，该买进的时候就买进，日后收益十分惊人。

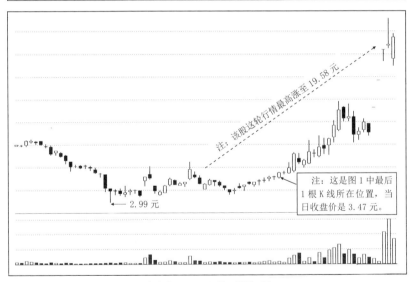

注：该股这轮行情最高涨至19.58元

← 2.99元

注：这是图1中最后1根K线所在位置，当日收盘价是3.47元。

万家企业（600641）日K线图　图2

【注】"99"这个神秘数字，若出现在高位很可能是主力（庄家）出逃时留下的一个记号，若出现在低位又有可能是主力（庄家）锁定底部时留下的一个记号。有关这方面的知识与相关实例，详见《股市操练大全》特辑第441页－第449页。

—— 235

测验题八、（本题10分）

答： 这位资深老股民对老李说，该股横盘有半年时间，在这张图上，制造了一个多重顶。从图中看，主力集中出货的地方有三处（见图1中箭头A、B、C所指处），箭头C处出的货，比箭头A、箭头B处要少，这说明经过半年的横盘，主力已经悄悄的把货出得差不多了。现在这一次是主力最后一次集中出货，但主力手中的筹码已经不多，所以出货量比前两次集中出货的量要少。那么问题就来了，既然主力手中的货出得差不多了，往后主力就不会再护盘。一旦主力不再对该股护盘，盘中就会出现多杀多的现象，股价马上就会大跌。

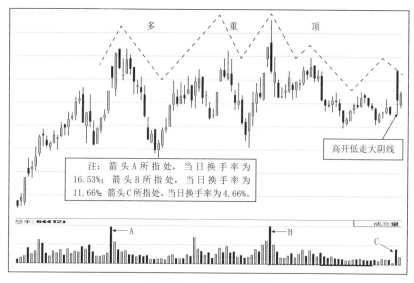

注：箭头A所指处，当日换手率为16.53%；箭头B所指处，当日换手率为11.66%；箭头C所指处，当日换手率为4.66%。

珠江控股（000505）日K线图 图1

　　这位老股民告诉老李，昨天该股出现了1根高开低走的大阴线，一下子把前面的1根涨停一字线全部吞吃，这是一个非常危险的信号。因为这个图形既是一个穿头破脚的见顶图形，又是一个高开出逃形的看跌图形，它对股价有双杀作用，这个图形非常可怕。有经验的投资者看到这种图形马上就会出逃，若逃得慢一步，后果就会非常严重。幸运的是，该股横盘了很久，使很多人对该股走势还有幻想，所以在这根大阴线后还没有马上开跌，今天收了1根小阳线是让持股的投资者出逃的，绝不是让大家看多做多的。老李总算听了这位老股民的建议，第二天一早就把股票卖掉了，从而逃过了后面的暴跌。（注：该股往后走势见下图）

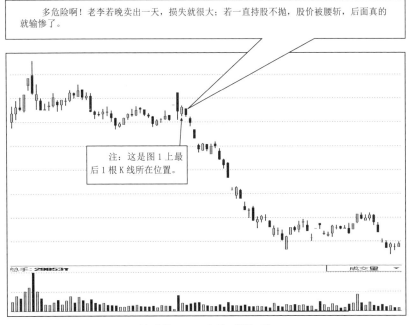

多危险啊！老李若晚卖出一天，损失就很大；若一直持股不抛，股价被腰斩，后面真的就输惨了。

注：这是图1上最后1根K线所在位置。

珠江控股（000505）日K线图　图2

测验题九 、（本题 15 分）

答： 高手是从2根低开高走的大阳线（见下图1中箭头A、箭头B所指处）看出其中奥秘的。这2根大阳线都是以跌停板开盘，然后一路往上拉，最后以大阳线收盘的。这样的大阳线与前面的K线结合，在K线形态上就是一个"下探上涨形"的K线组合。

从技术上说，下探上涨形是强烈的见底信号。根据历史资料统计，下探上涨形在股市中属于一种稀缺图形。知情人告知，它的出现多数为控盘主力在利用利空消息进行洗盘，若盘中出现这种K线图形，一般后市将有较大的升势。

值得注意的是，一个股票能在一个时期出现一次下探上涨形图形就很不错了，因为有很多股票运行了几年、十几年都没有出现过这种图形。而图中的股票却在短时期内竟然一下子出现了两次这样的K线图形，这就不得不令人刮目相看了。这实际上是实力机构在向市场暗示，将该股股价打至低位再继续做空是行不通的，到了低位就有大资金等在那里照单全收，把抛售的筹码一口吞吃，而且这个大资金的"胃口"很大，吞吃一次低位筹码还不够，短期内接连出现了两次一口吞吃的现象，这样就逼使一些人不敢在低位随意卖出，也使这些看空者改变态度进行空翻多。

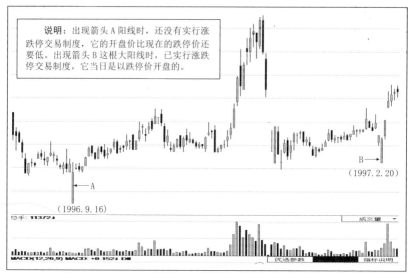

说明：出现箭头A阳线时，还没有实行涨跌停交易制度，它的开盘价比现在的跌停价还要低。出现箭头B这根大阳线时，已实行涨跌停交易制度，它当日是以跌停价开盘的。

首商股份（600723）日K线图　图1

故而，高手判断该股能在低位出现2次下探上涨形，说明该股底部比较扎实，控盘主力实力很强，做多态度坚决。因此，高手认为，在这种情况下跟着主力积极做多，日后是有好果子可以吃的。（注：该股往后走势见下图2）

瞧！该股在低位第二次出现低开高走的大阳线后，股价就一路往上攀升，仅2个月，股价就涨了1倍。

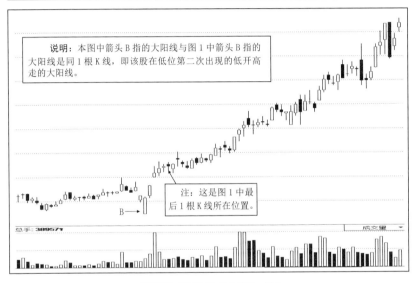

说明：本图中箭头B指的大阳线与图1中箭头B指的大阳线是同1根K线，即该股在低位第二次出现的低开高走的大阳线。

B→

注：这是图1中最后1根K线所在位置。

总手:389571

成交量

首商股份（600723）日K线图　图2

【又及】本书完稿后向读者征求意见时，有人提出，下探上涨形在股市中是一种稀缺图形，它的出现对提升股价有巨大作用，这个观点他们接受了。但是书中能不能多举些相关实例，让大家开开眼界，这样也有利于日后的操作。收到读者的信息反馈后，我们经过研究，下面再举些实例供大家参考。

实例一：鹏博士（600804）2006年上半年该股行情刚起来时，在盘中2次出现下探上涨形的图形，并且2次都是以大幅低开，然后再往上拉升的。第一次从跌停价拉至涨停价，当日收出1根阳线实体达20%的超级大阳线（见下图中箭头A）。第二次大幅低开后在拉升时遭到了空方的阻击，最后收了1根带有长上影线的大阳线（见下图中箭头B）。不过第二天这根长上影线就基本上被1根涨停大阳线覆盖了。若把这2根阳线与前面K线连起来看，这就是一个很典型的下探上涨形的变化图形。该股短期内2次出现下探上涨形，说明盘中蕴藏着巨大的做多能量。

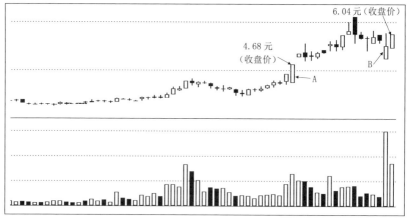

鹏博士（600804）日K线图　图1

果然，该股2次出现上探上涨形后，做多力量集中爆发，股价一路往上攀升，仅仅1年出头一点时间，股价就大涨了近10倍（见右图2）

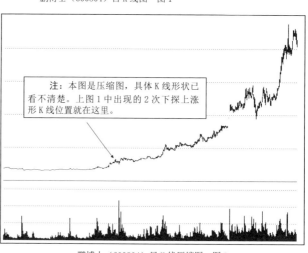

注：本图是压缩图，具体K线形状已看不清楚。上图1中出现的2次下探上涨形K线位置就在这里。

鹏博士（600804）日K线压缩图　图2

实例二：中航光电（002179）。2015年6月，该股出现了暴跌走势，但至图中最后1天，股价以跌停价开盘，然后一路上升，当日收出了1根阳线实体达17%的超级大阳线（见图1中箭头A）。这根超级大阳线与前面K线形成了下探上涨形的K线组合，多方绝地反击就此拉开序幕。

该股盘中出现下探上涨形后，多方卯足了劲，进行了绝地大反攻，仅仅10多个交易日，股价就涨了168%（见图2）。

中航光电（002179）日K线图 图1

中航光电（002179）日K线图 图2

可见，在股市中大凡低位出现下探上涨形K线图形时，大家一定要高度重视，因为这是一个强烈的看多做多信号，若这个时候成交量也在急剧放大，往后上涨的概率就非常高，能顺势积极跟进者，常会赚得盆满钵满。

测验题十、（本题10分）

答：最后3根K线是一个"穿头破脚"的K线组合图形（见下图1中画圈处）。因为图中最后1根大阳线（注：当日是涨停的）将前面2根阴线全覆盖了，这是穿头破脚的主要技术特征。穿头破脚出现在低位是上涨信号。

从图中看，右边倒数第5根K线也是1根大阳线，而且是涨停的，它起到往上突破的作用，技术上称为突破性大阳线。这也是一个重要的看涨信号。拉出突破性大阳线的当天，成交量出现倍量（指当天的成交量高于往常的成交量1倍以上）。之后，第

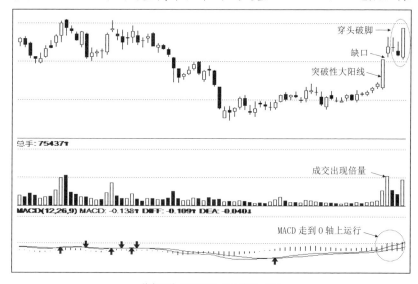

首商股份（600723）日K线图　图1

二天放出 1 根带上下影线的中阳线（注：当天的涨幅是 4.87%），中间还留下了一个向上的小缺口，这个缺口至今未被完全封闭。在第 1 根大阳线出现后的第 4 天又拉出了 1 根涨停大阳线，成交量得到同步放大。盘中出现向上缺口与带量上攻的现象，表明主力做多态度十分坚决，所以，后市可以看高一线。

再看下面的 MACD 走势，MACD 曲线已走到 0 轴之上（见图 1 中说明），红柱状线连片，这些都是支持股价继续上涨的信号。因此，我判断在这儿买进胜算概率是很高的，至少有七成胜算。

至于风险，我认为该股前面高点还未被攻克，后面股价能否攻关成功，能否创出新高还不得而知。另外，该股继续上涨能否得到成交量进一步支持，这也是未知数。这些都是对该股做多的不利因素，故而，投资者在对该股积极做多时，还是应该保持一份谨慎。比如，在股价未攻克前面高点时，不要把资金全部投入，而应分批买入，留好预备金，同时还应设好止损点等等。（注：该股往后走势见下图）

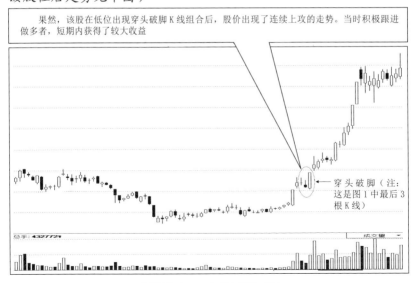

果然，该股在低位出现穿头破脚 K 线组合后，股价出现了连续上攻的走势。当时积极跟进做多者，短期内获得了较大收益

穿头破脚（注：这是图 1 中最后 3 根 K 线）

总手：4327721　　　成交量

首商股份（600723）日 K 线图　图 2

测验题十一、（本题 10 分）

答： 老贾的观点是对的。懂得 K 线的人知道，该股头部是一个非常恶劣的走势，有人把它称为这是在"关门打狗"。具体来看，该股在拉出第二根涨停大阳线之后，主力就开始出货了，前面的涨停大阳线就是掩护主力出货的诱饵。第 2 根大阳线出现后，紧接着拉出了大大小小的 12 根 K 线，每根 K 线都有上、下影线。坦率地说，出现这种奇怪的现象，绝对不是一般的中小投资者所为，而只有控股主力才能"画"出这样的图形。在这 12 根 K 线中，阳线与阴线的比例是 2:1，阳多阴少，而且最后 2 根阳线已有明显的上升迹象，下面的量也有所放大，让大家感觉前面的下跌是主力在"洗盘"，洗盘结束后，主力正在推动股价上涨，这样就吸引了很多短线客与不明真相的中小投资者涌进来接盘。正当大家积极期待股价再次上涨之际，不料盘中最后出现了 1 根大阴线，将前面的 K 线"一网打尽"，形成了一个"关门打狗"的走势。也就是说，在这十几天中冲进来的人都被主力算计了，统统被关

远大智能（002689）日 K 线图　图 1

在里面，一个都别想跑掉。

从该股头部的K线形态上分析，前面的大阳线出现后拖了1根小阴线，这是一种"身怀六甲"的见顶图形（见图1中第一个画圈处）。后面的1根大阴线与前面的阳线结合，是一个"穿头破脚"的见顶图形（见图1中第二个画圈处）。这样两个见顶图形就形成了左右夹击之势，从而该股的头部形态被正式确立。

另外，从下面的成交量、MACD走势上也能很清楚地看出，该股已由强转弱。比如，成交量一栏的5日、10日均量线，与MACD中的2根曲线都出现了死亡交叉，预示着后市看淡。

对普通投资者而言，看到主力搞出"关门打狗"的把戏后，心里就要明白，不能再对该股后市抱有什么希望了，应该马上出逃。至于有人认为，在该股拉大阳线后成交量聚增，是显示主力实力不一般的说法，这仅仅是做多情结严重的投资者一厢情愿而已。说白了，这是当事人对时势的严重误判。

其真实的情况是：盘中出现巨量是该股主力利用大阳线作掩护，不断地向外抛货才堆积起来这么大的成交量。所以，投资者对股价走势的分析不能凭想当然，而要仔细地、实事求是地进行分析，才能得出正确的结论。这是本案给我们的一个重要启示。（该股往后走势见图2）

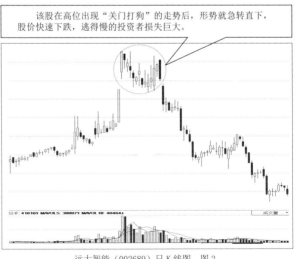

该股在高位出现"关门打狗"的走势后，形势就急转直下，股价快速下跌，逃得慢的投资者损失巨大。

远大智能（002689）日K线图　图2

测验题十二、（本题 10 分）

答：小余的观点是对的。从 K 线形态上分析，图中最下面是 1 阴 1 阳 2 根 K 线，阴线是中阴线，阳线是中阳线。阴线的收盘价与阳线的开盘价处于同一价位，但阳线的收盘价高于阴线的开盘价，这在技术上是一种底部穿头破脚的 K 线形态（见图 1 中说明）。另外，中阴线、中阳线下面都有 1 根很短的下影线，下影线最低处都是 11.43 元，这样这 1 阴 1 阳的 2 根 K 线又构成了平底形状的 K 线组合（见图 1 中说明）。K 线理论告诉我们，低位出现穿头破脚、平底都是股价见底的信号。

从技术图形上看，中阴线与中阳线上方都有一个缺口，它们与上方的 K 线又形成了底部岛形反转的形态（见图 1 中说明）。

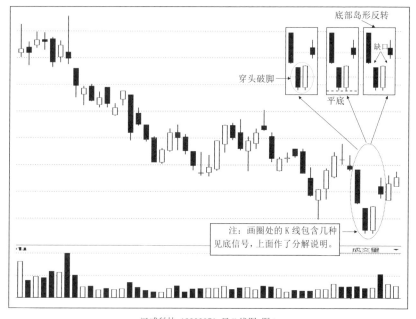

汉威科技（300007）日 K 线图 图 1

图中最后 3 根 K 线都在缺口上方，说明股价已经连续 3 天站到了缺口之上，从而验证了这个底部岛形反转基本上是有效的。

综上所述，当时该股在低位有底部穿头破脚、平底这些 K 线见底信号打基础，再加上底部岛形反转这一个重大转势信号，这样它的见底就成了"双保险"。既然是双保险，积极跟进就是最佳选择，此时，买进的确胜算很大。

但投资者在操作时需要注意的是，该股在低位出现的缺口是不能被回补的。如果日后股价冲高回落，回落时将这个缺口补掉了，那么行情的性质就改变了。此时投资者就应该及时止损离场，出局观望。换一句话说，后面的 K 线走势只要缺口不补，投资者就可以积极看多做多，持股待涨。（注：该股往后走势见下图 2）

瞧！该股在底部信号"双保险"的支持下，出现了一轮强劲的反弹行情。当时在低位看多做多积极跟进的投资者，后来都获得了可观的收益。

汉威科技（300007）日 K 线图 图 2

K线练兵 ⑨ 试卷

—— K线实战技巧运用测验题之六

姓名： _____ 分数： _____

测验题一、仔细观察下图，然后回答问题。

请问：① 从K线上分析，你知道该股是以什么方式见底的吗？

② 图中最后连收了3根小阴线，是否表示该股阶段性见底后出现的一轮反弹已经结束，现在投资者对它应该是看空还是看多？理由是什么？（本题10分）

测验题二、甲乙两人对下图中的股票走势有不同意见。甲认为，该股技术形态彻底坏了，这轮反弹行情已经结束，现在正是卖出的时候，不及时卖出损失会很大。乙认为，虽然该股反弹遇阻回落，但现在股价回调已经到位，从技术上说，这次股价冲高回落，它的低点高于前面的低点，这说明该股向好的趋势仍旧存在，故而现在正是逢低吸纳的机会。

请问：你赞成谁的意见？为什么？（请从K线、技术图形上进行分析）（本题10分）

测验题三、某天，小李拿来一张走势图，让老赵参谋参谋。老赵仔细看了这张图后说，该股反弹结束了，因为技术上已经向下破位，现在对该股必须看空做空，不宜再继续持有。老赵走后，小李感觉老赵的观点有点问题，因为虽然该股回落了，但股价并没有创新低，那么向下破位又从何说起呢？

　　请问：你对这个问题是怎么看的？理由是什么？（请从K线、技术图形上进行分析)(本题15分)

　　测验题四、

请问：若从K线、技术图形上进行分析，你认为现在对下图中的个股应该是看多做多还是看空做空？理由是什么？

（本题15分）

测验题五、请仔细观察下图，然后回答问题：

请问：① 图中画框处是什么图形？ ② 箭头 A 所指的是什么 K 线？它起了什么作用？③ 该股目前处于何种趋势状态？④ 下一步怎么操作？（本题 15 分）

测验题六、杨老师拿出一张图问大家：你对图中个股的走势怎么看的？比如，现在该股是不是见底了？理由是什么？如果见底了，为什么会形成这样的走势？面对该股这样的震荡走势，应该怎样分析？怎样操作？（本题 10 分）

测验题七、甲乙两人对下图中股票的走势进行了讨论，他们对其后市看法出现了分歧。甲认为，该股技术形态已经破位，现在收了 2 根小阳线是逃命机会，应马上卖出。乙认为，该股在跌至 36.89 元后出现一轮反弹，现在股价再次回落，但目前低点要比前一个低点高，技术形态并没有破坏，有可能形成双底走势，故在此应逢低吸纳。

请问：你赞同谁的观点？为什么？（本题 10 分）

测验题八、某天，大户室齐先生指着下面一张图对周围的股友说，这个股票见底回升时，它的 K 线走势很有特点。前些日子我试着买了一些. 前天该股收了 1 根涨停大阳线，完成了一个大的底部形态，我又加仓了，我认为该股后市大有可为。齐先生建议周围的人可以跟着他买一些这个股票。

请问：① 齐先生说该股见底回升上来的 K 线走势很有特点，这个特点是什么？② 齐先生说该股大的底部形态已经形成，这究竟指的是什么形态？③ 齐先生建议大家跟进，现在究竟能不能跟进？（本题 15 分）

测验题九、某天上课时，杨老师指着下面一张图问大家：①图中画框处有两组不同的 K 线组合，它们叫什么名称？其技术意义是什么？②现在股价是一个怎样走势？下一步应该如何操作？③该案例给我们带来什么重要启示？(本题 10 分)

测验题十、某天，甲乙两人就下面股票的走势进行热烈讨论。甲说昨天 1 根大阳线意义非凡，它是积极做多信号；乙说不见得，昨天看见大阳线冲进去的人，今天都套住了。今天股价冲高回落，收了 1 根带有上影线的阴线，明天看样子股价还要往下跌。

请问：你赞同谁的观点？为什么？(本题 10 分)

测验题十一、 某天，股民老韩仔细地观察了下面图中的 K 线走势，最后他得出结论是主力已大量出逃，接下来该股就会面临大跌的风险。不过也有人不同意老韩的观点，他们认为，虽然现在股价出现了回落，但在该股下面有一个长期构筑的平台在支撑着，它不会被轻易跌破，说不定前面的股价回落是主力在洗盘，

一旦洗盘结束，该股就会重拾升势。

请问：你认为谁的观点正确？为什么？（本题 10 分）

涨 10.03%

测验题十二、 下图显示，该股在 13.08 元见顶后，将股价一路杀到 8.42 元，终于跌不下去了，当日拉出了 1 根略带上影线的长 T 字线。显然，这根长 T 字线是见底信号，随后股价止跌回升，但股价冲高遇阻后又回了下来。有人认为，既然前面股价在 T 字线处已经见底，那么这次股价冲高回落正好是给后来者的一次上

车机会，现在应逢低吸纳大胆买入。

请问：你的看法如何？为什么？（本题 10 分）

13.08 元

8.42 元

K 线练兵 ⑨ 试卷

——K 线实战技巧运用测验题之六

参 考 答 案

测验题一、（本题 10 分）

答：从 K 线上看，该股落地的 2 根 K 线都是锤头线（见下图中箭头 A、B 所指处），锤头钱是见底信号，2 根锤头线触及的低点相差无几基本上处于同一个水平线位置上，这样又构成了一个 K 线上的平底结构。若从技术图形上看，该股在低位构造了一个双底图形。目前，该股已突破双底颈线（见图中说明）。

这几天出现的小阴线不用担心，它是在试探该股突破颈线的有效性，股价回落时成交量在减少，上涨时阳量大于阴量，量价配合有利于多方，因此从大概率说，该股突破颈线的有效性会被市场认可，一轮上涨行情值得期待。

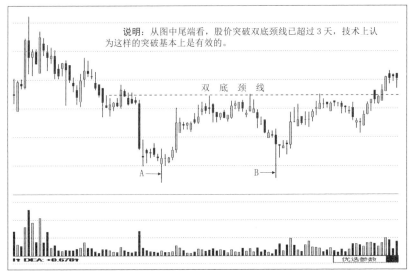

说明：从图中尾端看，股价突破双底颈线已超过 3 天，技术上认为这样的突破基本上是有效的。

双 底 颈 线

A→ B→

IT DEA: +0.6787　　　　　　　　　　　　　　　　优选参数

摩登大道（002656）日 K 线图 图 1

鉴于该股目前的股价走势，我们认为对该股应该看多做多，只要日后股价不跌破颈线就可持股待涨。当然，若万一出现股价回落跌破颈线的现象，就要止损离场。（注：该股往后走势见下图）

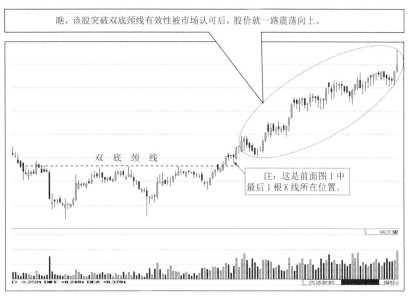

瞧，该股突破双底颈线有效性被市场认可后，股价就一路震荡向上。

双 底 颈 线

注：这是前面图 1 中最后 1 根 K 线所在位置。

成交量

D: -0.259 DIFF: +0.249 DEA: +0.379

优选参数   指标①

摩登大道（002656）日 K 线图   图 2

测验题二、（本题 10 分）

答：我赞成第一种意见。为什么赞成第一种看坏的意见呢？我们不妨从 K 线、技术图形两个方面，对该股走势进行分析。首先从 K 线上分析，该股这轮反弹的见顶之处是 1 根大阳线 + 5 根小 K 线组成的头部图形（见下页图 1 中画圈处）。这是一个顶部"身怀六甲"的 K 线组合。了解 K 线的投资者都知道顶部身怀六甲的杀伤力。接下来看，该股在出现身怀六甲后，又紧接着出现了 1 个向下跳空缺口，这是一个"向下突破性缺口"，并且已被市场认可。"身怀六甲 + 向下突破性缺口"，这个杀跌力量是很厉害的。

从技术图形上分析，更让人心惊胆寒的是，该股已经形成了一个"头肩顶"，并且这个头肩顶的颈线已被跌破，如果头肩顶向下破位被市场认可，一轮大跌是无法避免的。

由此可以作出判断，图1中最后几根K线走势，并不是已经调整到位，股价企稳的象征，它实际上是头肩顶颈线被跌破后，出现的一次技术性反抽，反抽之后股价仍会继续下跌。也就是说，现在的股价"企稳"，仅仅是给持股的投资者多了一次逃命机会而已，如果在这个时候还不卖出，等到股价大跌的时候就悔之晚矣。（注 该股往后走势见下图）

敦煌种业（600354）日K线图　图1

果然，前面图1中最后几根K线的"企稳"是假象，它实际上是头肩顶破位后的一次技术性反抽，反抽夭折后股价再次出现大跌。

头肩顶颈线

注：这是前面图中最后几根K线所在位置

敦煌种业（600354）日K线图　图2

测验题三、（本题15分）

　　答：我同意老赵的观点。图中的股票见顶，反弹结束已经是铁定的事实。理由是：

　　① 该股在前面连续出现2根螺旋桨K线时（见下图1中箭头A、箭头B所指处），股价就见顶了。因为螺旋桨K线是见顶信号，连续出现2根这样的K线，其见顶的意味就更强烈。

　　② 出现螺旋桨K线时成交量急剧放大，说明主力在大量出货。

　　③ 高点逐渐下移，盘中做空能量在增加。

　　④ 收敛三角形已向下破位。从图中看，该股后面走势构成了一个收敛三角形的走势（见下图1中画虚线处）。图中最后1根K线已收在收敛三角形的下边线之下，并且这是1根大阴线，说明收敛三角形向下破位了。虽然股价暂时还没有创下新低，但在收敛三角形整理后股价选择向下突破，并且将前面的向上缺口都封闭了，这是一个非常严重的问题，表明局势已完全倒向空方。老赵说的技术上向下破位，指的就是这种情况。

高争民爆（002827）日K线图　图1

综上所述，现在对该股必须看空做空，不宜再继续持有。历史经验告诉我们，一旦股价技术上向下破位，继续下跌就不可避免。故老赵认为当时必须卖出，这个观点完全正确。（注：该股往后走势见下图）

瞧！收敛三角形向下破位后，股价就下了一个台阶，接着股价在这个台阶上盘整了一个时期，然后就出现了暴跌。

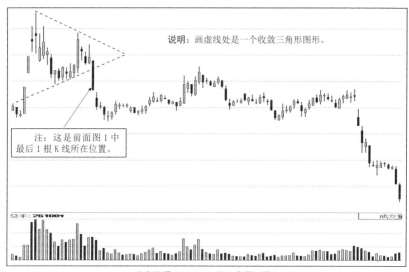

说明：画虚线处是一个收敛三角形图形。

注：这是前面图1中最后1根K线所在位置。

高争民爆（002827）日K线图　图2

测验题四、（本题15分）

答：做多胜算大。从K线图形上看，该股在K线上出现了"金针探底"的走势（见下页图1中箭头A所指处），这个"金针"就是锤头线。它好像为该股见底用金针深深地打下了一个牢固的桩，从而托起整个盘子，故名为金针探底。自金针探底后，股价再也没有触及这个金针探底的低点，这说明这个金针探底经受了考验，是有效的。

再从技术图形上看，该股在低位构筑了一个"头肩底"。头肩底的头部就是金针探底的低点，在其左侧是头肩底的 2 个左肩（见下图中左肩 ①、左肩 ②），在其右侧是一个跨度大于 2 个左肩的右肩。从图中看，股价冲过颈线后走势并不顺利，在颈线处多空双方反复争夺，最后多方赢得了胜利，拉出 1 根放量的涨停大阳线（见下图中箭头 B 所指处），促使股价上了一个台阶。上了一个台阶后，多空双方又进行了一番艰苦的格斗，目前股价重心在稍稍上移，多方略胜一筹。

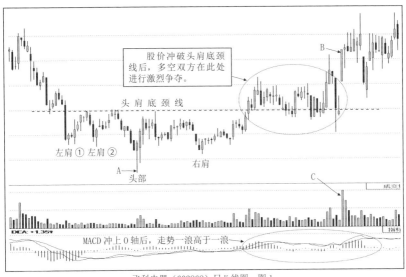

飞科电器（603868）日 K 线图　图 1

我们分析后认为，之所以该股头肩底突破后，多空双方争夺激烈，主力目的很清楚，是要通过这样的震荡走势来反复洗盘，夯实股价，这样反而有利于该股稳步上行。主力这个动作，从下面的成交量与 MACD 走势中也可看出端倪。比如，该股从底部回升上来成交量始终保持阳量（指 K 线收阳时的成交量）大于阴量（指 K 线收阴线时的成交量）的态势，并且股价向上拉出大阳线时的成交量放得很大（见上页图1中箭头C所指处）。图下面的MACD走势更加明显，MACD冲上了0轴后，呈现一浪比一浪高的态势。所有这些都说明当时该股内部存在较强的做多能量，这也是主力积极做多的表现。

综合来看，该股底部形态扎实，头肩底冲过后，多空争夺激烈，洗盘充分，现在总体上看股价重心在向上移动，故而可以看高一线，此时跟进做多的胜算较大。（注：该股往后走势见下图）

一位伟人说过："分析好，大有益。"做股票也是如此。该案例给我们的启示是：仔细分析股价走势，就能透过现象看清事物的本质，摸透主力的意图。事实证明，当初在低位对该股看多做多的投资者，后来都获得了不菲的收益。

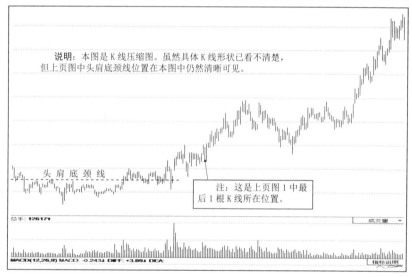

说明：本图是K线压缩图。虽然具体K线形状已看不清楚，但上页图中头肩底颈线位置在本图中仍然清晰可见。

头肩底颈线

注：这是上页图1中最后1根K线所在位置。

总手：126171

成交量 ▼

MACD(12,26,9) MACD: -0.243↓ DIFF: +3.89↓ DEA:

指标说明

飞科电器（603868）日K线压缩图 图2

测验题五、（本题15分）

答：① 图中画框处的图形是"乌云盖顶"K线组合，这是一个见顶信号。

② 图中箭头A所指的是1根大阴线，它起到了向下破位的作用，这是一个看跌信号。

三一重工（600031）日 K 线图　图 1

③目前该股处于"头肩顶"破位状态（见下图 2 说明）。从图中看，该股下跌后出现一轮反弹，反弹走了一个头肩顶的形态。现在头肩顶颈线已被跌破，跌破的标志是出现了箭头 A 这根大阴线。虽然这根大阴线出现后股价没有马上继续大跌，但只是空方暂时未大开杀戒，过后会继续向下寻底。

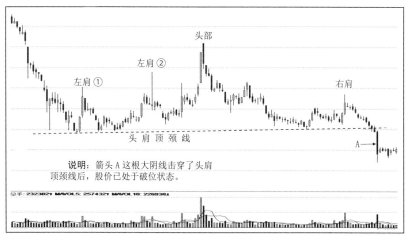

三一重工（600031）日 K 线图　图 2

④ 一般来说，头肩顶破位后，其跌幅深度至少是≥头肩顶从头部到颈线这段距离。故现在投资者应趁多方尚有一息喘气机会，马上出逃，以避免更大的损失。（注：该股往后走势见下图）

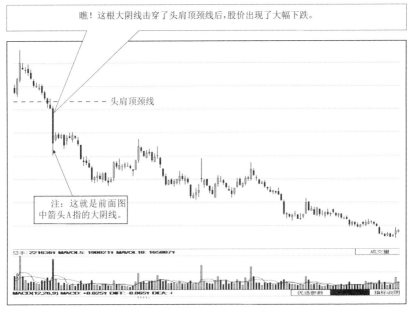

瞧！这根大阴线击穿了头肩顶颈线后，股价出现了大幅下跌。

头肩顶颈线

注：这就是前面图中箭头A指的大阴线。

三一重工（600031）日K线图　图3

测验题六、（本题10分）

答：该股跌至15.51元时已经见底，判断该股在15.51元见底的理由是：

① 仅仅20几个交易日，股价就从33.57跌至15.51元，跌幅过半，出现了严重超卖。

② 在连续下跌后，出现了3根大阴线，形成了"下跌三连阴"（见下页图1中画圈处）的赶底走势。从技术上说，在股价大幅下挫后，出现下跌三连阴就是见底信号。

③ 伴随着下跌三连阴，成交量快速放大，大量恐慌盘。在

末端处涌出，这是做空力量充分释放，股价绝地逢生的象征。

虽然该股在出现下跌三连阴见底后，股价并未马上涨起来，而是在低位出现了激烈震荡，但这个激烈震荡很有可能是股价拉升之前的一次多空搏杀。其原因是，因为该股前面跌得很凶，投资者心态不稳，稍有反弹就会引来很多卖盘，致使股价在狭小的范围里进行震荡整理，从而形成了"收敛三角形"的走势（见下图1中画虚线处）。

元力股份（300174）日K线图　图1

现在收敛三角形已走到尽头，接下来就要选择突破方向了。依据历史经验，这种见到重要低点后的震荡整理，估计最后向上突破的概率较大。但我们要提醒投资者的是，虽然我们看好该股后市，不过在其买进信号还未出来前，仍需要耐心持币观望。也就是说，只有等到该股真的选择向上突破的信号出现了，投资者才可跟进做多，并对该股采取中线持股待涨的策略。（注：该股往后走势见下页图2）

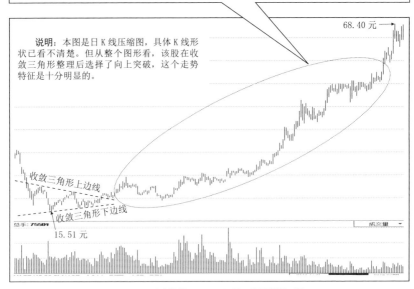

果然，该股在低位出现收敛三角形，股价进行反复震荡后，最终选择了向上突破。此时投资者就可以顺势买进持股待涨。之后随着股价一路震荡向上，中线持股收益十分可观。不到一年时间，股价就上涨了3倍多。

68.40 元

说明：本图是日K线压缩图，具体K线形状已看不清楚。但从整个图形看，该股在收敛三角形整理后选择了向上突破，这个走势特征是十分明显的。

收敛三角形上边线

收敛三角形下边线

总手：7550

成交量

15.51 元

元力股份（300174）日K线压缩图　图2

测验题七、（本题 10 分）

答：甲对。理由是：该股反弹走势中出现了一个"上升楔形"的图形（见下页图1中画虚线处），现在上升楔形的下边线被打穿，技术形态已向下破位。

下面我们简单地介绍一下上升楔形。上升楔形的特征是：股价经过一段时间大幅下跌之后，出现强烈的技术性反弹，当股价弹升到某个高点时，就掉头回落。不过这种回落较为轻微而缓和、因而股价在未跌到上次低点之前已得到支撑而上升，并且越过上次高点，形成一浪高于一浪的趋势。第二次的上升止于另一高点之后，股价再度回落。我们把两个高点和两个低点分别用直线连接起来，就形成了一个上倾的楔形，这就是上升楔形。上升楔形整理到最后，以向下突破居多。因此，从本质上来说，上升楔形只是股价下跌过程中的一次反弹波，是多方在遭到空方连续打击后的一次无力挣扎而已。

值得注意的是，打穿上升楔形下边线的K线是下跌四连阴（见本页图2中画圈处）。我们知道，在下跌途中出现下跌三连阴往往是大跌的先兆。那么，当下跌三连阴变成了下跌四连阴，它的杀伤力就更加厉害，所以持有该股的投资者不能再有什么幻想了，应该赶紧卖出，卖出越早，损失就越小。（注：该股往后走势见图2）

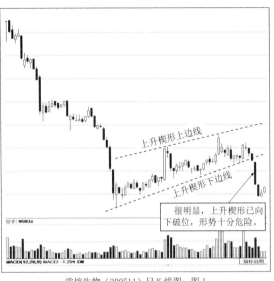

上升楔形上边线

上升楔形下边线

很明显，上升楔形已向下破位，形势十分危险。

雪榕生物（300511）日K线图　图1

瞧！在下跌四连阴沉重打击下，上升楔形向下破位。上升楔形下边线被击穿后，股价出现了大跌，不及时卖出就吃大亏了。

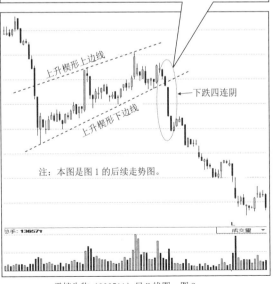

上升楔形上边线

上升楔形下边线

下跌四连阴

注：本图是图1的后续走势图。

雪榕生物（300511）日K线图　图2

测验题八、（本题 15 分）

答： 齐先生的建议是对的。他说该股见底回升上来的 K 线走势很有特点，是指该股在 4.88 元见底后，股价在缓慢上升过程中出现了阳线特别多，阴线很少的现象（见下面图 1 中说明）。阳线特别多表明盘中的做多力量很强，这对推动股价上升起到了重要作用。这种情况在其他股票见底回升的 K 线走势中并不多见。而且随着股价上升成交量也在温和放大，价升量增，显示股价上升量价配合很理想，股价上升有持续性。所以，该股出现这样的走势让齐先生眼睛一亮。

齐先生说的该股在低位完成了一个大的底部形态，是指当时该股正在构筑一个"大圆底"。大家仔细看，图中倒数第 3 根 K 线是 1 根涨停大阳线，这根大阳线出现后，一个大的圆底形态就形成了。我们知道，一旦某个股票在低位构筑一个大圆底，它日

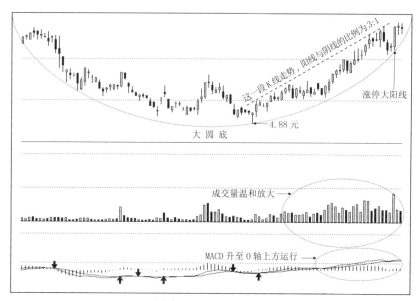

长春高新（000661）日 K 线图　图 1

后上涨的潜力是很大的，所以齐先生又再次对该股增加了仓位。

另外，齐先生发现下面的 MACD 已升至 0 轴上方运行，这也意味着股价上升不是虚的，确实是有内在的做多能量在支撑着，这样，后市自然可以看高一线。

这里还有一个小秘密告诉大家，该股见底价格是 4.88 元。"88"是神秘数字【注】，是主力锁定底部的一个重要信号，这也是该股在见底后能持续上升的一个重要原因。（注：该股往后走势见下图 2）

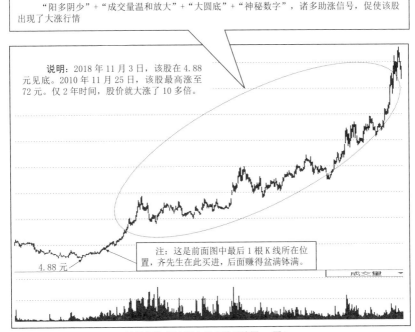

"阳多阴少"+"成交量温和放大"+"大圆底"+"神秘数字"，诸多助涨信号，促使该股出现了大涨行情

说明：2018 年 11 月 3 日，该股在 4.88 元见底。2010 年 11 月 25 日，该股最高涨至 72 元。仅 2 年时间，股价就大涨了 10 多倍。

4.88 元

注：这是前面图中最后 1 根 K 线所在位置，齐先生在此买进，后面赚得盆满钵满。

成交量

长春高新（000661）日 K 线压缩图　图 2

【注】为什么"88"是神秘数字，有关这方面的知识与相关实例，详见《股市操练大全》特辑第 441 页－第 449 页。

测验题九、（本题10分）

答: ① 图中画框处共有5根K线,里面有2组不同的K线组合,第1个K线组合的名称叫"倾盆大雨"。它由画框处的第1根K线与第2根K线组成。第2个K线组合的名称叫"乌云盖顶",它由画框处的第4根K线与第5根K线组成。从技术上说,倾盆大雨与乌云盖顶都是股价见顶的信号。在两组见顶信号的重压下,该股前面强行上涨的势头终于画上了句号,股价开始掉头下行。

② 要判断现在股价走势是什么性质,明确下一步怎么操作?首先要看它构筑了一个什么样的技术图形。我们仔细观察后发现,现在该股在上方构筑了一个"下降三角形"的技术图形（见下图1中说明）。图中最后1根K线是中阴线（当日跌6.31%）,它已将下降三角形的下边线击穿,这是一个很严重的问题。这说明虽然该股见顶后掉头下行已有一段时间,但股价还远未调整到位,股价还要继续下跌,此时依旧只能看空做空。

所以,对持有该股的投资者来说,当务之急就是抓紧卖出,

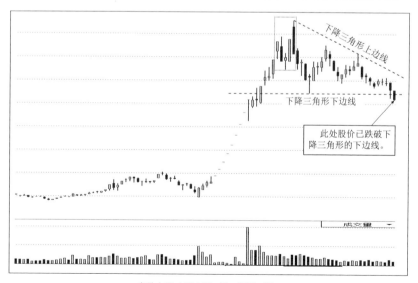

奥马电器（002668）日K线图 图1

卖出越早损失越小。（注：该股往后走势见下图2）

③该案例给我们带来什么启示呢？记得有一位投资大师说过，股市里有三种人，先知先觉者，后知后觉者，不知不觉者。

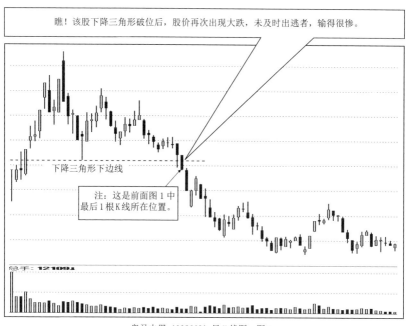

瞧！该股下降三角形破位后，股价再次出现大跌，未及时出逃者，输得很惨。

下降三角形下边线

注：这是前面图1中最后1根K线所在位置。

总手：121091

奥马电器（002668）日K线图　图2

这好比一盆好菜送上来，先知先觉者将好菜的精华部分都吃掉了，他们是股市中最大的赢家；后知后觉者只能吃一些剩菜了，他们在股市中多半是赚了一些小钱，说不定有时还会出现一些亏损；不知不觉者连剩菜都吃不着，他们是股市中的输家，有的甚至会输得血本无归。

就拿本案例来说，该股前期涨势强劲，在高位刚出现倾盆大雨、乌云盖顶K线见顶信号时，能及时卖出的属于先知先觉者。卖出早，把前面上涨时的利润保住，就是赚到了，甚至赚到了大钱。股价下跌一段时间，直到下降三角形的下边线被击破后才醒悟，赶紧把它卖出的属于后知后觉者。此时卖出虽然晚了点，但很多在低位买进该股的投资者只是把他前期赚的利润揩掉了大半，最后结账还略有盈利。当然，未在低位买进，甚至在涨势后期追进的投资者，此时是亏的，但亏得还不多。最让人感到惋惜的是下降三角形破位后，仍麻木不仁、持股不卖的投资者，这一路跌下去就亏大了，这些亏大钱的都属于不知不觉者。

可见，在股市里想赚钱，不亏钱，就要力争做先知先觉者，而想要做先知先觉者就必须认真学好 K 线，学好技术图形。如果对这方面的知识一无所知，或似懂非懂，最后就会沦落为不知不觉者。一旦成为不知不觉者就会在股市里输得很惨，这是本案例给我们的最重要启示。

测验题十、（本题 10 分）

答：我赞同甲的观点，昨天的大阳线确实是积极做多的信号。因为这根大阳线已站在前面几个高点之上（见下页图 1 中说明），这根大阳线是多方突破空方重重阻力而使用的重磅武器。这种形式的大阳线又被业界人士称为"突破性大阳线"，它的作用是打开了新的上升空间。从图中看，拉出这根大阳线的当天，下面的成交量比往常放大了一倍，说明股价上升得到了成交量的积极支持。如果再进行仔细观察，就会发现 5 日均量线【注】与 10 日均量线出现了黄金交叉（见下页图 1 中说明），这在技术上也是一个看涨因素。

【注】关于均量线的知识与操作技巧，详见《股市操练大全》第二册第 407 页－第 408 页。

综合上面因素分析，昨天的大阳线确实是积极做多信号。但出现积极做多信号，并不等于股价不会出现短线回调，今天短线回调，收出1根小阴线这是很正常的。投资者可趁其短线回调之际，积极加入【注】。（注:该股往后走势见右图2）

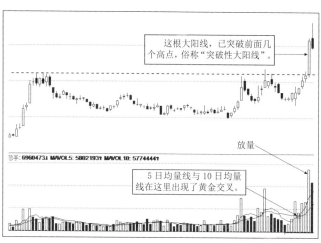

这根大阳线，已突破前面几个高点，俗称"突破性大阳线"。

放量

5日均量线与10日均量线在这里出现了黄金交叉。

总手: 6960473J MAVOL5: 58021931 MAVOL10: 57744441

兴业银行（601166）日K线图　图1

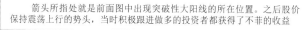

箭头所指处就是前面图中出现突破性大阳线的所在位置。之后股价保持震荡上行的势头，当时积极跟进做多的投资者都获得了不菲的收益

总手: 70069221 MAVOL5: 52690081 MAVOL10:

成交量

兴业银行（601166）日K线压缩图　图2

【注】积极加入并不是不分青红皂白地盲目买进。首先，投资者要根据盘面的技术信号选准买点，其次，要贯彻分批买进的原则。比如先买进一部分，接下来再看看走势如何，若继续上涨可加仓，若往下回调可补仓。但要注意的是，如果突然出现放量下挫并将大阳线的开盘价击穿的现象，就应该马上停损离场。总之，分批买入，进可攻退可守，是一种风险小、安全系数高的操作方法。

测验题十一、（本题 10 分）

答：我同意老韩的观点，因为图中股票最后一段 K 线走势，充分显示该股在平台上方已经构筑了一个大的头部。从图中看，该股往上突破时先拉出 1 根涨停大阳线，但第二天就出现了 1 根长十字 K 线，长十字线后的第三天又出现了 1 根螺旋桨 K 线（见下图 1 中说明）。

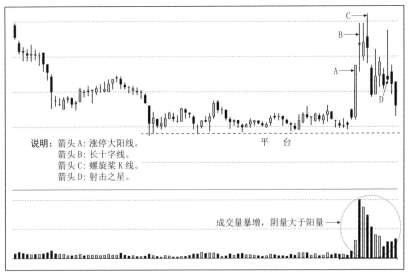

说明：箭头 A：涨停大阳线。
箭头 B：长十字线。
箭头 C：螺旋桨 K 线。
箭头 D：射击之星。

平　台

成交量暴增，阴量大于阳量

鼎汉技术（300011）日 K 线图　图 1

长十字线出现后的第四天出现了 1 根中阴线。因为中阴线处于长十字线、螺旋桨 K 线的下影线之下，这样就初步验证了长十字线、螺旋桨 K 线是见顶信号。图中最后第 3 根 K 线是射击之星，这也是一个重要的见顶信号。图中最后 1 根 K 线又是 1 根中阴线，它处于射击之星的下方，如此一来，射击之星这个见顶信号也被验证了。

从图中看，几次见顶信号出现后，股价重心在下移，这说明上方的压力越来越大。再看看下面的成交量,后面一段的成交量与盘整时期的成交量相比,有着天地之差,完全是爆发性的增长,并且是拉阴线时出现的成交量,远大于拉阳线时出现的成交量。成交量在这个地方出现了暴增,并且阴量又远远大于阳量,除了说明是主力在疯狂卖货外,正常的交易绝不可能产生这种现象。所以老韩才作出主力已经大量出逃的判断。

我们认为,老韩这个判断是正确的。此时,尽管股价还没有跌破该股前期的平台,但主力出逃行为已非常明显。作为一个聪明的投资者,不能坐以待毙,而应该趁该股平台未破,股价尚未大跌时抓紧卖出,此乃是规避风险的一个良策。(注:该股往后走势见下图2)

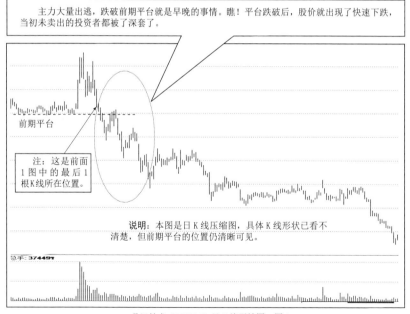

主力大量出逃,跌破前期平台就是早晚的事情。瞧!平台跌破后,股价就出现了快速下跌,当初未卖出的投资者都被了深套了。

前期平台

注:这是前面1图中的最后1根K线所在位置。

说明:本图是日K线压缩图,具体K线形状已看不清楚,但前期平台的位置仍清晰可见。

总手:37449

鼎汉技术(300011)日K线压缩图 图2

测验题十二、（本题10分）

答：我不同意盲目乐观的看法。理由是：虽然长T字线是见底信号，而且股价也确实在8.42元处止跌了（见下图1），并由此见底回升。但8.42元这个底是阶段性底部还是中长期底部呢？现在无法确认。唯一能判断的依据是：若日后股价能有效在8.42元上方运行，并且股价重心呈现逐步抬高的态势，这样才能说8.42元是真正见底了。若日后股价跌穿8.42元，那么8.42元的底，只能说是一个阶段性底部，并不是该股真正的中长期底部。事实上，在股市里以T字线见底的，最后被证明是阶段性底部的现象很多。故而现在该股冲高回落，在接近8.42元时要求大家积极跟进做多是有风险的。因为谁也不知道，该股8.42元这个见底价格能否守得住。说白了，等守住后，股价重拾升势时再跟进做多不迟，何必现在要冒很大风险盲目买进呢？

特力A（000025）日K线图　图1

再说，该股最近一段时期的走势似乎很不妙。从图中看，上涨无量，做多动能缺乏，并且还出现了一个向下跳空缺口。此缺口出现的时间已超过3天，至今没有被补掉，这从技术上说，可以认为市场已认可了这个向下缺口。若市场认可了这个向下缺口，那就麻烦了，股价继续向下的概率非常高。所以，现在做多买进是很不安全的冒险行为，投资者应该以持币观望为宜。（注：该股往后走势见下图2）

该股的后面走势显示，前面的T字线见底，只是下跌途中的一个阶段性底部。前面的8.42元这个低点最终被击穿了（见图中画虚线处）。之后股价继续下跌，向下寻找正真的中长期底部

特力A（000025）日K线图　图2

（编后说明：本节K线练兵试卷中，有不少题目涉及到双底、头肩顶等技术图形方面的知识。关于这些技术图形的特征、技术含义、操作建议与相关实例，详见《股市操练大全》第一册第二章中有关内容介绍。）

K线练兵 ⑩ 试卷

—— K线实战技巧运用测验题之七

姓名：＿＿＿＿＿ 分数：＿＿＿＿＿

测验题一、某天，一群股民围着下面图中股票，展开了激烈的争论。有人认为，该股昨天收了 1 根大阴线，今天收了 1 根大阳线，多方终于松了口气。但也有人不同意这个看法，认为该股命悬一线十分危险，现在若不出逃以后将后悔莫及。

请问：你同意谁的看法？请说明理由。（本题 10 分）

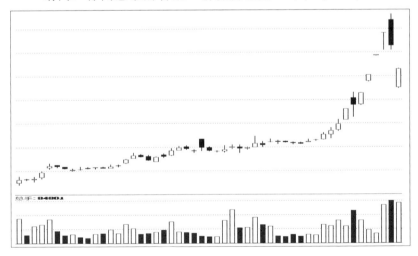

测验题二、某天收盘后，某证券公司的分析师指着下图说，该股走势彻底坏了，建议大家明天不管什么价格，赶紧卖出逃命要紧。但令人费解的是，就在昨天该股拉一字线涨停，他还很看好该股，建议大家可以继续看多做多持股待涨，现在仅仅过了一

天，这位分析师的态度就出现了 180 度大转弯，这究竟是为什么呢？大家感到很难理解。

请问：为什么这位分析师态度会有这么大的变化？他建议大家明天抓紧卖出是否有道理？（本题 10 分）

测验题三、某天，一群人围着下面图中的个股进行热烈讨论。有人看好，有人看坏。看好的人认为这只股票已经见底，现在股价冲高回落正是低吸的良机。看坏的人认为，虽然该股前面止跌，但这是暂时的，因为下跌时放出巨量，说明盘中做空能量很大。另外该股在低位稍有反弹就引来大量抛盘，现在股价掉头向下，表明反弹已经结束，后面再创新低是迟早的事。故而应赶紧卖出，否则后面就要吃大亏。

请问：你同意谁的观点？为什么？（本题 10 分）

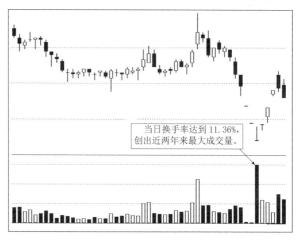

当日换手率达到 11.36%，创出近两年来最大成交量。

测验题四、 右边图中的股票是一只次新股，上市后仅拉了四个涨停板就被打开，但它收了1根大阴线后就跌不下去了，在横盘数日后，多方进攻的力度开始加大。今天股价跳空高开，出现了放量上攻的态势，最后出现的1根阳线以涨停价报收。面对这样的走势，有一位资深老股民认为，前面出现的大阴线只能说明是主力在洗盘，股价下跌正是给后来者一个低吸的机会。根据目前该股走势，后市创新高已无悬念，现在可以积极跟进。

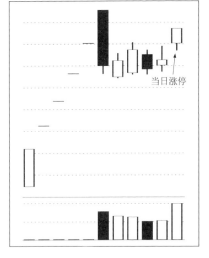

当日涨停

请问：老股民的这个看法对吗？为什么？（本题10分）

测验题五、 仔细观察下图，然后回答问题。

请问：现在有人想对该股做多，你认为可以吗？如果在此买进有几分胜算？（请你重点从K线形态上进行分析）（本题10分）

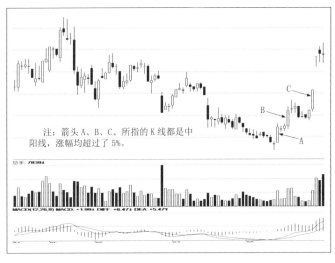

注：箭头A、B、C、所指的K线都是中阳线，涨幅均超过了5%。

测验题六、下图显示，该股今天出现了 1 根中阳线，持有该股的投资者都松了一口气，有的还增加了一些仓位。而只有炒股多年的老姜忧心重重，他决定明天就把手中的这个股票卖了，

请问：老姜为什么忧心重重？他现在卖出对吗？（本题15分）

测验题七、下图显示，该股 10 送 10 除权后走势平稳，既没有什么大涨，也没有什么大跌（见图中最后 6 根 k 线）。面对该股的这种走势，市场出现了截然相反的两种意见：一种意见对其走势看坏，认为现在是逃命的机会；另一种意见对其走势看好，认为现在是低吸的机会，往后股价向上填权的概率很大。

请问：你同意谁的观点？为什么？（本题15分）

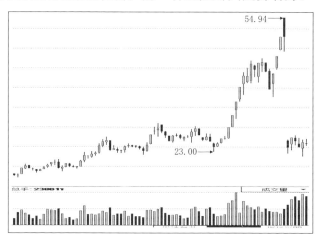

测验题八、某天，大户室的老许在收盘后指着下面图中的个股说，该股K线走势太让人激动了，在今天收盘前我买了一点，如果明天该股仍然收阳线的话，我还准备加仓。

请问：是什么样的K线走势会让老许如此激动，老许现在

积极看多做多是否正确？难道现在跟进就没有风险吗？（本题15分）

测验题九、上课了，杨老师拿出一张图问大家，依照目前图中K线的走势，你认为该股现在是机会大还是风险大？

投资者具体该怎么操作？（本题10分）

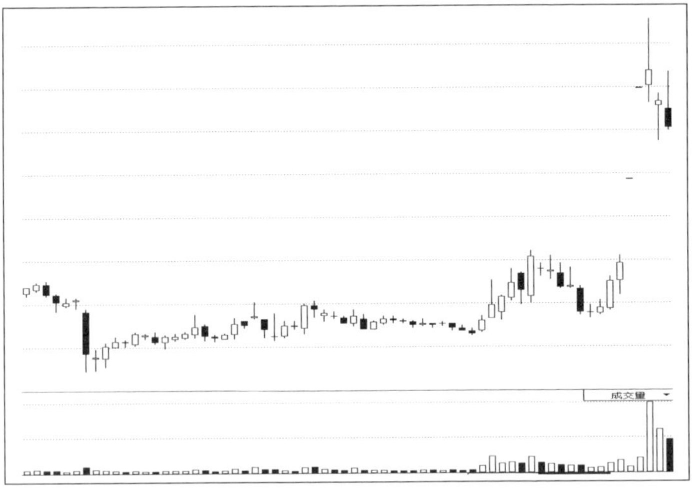

测验题十、（接上题）针对上面一道测验题的分析，有人不服气，拿出了下面一张图问杨老师，对其后市该怎么判断？是应该卖还是买呢？杨老师因势利导把这张图拿给同学们，让大家一起分析。现在请说说你的意见是什么？当下究竟应该怎么操作？（本题10分）

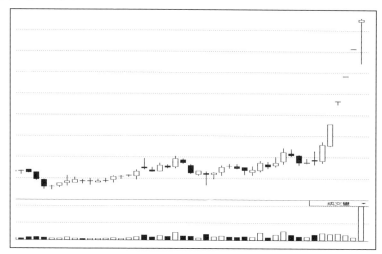

测验题十一、某天，一位股市高手应邀到《股市操练大全》培训班介绍操盘经验。高手说，我今天要讲的主题是：股市里怎样防忽悠、防诈骗。为什么要重点讲这个题目呢？因为投资者只有懂得了在股市里如何防忽悠、防诈骗，才能最大限度的防范好股市的风险。有人可能不同意我的观点，但这不要紧，我们可以通过事实来说话。当然股市有其特殊性，一般情况下是很难指证谁在忽悠、谁在诈骗的。因为股市里的骗子是看不到的，即使给你看到了，你也拿他没有办法。他可以搬出种种理由说自己的操作如何合理合法，没有什么违规，最后投资者只能自认倒霉。所以在股市里防忽悠、防诈骗，比现实中防忽悠、防诈骗的任务更加艰巨。下面我请大家看一些实例（见后面图1-图4），请问：你们在这些图中究竟看到了什么？主力有没有在忽悠大家？如果有，请说说主力是怎么忽悠大家的？其中有一些什么规律可寻？（本题 15 分）

图1

图2

当日接近涨停 →

总手: 3761504↑ MAVOL5: 2727178↑ MAVOL10: 2721989↑   成交量 ▼

图 3

当日涨停 →

当日涨停

总手: 12749↑   成交量 ▼

图 4

测验题十二、有同学对杨老师说，股价大跌后主力在所谓的低位用大阳线做诱饵，进行拉高出货的恶劣行为，他脑子里的印象已经很深了，今后也不会上当了。但现在他碰到一个很棘手的问题，自己手中的股票今天又拉出 1 根涨停大阳线，他数了数在该股 9.81 元见底前后，一共出现了 3 根涨停与接近涨停的大阳线（见图中箭头 A、B、C 所指处）。如果说在低位出现 1 根涨停大阳线是主力用它做诱饵进行拉高出货，这个逻辑还讲得通，但总不见得在这个位置连续出现 3 根这样的大阳线，都是主力用它来做诱饵进行拉高出货的。况且今天拉出涨停的大阳线是放量的，这是不是主力在盘中发出的做多信号呢？杨老师听后并没有马上回答他，而是把这个问题交给大家讨论。

请问：你对这个问题是怎么看的（请说出理由）？投资者下一步应该怎么操作？（本题 10 分）

K 线练兵 ⑩ 试卷

——K 线实战技巧运用测验题之七

参 考 答 案

测验题一、（本题10分）

答： 我同意后者的观点。图中最后1根阳线，业内人士称为假阳线，又称伪阳线、倒阳线。意思是说虽然收了阳线，但其收盘价是跌的，且跌幅不小。出现这种假阳线并不表示主力在积极做多，仅是一些市场中的投机客看股价大幅低开，想进去短线炒一把而已。

短线客的瞎折腾并不能改变该股的下跌趋势，因为假阳线的上方出现了六个强烈见顶信号：①上涨时出现了T字线见顶信号（见图中箭头A所指处）。②出现了高位大阴线（见图中箭头B所指处），这也是见顶信号。③大阴线+T字线组成了穿头破脚

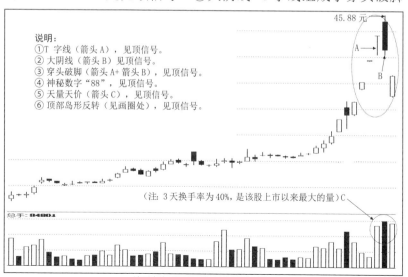

说明：
①T 字线（箭头 A），见顶信号。
② 大阴线（箭头 B）见顶信号。
③ 穿头破脚（箭头 A+箭头 B），见顶信号。
④ 神秘数字"88"，见顶信号。
⑤ 天量天价（箭头 C），见顶信号。
⑥ 顶部岛形反转（见画圈处），见顶信号。

45.88 元

（注：3 天换手率为40%，是该股上市以来最大的量）C

总手：8480.1

泸州老窖（000568）日 K 线图　图1

— 285

的头部图形。④最高价是 45.88 元，"88"是一组神秘数字，是主力出逃时留下的一个特殊记号【注】。⑤股价见顶时放出大量，特别是出现大阴线这天放出了天量，天量天价。⑥最后五根 K 线是一个顶部岛形反转的图形（见上页图中画圈处），顶部岛形反转是一个重要的见顶信号。盘中有这样 6 大见顶信号叠加在一起，该股下跌几成定局，这个已没有什么悬念。

综合以上几个因素，我认为现在若不出逃，以后将后悔莫及的观点是正确的。（注：该股往后走势见下图）

> 果然，该股在 6 大见顶信号的重压下，大跌已不可避免。当时，若见到假阳线不卖出或跟进来的投资者，后面将输得很惨。

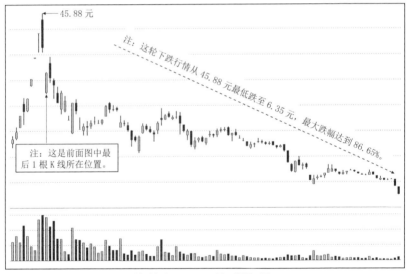

泸州老窖（000568）日 K 线图　图 2

【注】为什么说"88"是主力高位出逃时留下的特殊记号，有关这方面的知识与相关实例，详见《股市操练大全》第七册第 461 页 – 第 465 页。

测验题二、（本题10分）

答：这位分析师建议大家明天不管什么价格抓紧卖出，逃命要紧，这个建议是对的，我赞成。但他昨天在该股拉涨停时建议大家继续看多做多，我是不赞成的。为什么我赞成他今天的建议而不赞成他昨天的建议呢？因为该股今天确实是糟透了，昨天还是一字线封住涨停，今天就放量下跌收了1根大阴线，并以跌停板收盘（见下图画圈处说明）。在毫无征兆的情况下，高位出现了这根大阴线，气势汹汹地杀过来很有大开杀戒的意思。此时持股的投资者没有别的选择，只能赶紧逃命，卖得越早越好。

从当时的情况看，该股继续往下大跌是可以预料的。所以，投资者对突然出现的高位放量大阴线要引起高度警惕。"卖！卖！卖！"是唯一正确的选择。

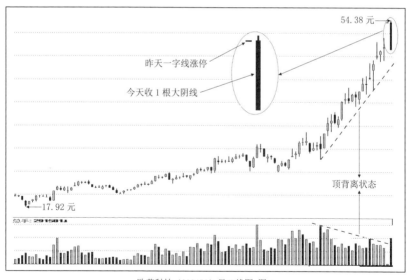

欧菲科技（002456）日K线图 图1

那么，我为什么不赞成昨天分析师的态度和它对该股看多做多的建议呢？因为从图中看，该股这轮上升行情从17.92元涨至

54.38元，短期内股价已涨了两倍，说明该股主力获利丰厚。在此情况下，昨天该股以一字线封住涨停，这里就有很大的猫腻了。很显然，对该股在高位拉涨停，诱多因素很大，对此投资者应该有警觉，不能盲目跟进做多。而昨天这位分析师的态度却令人失望，他对盘中的风险因素视而不见，仅因为该股拉了一字线涨停，就盲目号召大家继续看多做多，这究竟是为什么呢？

再看看下面的成交量，越往上涨成交量越少，股价走势与成交量走势呈现顶背离状态【注】（见上页图1中说明）。顶背离是市场对后市看淡的信号，表明股价随时可能见顶回落。所以，该股昨天拉了涨停，是不能盲目看多做多的。尚若昨天有谁听了这位分析师建议，今天早上追进去，估计就是以最高价买进了，说不定这个最高价就是该股这轮行情的天价，那真的要套在山顶上了。当然，为了减少损失，即使昨天听信这位证券分析师，以最高价买进该股的投资者，现在也没有办法，只能今天再听从这位证券分析师的建议，下定决心，明天赶紧把它卖掉，尽量减少些损失，把本金保住，以后再寻找机会出击。

有人问，这位分析师的态度仅过了一天为什么就会出现180度的大变化呢？我们只能这样解释：说重一点，他另有企图；说轻一点，他水平不高。那么，这位分析师的水平不高表现在什么地方呢？比如，昨天他看见盘中出现一字线涨停就盲目乐观，今天他看见出现1根大阴棒，发现形势不妙，知道昨天说漏了嘴，所以马上改口叫大家卖出。其实，这位分析师见风使舵的行为在股市中并不鲜见。这再一次提醒大家，做股票不能盲目听从别人的意见，一定要学会独立思考、独立分析，这是本案例给我们的一个重要启示。（注：该股往后走势见下图2）

___

【注】关于顶背离知识与相关实例，详见《股市操练大全》第二册第364页－第366页。

高位出现一字线涨停，接着就出现 1 根跌停大阴线，这确实是股价崩溃的一个重要信号。此时投资者应当机立断，马上卖出规避风险。

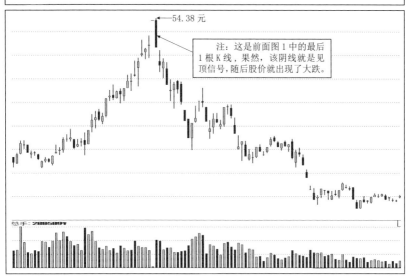

54.38 元

注：这是前面图 1 中的最后 1 根 K 线，果然，该阴线就是见顶信号，随后股价就出现了大跌。

欧菲科技（002456）日 K 线图 图 2

测验题三、（本题 10 分）

答：我同意看好的观点。理由是：

① 从图中看，该股前面止跌的 K 线是倒 T 字线，这是一个见底信号（见图中箭头 A 所指处）。

② 该股见底时放出天量（这是 2 年多来的最大成交量），说明盘中做空能量得到充分释放。一般来说，股价赶底时放出巨量，意味着最后的恐慌盘大量流出，这正是操盘主力最希望看到的一件事。因此，市场上流传一句话，"下跌时小量难见底，大量易见底。"

③ 从图形上看，该股出现倒 T 字线见底信号后，接着就出现了连续上升的 K 线，从而对其见底信号的有效性进行了确认。更让人感到兴奋的是，在该股见底后的第四天股价跳空高开，

从而出现了一个非常重要的见底图形——底部岛形反转（见图1中说明）。目前这个底部岛形反转正经历着考验，只要股价不回补掉前面的缺口，日后股价向上是大概率的事情。

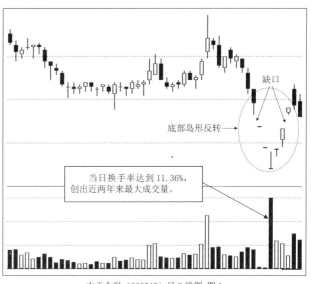

中天金融（000540）日K线图 图1

根据现在该股的走势，我们认为激进型投资者可趁股价回调时先买一点，稳健型投资者可等回调结束，确认底部岛形反转的信号完全有效时，再积极跟进。(注:该股往后走势见右图2)

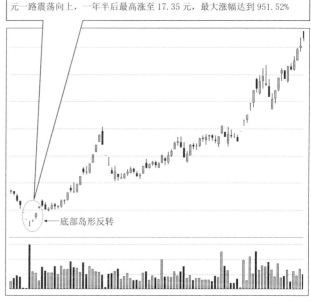

中天金融（000540）日K线图 图2

测验题四、（本题 10 分）

答： 这位老股民的看法是片面的。虽然股市里有机会出现新股上市打开涨停收了大阴线后，经过短期回调再继续大涨的例子。但该股出现这种情况的概率很小，原因是它前面收的大阴线，不是一般的大阴线，而是 1 根超级大阴线（见下图 1 中说明）。在超级大阴线的威慑下，该股已不太可能再重启辉煌。

从图中看，该股出现超级大阴线那天，早上是以涨停价开盘的，然后一路下杀，最后收了 1 根大于 -10% 的大阴线。虽然那天的股价下跌只有 -6.89%，但是如果以当天涨停价开盘，然后往下杀跌算起，这根大阴线的阴线实体实际上达到了 -16.89%，所以这根阴线特别长。业内人士将这种阴线实体特别长的大阴线，称为超级大阴线。

据了解，股价上涨突然遭遇超级大阴线的打击，往后继续下跌的概率至少超过八成。有如此高的下跌概率，使我们不能盲目判断该股今天放量，收出 1 根涨停阳线是主力在积极做多的表现，应该理解为这是超级大阴线出现后的一次技术性反抽，是市场留给多方的一次逃命机会。

当然这并不是说，出现超级大阴线后就

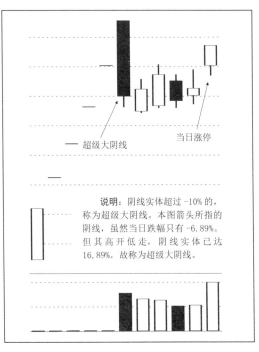

——超级大阴线

当日涨停

说明：阴线实体超过 -10% 的，称为超级大阴线。本图箭头所指的阴线，虽然当日跌幅只有 -6.89%。但其高开低走，阴线实体已达 16.89%，故称为超级大阴线。

香山股份（002870）日 K 线图　图 1

百分之百下跌的，它仍有小概率的翻身机会。具体地说，该股出现超级大阴线后，可能会有一二成的上涨机会，但这个一二成的上涨机会是有条件的。比如日后股价回升时，只有股价站在超级大阴线的开盘价之上，才能翻身向上，开启新的一轮上升行情。如果股价无法站到超级大阴线的开盘价之上，就只能向下寻求支撑。作为一个懂K线的投资者，一定要坚持一个原则，如果达不到上面这个条件，就应该坚持对该股看空做空，切不盲目跟进做多。（注：该股往后走势见下图2）

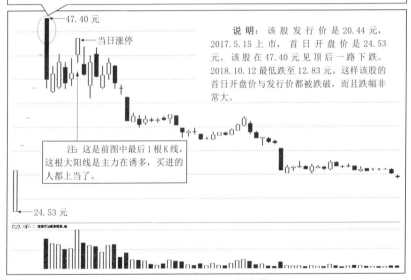

该股出现超级大阴线后股价就一蹶不振，不断向下寻找支撑，最后连它的发行价都跌破了。这让一些盲目对该股看多做多的投资者后悔莫及。

47.40元

当日涨停

说明：该股发行价是20.44元，2017.5.15上市，首日开盘价是24.53元。该股在47.40元见顶后一路下跌。2018.10.12最低跌至12.83元。这样该股的首日开盘价与发行价都被跌破，而且跌幅非常大。

注：这是前图中最后1根K线，这根大阴线是主力在诱多，买进的人都上当了。

24.53元

总手：

香山股份（002870）日K线图 图2

【又及】本书完稿后向读者征求意见时，有人问，本案例是个案还是具有普遍意义？如属于后者能不能多举一些实例，好让大家心里有一个数。为了满足读者的要求，下面我们再举一些实例，以作警示。

实例一：汉邦高科（300449）。2015 年 4 月，该股上市一路高歌猛进，但在股价窜至 276.99 元高位后，出现了 1 根从涨停打至跌停的超级大阴线，但多方也不甘示弱，第二天将股价从跌停拉至涨停，出现了 1 根超级大阳线（注：当天换手率为 50.68%）。但随后的股价走势表明，空方完胜多方，股价出现了暴跌。

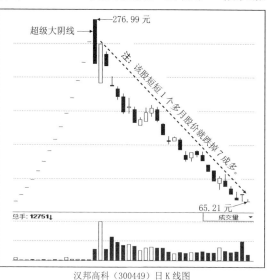

汉邦高科（300449）日 K 线图

实例二：

鹏鼎控股（002938）。2018 年 9 月，该股上市后，仅拉出 2 个一字线涨停板，就出现了 1 根超级大阴线。随后股价就出现了暴跌。仅仅 10 个交易日，股价跌幅接近过半，把其上市的开盘价都跌穿了，情况一片凄惨。

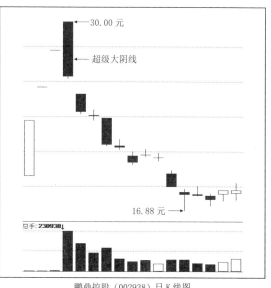

鹏鼎控股（002938）日 K 线图

实例三：康斯特（300445）。2015年5月，该股上市后连拉20多个涨停板，突然有一天，出现了1根超级大阴线，但因为当时市场做多气氛强烈，第二天就把股价推至涨停，下面的换手率暴增（注：当日换手率为52.58%）。之后2周,股价稍有回落,但仍在此高位进行横盘。不过此时做多主力已撤退，无人再进行护盘，接着，股价就出现了连续暴跌的走势。

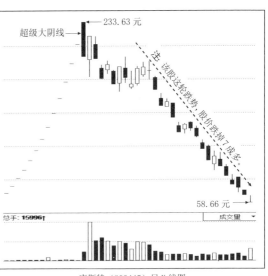

康斯特（300445）日K线图

实例四：中孚信息（300659）。2018年4月，该股在送股前出现了一波抢权行情，但股价在拉出了3根一字线涨停板后，马上就出现了1根超级大阴线，之后股价即一蹶不振，不断向下寻求支撑，除权后股价继续呈现大跌走势。

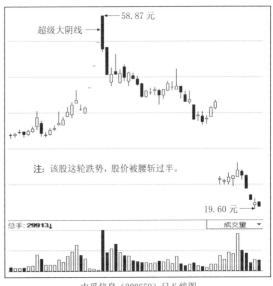

中孚信息（300659）日K线图

实例五：联诚精密（002921）。2018年5月，该股在反弹时，突然有一天股价从涨停打至跌停，拉出了1根超级大阴线，，至此该股反弹就画上了句号。之后，股价就出现了连续下跌的走势。

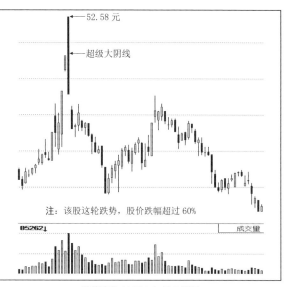

联诚精密（002921）日K线图

【编后语】看了上面这么多实例，大家应该明白一个道理：无论在什么情况下，出现超级大阴线可不是闹着玩的，说明空方要大开杀戒了，此时下面若放出巨量，那基本上可以确定，一场浩劫即将来临。当时若还没有出现大跌，只不过是给未卖出的投资者一次逃命机会。比如，在超级大阴线出现后，多方进行顽强抵抗，拉出了大阳线，这时候，投资者也不应该看多做多，一般来说，在中国A股市场上，超级大阴线出现后，股价跌幅过半，甚至跌得更深是常见的现象[注]。因此，为了规避风险，投资者一定要趁股价未大跌时抓紧卖出，卖晚了损失会很大。

【注】据了解，盘中出现超级大阴线，过后不久，股价也有上涨的。但这仅是极个别的现象，绝大多数股票都没有这种可能。因此从操作层面上说，投资者即使认为超级大阴线是主力在洗盘，那么也一定要等到日后股价重新站到超级大阴线的开盘价之上，才可以看多做多。若盲目看多做多，看错了就会付出惨重的代价。

答：我认为现在对该股做多是可以的，如果在此买进大概有七分胜算的把握。

为什么这样说呢？我们先来看图中最后4根K线，这4根K线连起来看是"跳空上扬形"的变化图形，但它比普通的跳空上扬形做多信号力度更大，因为普通的跳空上扬形是没有这么大的缺口的，而它却不同，下面这根大阳线与后面的三根小K线之间，多了一个很大的缺口（注：据了解，这个缺口有6个点，当日该股是以涨停价收盘的）。

这个缺口在技术上称为"向上突破缺口"（见图中箭头D），它是重要的助涨信号。一般来说，缺口越大代表其助涨作用越强。目前这个缺口已经存在三天了，没有被补过，按照技术规范，这个缺口的有效性基本上被市场认可了。

再看下面的K线与成交量，该股从低位上来已出现过几根力度较大的阳线（见图中箭头A、B、C），并且从该股见底后的K

精测电子（300567）日K线图 图1

线走势看，其间的阳线远多于阴线，成交量也是阳量远大于阴量。另外，MACD已经站在0轴上运行，红柱状线在增多、增强，这些都是表明该股盘中有一股较强的内在做多力量在萌动。

所以，综合多种因素，我认为现在对该股跟进做多是适宜的。当然做股票总是存在风险的。比如，前面图中的这个向上缺口是不能被回补的，若被回补就要当心了。因此，操作时要设好止损点。止损点可设在最后1根阳线的下方（见上页图1中画虚线处）。也就是说，买进后股价不涨反跌，股价回落时出现跌破大阳线开盘价的现象，此时就应该立即止损离场。（注：该股往后走势见下图2）

果然，该股在诸多上涨信号的推动下，股价不断震荡走高。

注：这是前面图1中最后1根K线所在位置。

精测电子（300567）日K线图 图2

测验题六、（本题 15 分）

答：我认为老姜是一个有丰富实战经验的老股民，他这样做是对的。那么老姜为什么忧心重重呢？老姜告诉我们，现在该股正处在反弹期间，在反弹中拉出大阳线后，大阳线的中轴位，即 1/2 处是不能被击破的，击破了后市就很危险。老姜说，前面这根大阳线是涨停大阳线（见图中箭头 A），当天放出巨量，换手率达到百分之 15.55%。一般来说，反弹时拉出大阳线并且放出巨量，就要警惕主力是否拉高出货了。如果主力不是拉高出货，那么后面的 K 线必须要在大阳线的中轴位置上方运行，假如后面的 K 线击穿了大阳线的 1/2 位置，就基本可以判断主力是在拉高出货了，之后的股价必然会出现大跌。

同济堂（600090）日 K 线图 图 1

老姜说，前面这根涨停大阳线，当天开盘价是 9.60 元，收盘价是 10.79 元，中轴位置是 10.20 元，而今天出现的 1 根中阳线，开盘价是 10 元，最低跌至 9.90 元，阳线上方还有 1 根很长的上影线。也就是说，今天出现的这根中阳线，开盘是低开的，直接将前面 1 根大阳线的中轴线打穿，之后再慢慢爬上来。虽然它的收盘价是 10.39 元，高于前面大阳线中轴位置的价格，但从当天的分时图来看，这一天它的股价有好几次都跌穿了前面大阳线的中轴位，直到下午再拉上去，但随后马上又被打了下来，尾盘勉强收在前面大阳线中轴位 10.20 元的上方（见下图 2 说明）。故而，这根中阳线头上出现了 1 根较长的上影线。

> 说明：本图是前面图 1 中最后 1 根 K 线的当日分时走势图。当天它以 10 元开盘，最低跌至 9.90 元，最高涨至 10.70 元，收盘价为 10.39 元。

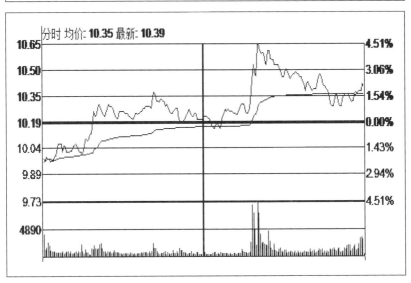

同济堂（600090）日线分时图 图 2

老姜继续分析说，假如该股尾盘以当日最高价收盘，我还可以再观察一段时间，但今天该股尾盘只是勉强站在前面大阳线中轴位的上方，这就有很大的问题了。因此，我判断该股反弹已经结束，如果再不抓紧卖出，那么，我在低位抢反弹所获得一些微

薄的利润，就可能被揩光，说不定我还要被深套在里面，所以，我决定明天就把它全部卖掉。（注：该股往后走势见下图3）

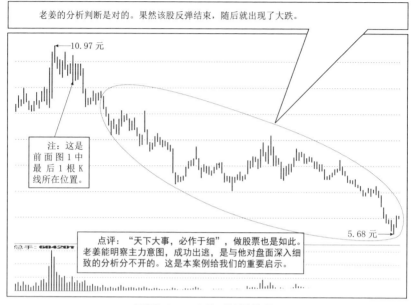

老姜的分析判断是对的。果然该股反弹结束，随后就出现了大跌。

10.97元

注：这是前面图1中最后1根K线所在位置。

5.68元

点评："天下大事，必作于细"，做股票也是如此。老姜能明察主力意图，成功出逃，是与他对盘面深入细致的分析分不开的。这是本案例给我们的重要启示。

同济堂（600090）日K线压缩图 图3

【又及】本书完稿后向读者征求意见时，有人对老姜的操盘经验很感兴趣。不过，他们还有一点担心，问我们老姜的经验可靠吗？

对这个问题，我们的观点是：本书中介绍的一些高手的投资理念与操作经验，对大家都有很重要的参考价值，老姜这条经验也不例外。但是话说回来，再成功的经验都有它适用的范围，也不是百分之百有效的。老姜自己也说，他这条经验只适用于高位与反弹中出现的大阳线，并不适合在其他场合中出现的大阳线。即使高位与反弹中出现的大阳线也并不是碰到前面提到的情况就百分之百下跌的，仅仅是下跌的概率较大而已。据有关数据统计：在高位和反弹中出现大阳线，若大阳线的中轴位被后面的K线击穿，往后下跌的概率可达到七成，若后面的 K 线跌到大阳线 2/3 处以下，往后下跌概率可达到八成。当然，投资者在对盘面分析时还要结合股价的位置，以及成交量等因素进行综合考量，才能提高判断的准确率。

下面我们仍以同济堂这个股票为例，来检验老姜的经验是否管用？

实例一：同济堂（600090）。2008 年 1 月 7 日，该股出现涨停大阳线（见下图中箭头 A）。之后，股价回落，出现 1 根中阴线，跌破了大阳线的中轴位（见下图中箭头 B），其下跌趋势就此确定。虽然后面股价出现反弹，曾一度冲到大阳线的中轴位上方，但也只是昙花一现，最终还是没有逃脱大跌的命运。

> 瞧！自从箭头 B 的阴线击破大阳线中轴位后，尽管后面股价几次冲到中轴线上方，但都无济于事，改变不了该股的下跌趋势。

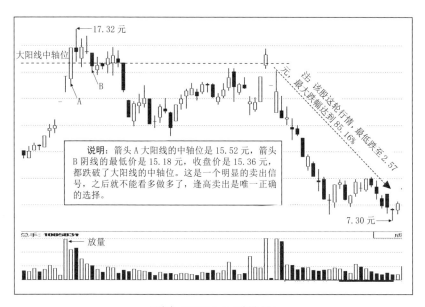

同济堂（600090）日 K 线图 图 4

实例二：同济堂（600090）。2013 年 8 月 28 日，该股在反弹中出现 1 根接近涨停的大阳线，（见下图中箭头 A），之后股价回落时，连续几次击穿大阳线的中轴位（见图中画虚线处），这就注定了其股价上升无力只能不断向下寻求支撑的命运。

下面的图看得很清楚，该股反弹中拉出放量大阳线后，其中轴位来来回回被多次击穿。此时再不卖出，只能怪自己太不当一回事了，最后栽了大跟头。

同济堂（600090）日 K 线图 图 5

实例三：同济堂（600090）。2016 年 8 月 10 日，该股反弹时出现 1 根放量涨停大阳线（见下页图 6 中箭头 A），之后当股价冲高回落，击穿大阳线的中轴位后（见下页图 6 中箭头 B），反弹就画上了句号。

上面举的都是同一个股票的例子。大家看了这几个实例后就会发现，该股无论是在高位还是在反弹途中，只要出现放量涨停或接近涨停的大阳线，都是主力在拉高出货。一旦后面的股价回落时跌破大阳线的中轴位，行情就结束了。此时，投资者再不卖

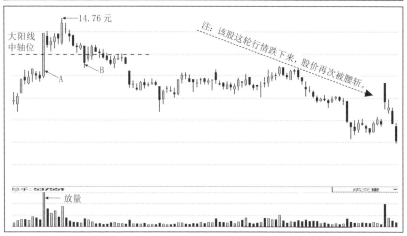

从图中看，箭头 B 的阴线击穿大阳线中轴位后，股价并没有马上出现大跌，这说明当时人气还在，聪明的投资者应趁机抓紧卖出，若犹豫不决，继续持股就会犯下大错。

14.76 元

大阳线
中轴位

注：该股这轮行情跌下来，股价再次被腰斩。

A

B

总手:537551

放量

同济堂（600090）日 K 线图　图6

出就会深套在里面，这几乎成了一种规律性现象。由此大家是不是感到老姜的经验还是很管用的。我们相信，大家在实践中不断摸索，一定能总结出更实用的经验来。但当你有了好经验时，可千万别忘了，拿出来与大家分享啊！届时我们《股市操练大全》编写组将对你的行动表示衷心的感谢。

测验题七、（本题 15 分）

答：我同意第一种观点。现在确实不是对图中股票看多做多的时候，它留给投资者的是一个逃命的机会。那些认为现在买进该股往后会填权的投资者，就是被该股除权前的强劲走势给迷惑了。他们以为强者更强，该股除权后仍然会延着这种强劲走势走下去。但历史经验告诉我们，除权前出现抢权（即股价出现大幅飙升），除权后多半是贴权的（即股价出现大幅下跌）。

我们发现，很多主力操作送股除权的习惯手法是："送股利好消息公布"——"抢权"——"除权"——"大幅贴权"。《股市操练大全》第七册已对此作了充分揭露，并把它列为"抢权诱多出货法"，书中列举了很多实例【注】，警示投资者不要上当受骗。

据了解，本题图中的股票在除权前，短短 20 个交易日内，股价从 23 元最高涨至 54.94 元，涨幅达到 138.87%，这个抢权也抢得够厉害的。股价短期内暴涨，主力在抢权中获利丰厚，除权后该股大幅贴权应是预料中之事。

该股除权前的 K 线走势也明白无误地告诉我们，该股事实上已经见顶了。大家仔细看该股除权前的最后四根 K 线，是 3 根阳线 +1 根阴线。3 根阳线，当日都是以涨停价收盘的，并且每天都是跳空高开。这种 K 线图形称为"跳空三阳线"（见下图 1 中说明）。在股价大幅上涨后出现跳空三阳线，就是加速赶顶信号。再看除权前的最后 2 根 K 线，先是 1 根阳线，接着再是 1 根阴线。一阳一阴，这是标准的"淡友反攻"（见下图 1 中说明）的 K 线组合，是一个常见的见顶信号。

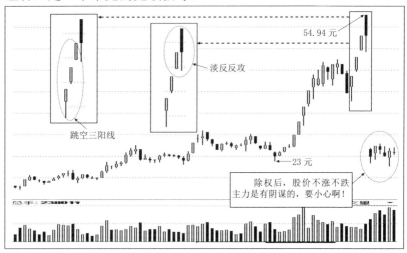

浔兴股份（002098）日 K 线图 图 1

【注】关于"抢权诱多出货法"的知识与相关实例，详见《股市操练大全》第七册第 328 页 - 第 335 页。

有人认为，既然该股除权前股价已经见顶，为何除权后不马上下跌呢？答案是：或许主力当时货还没有出完，主力还想把剩货卖掉，故而股价维持着不涨不跌状态，这种现象在股市上可谓屡见不鲜。往后一旦主力把货出清了，接下来主力就会往下砸盘。到时候主力只要往下一砸或甩手不管（不再护盘），股价很快就会跌下来。所以对普通投资者来说，面对这种在除权前已出现过疯狂抢权，K线上显示见顶的股票，不要再抱有什么希望。三十六计，走为上计，这才是最正确的选择。（注：该股往后走势见下图2）

> 瞧！该股除权后，股价不跌不涨，走势平稳是一个假象。主力这样做的目的是忽悠中小投资者进来接盘。其实，该股送股除权前的大幅飙升抢权，已经为其日后暴跌埋下了祸根，致使该股除权后不久就出现了暴跌。

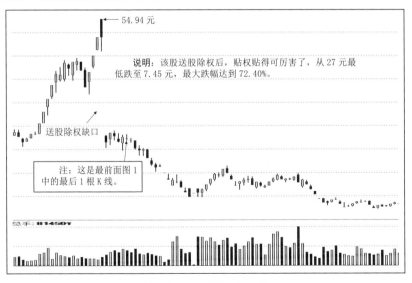

浔兴股份（002098）日K线图 图2

【又及】本书完稿后向读者征询意见时，有人认为，本案例仅是个案，并不能代表现在股票抢权、送股除权后的真实情况。再说《股市操练大全》第七册出版的时间较早，介绍的案例都是十多年前的股票，股市经过这么长时间的发展，情况已经发生了很大的变化。

收到读者的信息反馈后，我们作了研究，现答复如下：我们认为，虽然《股市操练大全》第七册出版的时间较早，但书中揭露的主力"抢权诱多出货法"适用于任何时期。虽然股市行情千变万化，但主力诱多坑害散户的手法是不会改变的。投资者若对《股市操练大全》第七册中总结的"抢权诱多出货法"的原理、内容，以及关键要点做深入了解，就能提高这方面的警觉性，这对识破主力的阴谋，避免自己被主力忽悠是有很大好处的。另外我们要强调的是，本题中的案例并不是个案，而是现在股市中的一个普遍的现象，下面我们还是以事实说话，请大家关注。

【相关实例】

实例一： 神州泰岳（300002）。2010 年 4 月，该股实施大规模送股，送股前股价一路上涨，抢权行为十分明显，送股除权后，股价犹如泄气的皮球不断萎缩，股价越走越低。

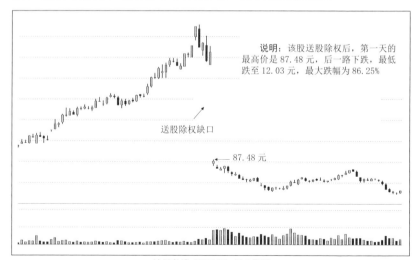

说明：该股送股除权后，第一天的最高价是 87.48 元，后一路下跌，最低跌至 12.03 元，最大跌幅为 86.25%

送股除权缺口

87.48 元

神州泰岳（300002）日 K 线图

实例二：天海防务（300008）。2010年4月，该股实施大规模送股，送股前股价不断走高，送股除权后股价不断创出新低。

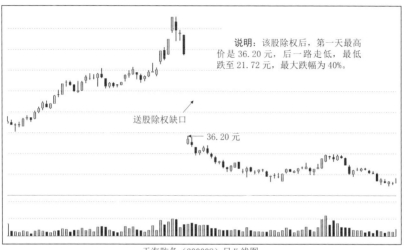

说明：该股除权后，第一天最高价是36.20元，后一路走低，最低跌至21.72元，最大跌幅为40%。

送股除权缺口

—— 36.20元

天海防务（300008）日K线图

实例三：芭田股份（002170）。2013年5月，该股实施大规模送股，送股前出现抢权，送股除权后出现大幅贴权行情。

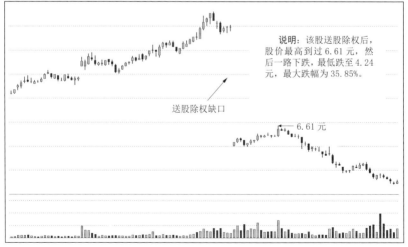

说明：该股送股除权后，股价最高到过6.61元，然后一路下跌，最低跌至4.24元，最大跌幅为35.85%。

送股除权缺口

6.61元

芭田股份（002170）日K线图

实例四：闽发铝业（002578）。2015年5月，该股实施大规模送股，送股前股价大幅飙升，送股后股价一落千丈。

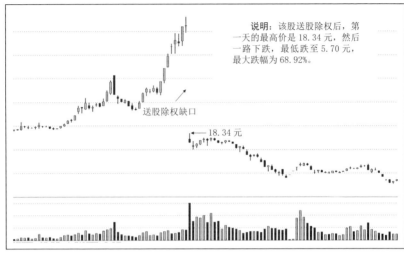

说明：该股送股除权后，第一天的最高价是18.34元，然后一路下跌，最低跌至5.70元，最大跌幅为68.92%。

送股除权缺口

← 18.34元

闽发铝业（002578）日K线图

实例五：华信国际（002018）。2015年6月，该股实施大规模送股，送股前涨势如虹，送股除权后，股价竟然出现了连续跌停。

说明：该股送股除权后，第一天就出现跌停，当时股价是20.86元，然后最低跌至4.73元，最大跌幅为77.33%。

送股除权缺口

← 20.86元

华信国际（002018）日K线图

实例六：游族网络（002174）。2016 年 4 月，该股实施大规模送股，送股前股价不断创出新高，送股除权后走势出现 180 度大逆转，股价不断创出新低。

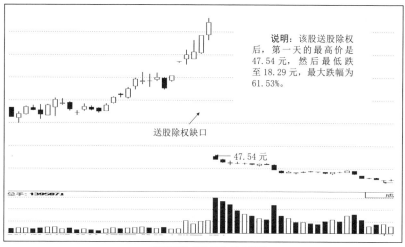

说明：该股送股除权后，第一天的最高价是 47.54 元，然后最低跌至 18.29 元，最大跌幅为 61.53%。

送股除权缺口

47.54 元

总手：1395871　　　　　　　　　　　　　　手

游族网络（002174）日 K 线图

以上举的这些例子都是近几年发生的事情。由此可见，无论什么时候，股票在送股前出现抢权的，送股除权后出现贴权下跌的概率很大，这已成了股市中的一个规律性现象。投资者要承认这个事实，顺势而为。如否认这个事实，逆势而动，就会犯下大错，给投资带来重大损失。

测验题八、（本题 15 分）

答：老许当时的观点是对的。后来，老许向我们解释，为何当初积极看好图中的个股。老许说，因为该股跌至 5.44 元见底后上来的一段 K 线走势连收七根阳线（见下页图 1 中说明）。俗话说，"底部七连阳，中线当走强。"这是看好它的一个重要理由。最让我吃惊的是该股最后 3 根 K 线走势很特别，它是一个标准的"早晨十字星"（见下图1中说明）K线组合。通常，早晨十字星K线组合只会出现在底部，出现在上涨途中，特别是出现在"底部七连阳"之后是十分罕见的。

再说该股上行时价量配合十分理想。首先是成交量比往常放大数倍之多；其次是价升量增，价跌量减；第三，阳量多于阴量。另外，MACD走势也很好。MACD的曲线走到了0轴之上，呈现多头排列状态。成交量、MACD向好，这些都反映出该股这轮上涨走势是很健康的。这也让我吃了定心丸。

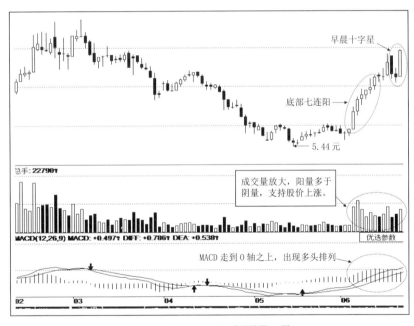

凯迪生态（000939）日K线压缩图　图1

老许又说，我可以告诉大家，我炒股多年来还没有见到过这样的图形走势，所以，当时我心情特别激动。我分析，该股控盘主力能拉出这样的K线走势亮相于股市，说明该股必有什么大的动作在后面。因此，我不但自己在这儿买了，还建议大家跟着在这里做多。

老许继续说，当然说到风险也是有的。因为该股拉出早晨十字星的 K 线图形时，股价还没有冲过前面的高点。一般来说，没有突破前期高点是不宜积极看多做多的，因为它有可能在前期高点附近遇阻回落。不过依照我多年炒股经验，像这种在低位出现"底部七连阳"+"成交量积极配合"+"早晨十字星"的彪悍 K 线走势，是一定会冲破前面高点的。也正因为如此，我在早晨十字星出来后就对该股积极做多了。（注：该股往后走势见下图 2 中说明）

老许的分析很有道理，经得起推敲。若当时有人听从老许的建议对该股积极看多做多，后面就有好果子吃了

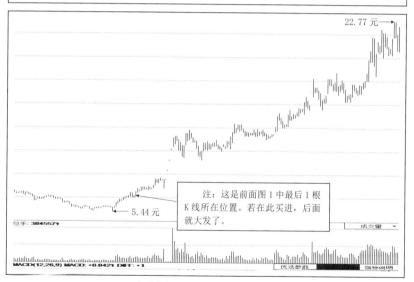

凯迪生态（000939）日 K 线压缩图　图2

老许又说，有人问我积极做多，是不是就不考虑风险了，万一判断失误该怎么办呢？我回答他们，对我们的老股民特别是重仓某一个股票的投资者来说，任何时候做多都必须考虑怎么规避风险，要想到万一失败了该怎么办？因此在操作时事先就要设

立好止损点（见下图3中说明）这是炒股人在股市中防范风险的生存之道，这也是铁的纪律，我一定会遵守的。在当时，我对该股止损点是设在股价跌破"底部七连阳"的半分位，即1/2处（见下图中画虚线处）。若日后真的发生了这样的情况，我就会毫不犹豫地止损离场，卖出的理由也很简单：如果股价回调跌破七连阳的1/2价位，说明主力积极做多是虚假的，即使不是假的，至少也说明该股主力控盘实力不强，对出现这样情况的个股就不能再看好，必须先退出观望，规避风险。

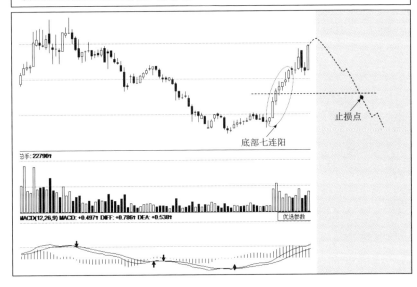

说明：本图右边的虚线走势，并不是真实的走势，只是一种假设。如果万一发生这种情况，就应该在股价跌至止损点处卖出，规避风险。

凯迪生态（000939）日K线压缩图　图3

测验题九、（本题 10 分）

答：依照目前图中走势，该股的风险远大于机会。打个比方说，它的风险是9，而机会只有1（"1"是指除非出现什么超预期实质性的利好，才会改变目前的局势，但这种可能性很小）。

为什么这样说呢？从图中看，该股因为所谓"利好"消息的刺激，突然连拉2个一字线涨停板，第三天股价冲高回落，出现了1根射击之星的变化图形（见下图1中箭头A）。射击之星是见顶信号，并且下面放出了巨量。这个巨量可以从下面代表成交量的柱状线变化中看得很清楚这天的柱状线特别长，说明量在暴增。据了解，当天出现了该股近10年来的最大成交量，这个量是名副其实的天量。从技术上说，出现天量时股价滞涨或下跌，之后很快就会形成天价。这个道理很简单，出现了这么大的成交量股价都推不上去，那么成交量一旦减少，股价肯定要跌下来，天量天价就形成了。第四天该股收了1根吊颈线的变化图形（见下图1中箭头B），这又是一个见顶信号。第五天又出现了1根射击之星（见下图1中箭头C），下面的成交量虽有所减少，但与平时相比，增加了好几倍，这说明盘中做空能量仍然很大。在此情况下，股价向下的概率非常高。

海马汽车（000572）日K线图 图1

有人可能要问，既然该股做空能量如此之大，为什么前面会连拉2个一字线涨停板呢？这就是该股主力的狡猾之处，他们在玩花招。主力连拉两个涨停板，让大家相信该股有什么利好，以此吸引跟风盘。但主力心里明白，这个所谓的利好是假的，甚至是子虚乌有，人为杜撰出来的，所以，在第三天冲高时就把手里的筹码大量卖出，然后又接连2天把手中的存货倒给大家，这才会造成这样的走势。

面对这样的局势，我们认为，有此股票的投资者应该果断地马上卖出，空仓投资者要捂紧口袋，持币观望。若真的看好该股，也要等到该股这轮跌势穷尽，出现上涨信号后才能买进。（注：该股往后走势见下图2）

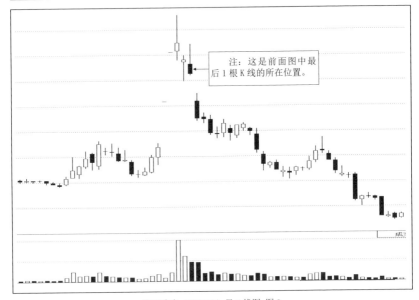

该股在"射击之星＋吊颈线＋天量"几种见顶信号的重压下，股价出现了大跌，短期内股价再次遭到腰斩。

注：这是前面图中最后1根K线的所在位置。

海马汽车（000572）日K线图 图2

测验题十、（本题10分）

答： 这张走势图与前面一道题的图形走势有相似之处，即它们都是在连拉涨停后出现一个头部信号的。上一道图形中的头部信号是射击之星，而本题图形中的头部信号是吊颈线（见图中箭头 A），并且两者出现头部信号的当天，成交量都出现了暴增。所不同的是，前者图中出现头部信号后，第二天、第三天的 K 线走势已经出来了，而现在这张图出现头部信号后，第二天、第三天的 K 线走势尚未出来。

这样就带来一个问题，如何来确认 K 线见顶信号。技术分析的理论告诉我们，盘中出现 K 线见顶信号，是不可以马上就认定它一定就是见顶了，因为是否真的见顶，一定要等后面的 K 线走势出来后才能验证。

那么怎么验证呢？这就要看后面的 K 线怎样走了。上一道题，图中的 K 线见顶信号出来后，紧接着 2 根 K 线都往下走，从而验证了射击之星的见顶信号是有效的。在这种情况下，当然可以对

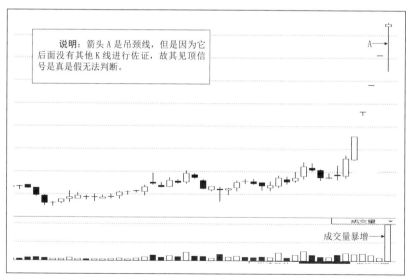

海马汽车（000572）日 K 线图 图1

其后市作出明确的分析与判断了。而本题这张图出现 K 线见顶信号时，后面的 K 线走势还没有出来。也就是说，本题这张图的 K 线见顶信号还没有经过验证。既然还没有经过验证，其见顶信号是真是假就无法确定。试问，无法确定见顶信号是真是假，后市怎么判断？大家一定要记住，做股票是要有耐心的，不妨再耐心等一等，等后面的 K 线走势出来后，再进行分析与判断。

　　杨老师将本题图中的后面几天的 K 线走势找出来后（见下图 2）对大家说，各位看了它以后就可以作出明确判断了，前面出现的吊颈线并不是见顶信号，是假的，市场根本不认可。

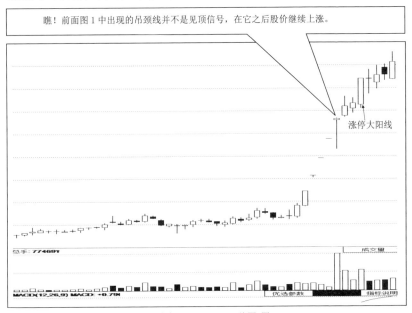

海马汽车（000572）日 K 线图 图 2

　　上面这张图显示，当时该股出现吊颈线这个所谓的见顶信号后，第二天股价跳空高开，收了 1 根带上影线的中阳线，第三天又收了 1 根小阳线，第四天更是收了 1 根涨停大阳线。当时主力采取了高举高打的办法，把股价一路推高。在这种形势下，投资者也要顺势而为，在确认吊颈线这个见顶信号是假的后，应积极跟进做多。要知道，在股市里操作一定要遵循"趋势为王"的原则。趋势向上，你就看多做多；趋势向下，你就看空做空。前面的一个案例，图中显示的信号表明趋势是向下的，所以必须看空做空；本案例图中显示的信号表明趋势是向上的，所以应该积极看多做多。（注：该股往后走势见下图3）

瞧！这根吊颈线显示的见顶信号是假的，是主力用它来吓唬大家进行洗盘的。如果当时有谁认为它就是见顶信号，把股票卖出就上当了。可见，在这根所谓的见顶信号出来后，耐心地看上一二天再作出判断是很重要的。

假吊颈线

总手:573944

成交量

海马汽车（000572）日K线图 图3

【又及】本书完稿后向读者征求意见时，有人问，上一道测验题与这次测验题中的个股都是同一个股票。那么，为什么在K线见顶信号出现后，会形成截然不同的走势呢？

收到读者的信息反馈后，这里向大家作一个解释：出现这种现象的根本原因还是上市公司基本面决定的。上一道测验题中的个股基本面的情况是：上市公司经营状况在恶化，出现了亏损，市场抛盘大增，连主力也套在里面，主力自然要想办法对不明真相的人进行诱多，好把筹码卖给他们，所以才会出现拉高出货，持续下跌的走势。而本题中的个股基本面的情况是：上市公司经营欣欣向荣，盈利大增，主力自然愿意积极看多做多，所以股价出现了不断上升的趋势。

可见，时势在变，主力态度也在变。对我们的普通投资者来说，只有与时俱进，才能依据 K 线、成交量、技术图形等信号，准确地把握股价运行趋势，该看空做空时就果断卖出，该看多做多时就积极跟进。总之，顺势而为才能成为赢家，如果逆势而动就会成为输家。

有人说，K线练兵就像没有老师的股市培训班，此话不假。但确切地说，K线练兵是一种自助式的股市培训。当下，时髦一点的股市培训班，学费贵得惊人，动辄数万元，但本书的K线练兵是免费的。

其实，就学习效果来说，出高昂的学费参加股市培训班，仅几天学习时间，真要学到一点有价值的东西也很难。投资者若真的要想在股市中有所作为，倒不如静下心来，融入K线练兵，一道题一道题去攻克，从中获得的认知、经验、感悟，远胜于时髦的股市培训班。K线练兵能让你从迷茫中豁然开朗，从挫败中找到一条通向胜利的光明之路。

测验题十一、（本题 15 分）

答：高手说：大家看完了吗？下面有很多同学向我反映，他们看了半天还是看不出这些实例中有什么股市骗术、忽悠。

既然大家看不出图中有什么问题，这说明主力的"诈骗"是很成功的。越是这样，我就觉得越是要将这层面纱揭开来，让大家看清楚主力在里面玩了什么花招，他们究竟用什么手段方法来欺骗我们中小散户的。高手说，这 4 张图中的个股选自不同时期，有沪市的，也有深市的，有大盘股也有小盘股，有价值股也有题材股。但操作这些股票的主力有一个共同特点，他们在高位出货时都使用了一个相同的骗术，即先拉出 1 根甚至 2 根大阳线，让大家感到多方要往上面进攻了，后市看涨，从而诱骗不明真相的投资者跟进。然后就开始"吞食"这些投资者，进来一个逮住一个（见下面图 1- 图 4）。

> 2010 年 11 月，该股主力在高位出货时，拉出了 2 根涨停大阳线，股价就见顶了，跟进来的投资者都被套在历史高位。

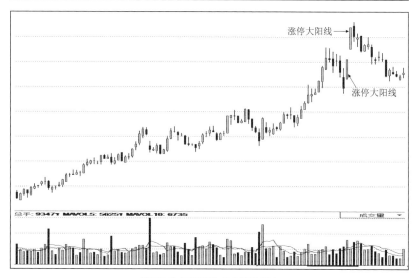

洋河股份（002304）日 K 线图 图 1

2015 年 6 月，该股主力在高位出货时，拉出了 1 根接近涨停的大阳线（离涨停只差 1 分钱），之后股价就不断下滑，当时买进者都成了冤大头。

北京银行（601169）日 K 线图 图 2

2016 年 10 月，该股主力拉出了 1 根涨停大阳线，为这一轮强劲反弹画上了句号，未及时出逃者出现了深套。

杭齿前进（601177）日 K 线图 图 3

2017 年 10 月，该股主力使尽全力，先后拉出了 2 根涨停大阳线，抛出了大量筹码，在第 2 根涨停大阳线出现后，这轮反弹就见顶了，盲目跟进者都遭到了斩杀。

涨停大阳线 →

涨停大阳线

总手：127497

成交量 ▼

和仁科技（300550）日 K 线图　图 4

　　中国民间有一句俗语"拉大旗作虎皮"，以此比喻一些阴谋家干坏事时，打着革命的旗号来蒙骗人、吓唬人。在股市里主力玩弄的这套骗术，说白了就是在"拉大旗作虎皮"。大家不是要看到上涨信号才跟进来做多吗？那么主力就投其所好拉出大阳线（其中多数是涨停大阳线）给大家看。涨停大阳线是股市中最强烈的看涨信号，中小散户见到涨停大阳线出现了，于是纷纷跟进。主力看到一下子跟进来这么多接盘者，就赶紧把手中卖不掉的剩货像倒垃圾一样，倒给这些跟进来的投资者。主力这套骗术屡试不爽，这方面的实例可以说比比皆是。

为了证明主力是一贯玩弄这些骗术的老手，本题中的几个案例选用了不同年份、不同市场、不同形式的股票，以此来证明无论什么时候、也无论是牛市见顶或反弹见顶，主力惯用的拉高出货手法都是拉大旗作虎皮——用大阳线诱多，将跟进来的股民一网打尽。所以，作为弱势群体的中小散户，对主力这个骗术一定要高度警惕。

　　大家应该明白，主力出货时绝对是心狠手辣的，当一些迷信大阳线是看涨信号的投资者不断涌进来时，主力却对他们毫不留情，尽力斩杀，统统把他们套在高位，有的是套在历史的山顶上，有的是套在反弹的山顶上。而这些被套在山顶上的投资者若不及时割肉，认赔出局，随着股价一路下滑最后将会输得惨不忍睹，这从上面4个实例的后续走势可以得到印证（见图5-图8）。

　　　瞧，该股主力在拉出大阳线诱多高位出货后，股价出现了大跌。若投资者能识破主力拉大旗作虎皮的阴谋，即使在图1中最后1根K线处卖出，也不会出现深套。（注：该股最大跌幅超过七成）

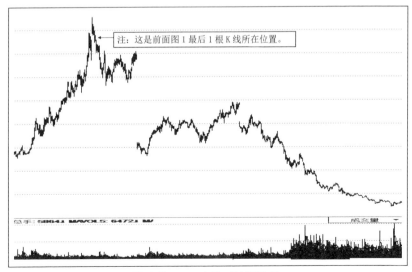

注：这是前面图1最后1根K线所在位置。

洋河股份（002304）日K线压缩图 图5

该股拉大阳线诱多出货的图形就像一面旗帜，大阳线是旗杆，后面接连不断的小阴线就像旗面。这面旗帜出现后，股价就大跌了，投资者记住这个图形特征，日后碰到它就不会上当受骗了。

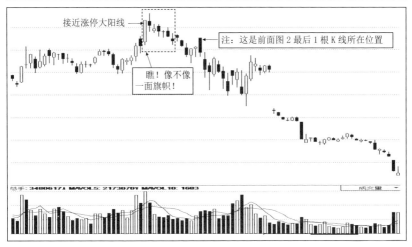

接近涨停大阳线

注：这是前面图2最后1根K线所在位置

瞧！像不像一面旗帜！

北京银行（601169）日K线图 图6

　　从图中看，该股反弹中拉出1根涨停大阳线，下面放出了巨量。在主力出货后，虽然股价没有马上出现大跌，仍然在其附近作上下波动，但最终逃脱不了大跌的命运。

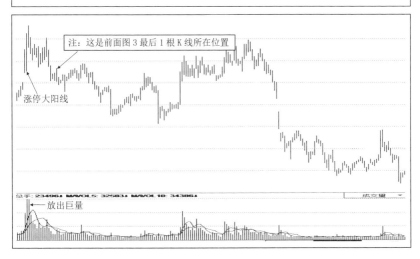

注：这是前面图3最后1根K线所在位置

涨停大阳线

放出巨量

杭齿前进（601177）日K线压缩图 图7

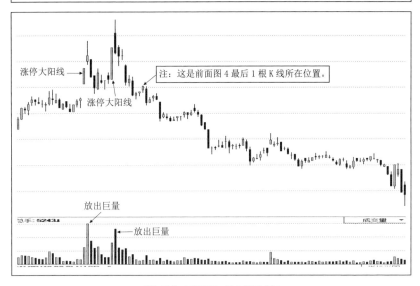

该股主力出货有点急不可耐，先后拉了2根涨停大阳线诱多，并且下面放出巨量。主力出完货后就开始一路下杀，这是反弹出货的一个很典型的图形。

涨停大阳线 ←

涨停大阳线

注：这是前面图4最后1根K线所在位置。

放出巨量

总手：52431

放出巨量

成交量 ▼

和仁科技（300550）日K线图 图8

看了上面这些实例的后续图形，大家会感到不寒而栗吧！由此我们可以懂得一个道理：大阳线不仅是看涨信号，也会被主力利用作为诱骗、忽悠散户的一个工具。说得明白点，当主力利用大阳线拉大旗作虎皮时，这个时候的大阳线就是看跌信号。

至于大阳线何时是看涨信号，何时又是看跌信号，关键是看位置，若低位出现的大阳线多半是看涨信号，而在大涨后高位出现的大阳线，或是反弹末端出现的大阳线，多半是看跌信号。

当然大阳线的性质是什么，究竟扮演的是做多角色还是做空角色，更重要的是看大阳线后面的K线走势。如果像上面4个实例中的大阳线那样，大阳线竖起来后，接着股价就不断走低（其中多数是阴线），直至把大阳线的开盘价都打穿了。若盘中出现这样的现象，那基本上就可以断定主力在利用大阳线进行诱多，往后股价大跌很难避免。此时投资者不应该再抱有什么幻想，必须马上卖出，唯有如此才能规避市场风险。

其实，懂 K 线技巧的投资者是很容易识别主力这种骗术的。比如，1 根大阳线竖起来后，接着，在大阳线的实体里面藏着一些阴线或十字线、小阳线，这种图形就是高位"身怀六甲"的 K 线组合图形，它是一个重要的看跌信号。当这种看跌信号出现时，自然就不能看多做多了。如及时离场，或根本不进去淌这场浑水，那么主力再狡猾，再使什么花招都骗不了你，这样主力的阴谋就会不攻自破。所以说熟悉 K 线知识，熟悉 K 线图形，对投资者来说非常重要，K 线技巧就是刺破主力拉大旗作虎皮骗术的一个利器。

【又及】课后有人问杨老师，大阳线出现在高位，要当心主力拿大阳线骗大家在高位接盘。那么大阳线出现在低位，就不会发生这样的情况吗？杨老师回答说，如果大阳线出现在低位，但大阳线竖起来后，后面的 K 线仍然像前面几个实例一样，尽往大阳线的"肚子"里面躲藏。这样的话，大阳线与这些藏着的 K 线结合起来，扮演的就是身怀六甲的角色，一旦出现这种情况就要警惕了。此时就不能盲目看多做多，而应该减仓操作。下面我们就通过一个实例的解析，告诉大家应该怎么去分析、怎么去应对。

实例：中视传媒（600088）。该股票在低位拉出 1 根放量涨停大阳线后，接着两天就在大阳线的"肚子"里藏着一大一小 2 根阴线。这时，你就不能把大阳线当成看涨信号，而要警惕主力利用大阳线做诱饵进行出货了（见图 9）。当大阳线被后面的阴线完全吞没时（见图 10），就应毫不犹豫地斩仓出局，否则一旦后面大跌，不及时卖出就后悔莫及了（见图 11）。

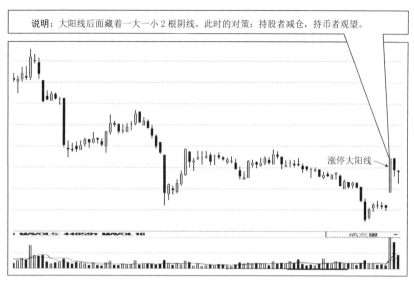

说明：大阳线后面藏着一大一小 2 根阴线。此时的对策：持股者减仓，持币者观望。

涨停大阳线

中视传媒（600088）日 K 线图 图 9

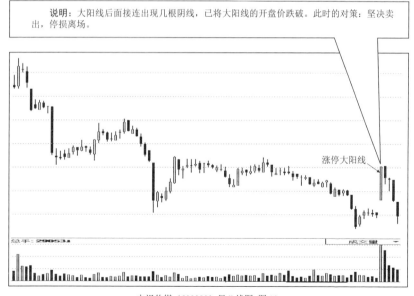

说明：大阳线后面接连出现几根阴线，已将大阳线的开盘价跌破。此时的对策：坚决卖出，停损离场。

涨停大阳线

中视传媒（600088）日 K 线图 图 10

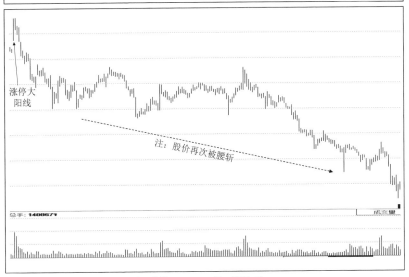

说明：大阳线的开盘价被跌破后，股价出现了大跌。此时的对策：坚决看空做空。

涨停大
阳线

注：股价再次被腰斩

总手：1408671

成交量

中视传媒（600088）日K线图 图11

有人问，上面的案例是个别现象还是一种普遍现象？杨老师回答说，如果是个别现象就没有什么意义了。很多人以为低位出现大阳线就没有什么问题了，其实他们眼中的"低位"并不是真正的低位，只不过是当事人的一种错觉而已。事后我们会发现这些所谓的低位，实际上股价还处在半山腰。投资者如果盲目买进，后面跌起来是很厉害的。

大家一定要知道这些所谓低位拉出的大阳线，特别是涨停大阳线最具有欺骗性，上当受骗的人很多。不过主力这个骗术并不是无解的，大家只要记住大阳线出现后，若出现像图1、图2、图3、图4、图9这样类似的图形，就停止看多做多，及时卖出，主力的阴谋就会彻底破产。

为了加深大家的印象，下面我们再来看一些相关实例，以作警示。

实例一：宝色股份（300402）

宝色股份（300402）日K线图 图12

实例二：三鑫医疗（300453）

三鑫医疗（300453）日K线图 图13

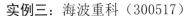
实例三：海波重科（300517）

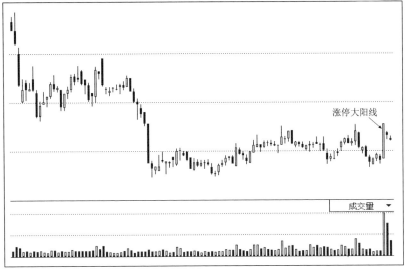

海波重科（300517）日 K 线图 图 14

　　上面 3 只股票从高位跌下来，股价跌幅都很大，有的跌幅已超过 60%。它们在拉出图中箭头所指的大阳线时，股价都处于相对的"低位"，但是在拉出大阳线的第二天，第三天都出现了类似图 9 中的现象。小阴小阳藏在大阳线的"肚子"里。这种图形非常有欺骗性，上当受骗的中小散户甚多。

　　那么"低位"拉出大阳线的个股，其未来走势怎么样呢？

　　下面我们来看看这些股票的后续图形（见图 15- 图 17）。大家从它们的后续图形中可以清楚地看出，主力在"低位"用大阳线做诱饵，忽悠中小散户进去接盘。凡是进去的都上当了，被套在半山腰。后面的股价跌幅之大超出很多人的意料。故而，我们要对这种现象保持高度警惕，否则就会落入主力的圈套，成为冤大头。

实例一：宝色股份（300402）后续图形

注：这就是图 12 中在"低位"拉出的涨停大阳线。

总手：33408U

成交量

宝色股份（300402）日 K 线图 图 15

实例二：三鑫医疗（300453）后续图形

注：这就是图 13 中在"低位"拉出的大阳线。

36T

成交量

三鑫医疗（300453）日 K 线图 图 16

实例三：海波重科（300517）后续图形

注：这就是图14中在"低位"拉出的涨停大阳线

海波重科（300517）日K线图 图17

测验题十二、（本题10分）

答：大家讨论结束后，杨老师谈了他的看法。因为图中最后1根大阳线刚出来，它后面的K线到底怎样走还不清楚，所以还不能马上对这根大阳线的性质进行定性。杨老师说，根据他长期地看盘经验，他认为这根大阳线是主力抛出的诱饵可能性比较大。这个道理很简单，如果图中出现的大阳线是看多做多信号，那么前2根涨停大阳线出现后就不应该发生大阳线被后面阴线吞没的现象。也就是说，如果主力真的想做多，就会守住大阳线的开盘价，而前面2根大阳线的开盘价都被打穿了（见图1中说明）。这就让人怀疑，主力是在利用大阳线进行诱多出货。

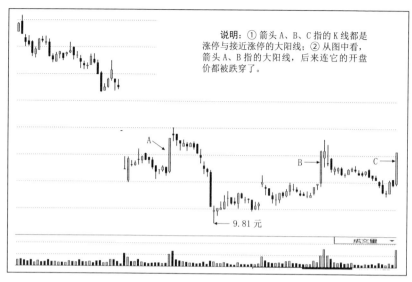

说明：① 箭头A、B、C指的K线都是涨停与接近涨停的大阳线；② 从图中看，箭头A、B指的大阳线，后来连它的开盘价都被跌穿了。

A

B

C

← 9.81 元

成交量 ▾

通光线缆（300265）日K线图 图1

以此推论，现在图中最后 1 根大阳线，即箭头 C 指的第 3 根涨停大阳线，也很可能是主力在诱多。所以，杨老师建议大家对图中最后这根涨停大阳线要保持高度警惕，千万不能冲动，而必须冷静地观察后面的 K 线走势。如果这根大阳线出现后，后面的股价是高举高打，并且再次收出 1 根有力度的阳线（至少是放量的中阳线）。在满足这个条件后，投资者方可试着对该股看多做多。但即便如此，若买进后发现股价又回头了，并且跌破了最后 1 根大阳线的收盘价，此时就应该减仓或退出。如果这根大阳线出现后，后面的 K 线都是阴线，特别是放量阴线，或股价低开，K 线藏在大阳线的"肚子"里，就要怀疑主力在利用大阳线进行诱多，此时应该马上卖出离场。

事后证明，杨老师的分析是正确的，该股在"低位"拉出的第 3 根涨停大阳线就是主力设的一个圈套，引诱大家跟进。这根涨停大阳线出现后的第二天、第三天都收出了放量下跌的阴线。

按照杨老师的建议，此时就应该坚决卖出，止损离场。之后该股果然出现了连续下跌的走势，股价再次出现腰斩（注：该股往后走势见下图 2）。

果然不出杨老师的预料，该股在所谓"低位"出现的大阳线，就是主力抛出的诱饵。当时把它视为看多做多信号，跟着买进或持股不抛的投资者都上当了，后面该股出现了大跌。

注：这是前面图 1 中箭头 C 指的第 3 根涨停大阳线。

通光线缆（300265）日 K 线图 图 2

后来，有人问杨老师，为什么主力要在"低位"拉出 3 根涨停与接近涨停的大阳线做诱饵呢？杨老师回答说，主力是很狡猾的，主力拉了 1 根涨停大阳线，骗了一些人，出了一些货。但手中还有很多剩货，为了把这些剩货出清，再拉大阳线再出货，等货出了差不多的时候，主力就开始往下砸盘。投资者一定要明白，A 股市场中出现类似通光线缆这样的 K 线走势并不鲜见，所以大家要高度警惕，不能给主力骗了，一旦被骗损失就会非常大。

K线练兵⑪ 试卷

—— K线实战技巧运用测验题之八

姓名：_____ 分数：_____

测验题一、昨天，下图中的股票出现了一阳吞四阴的 K 线走势，多方气盛，老股民赵先生很看好其后市，并做了一些加仓动作。但今天该股收了 1 根小阴线，赵先生态度就出现了 180 度大转弯，不仅把昨天加仓的股票处理掉，还把原来持有的大部分股票都卖掉了，只留下很小一部分筹码在手中。赵先生强调说，若明天该股继续下跌就把它全部卖掉。

请问：赵先生的做法对不对？为什么？（本题 10 分）

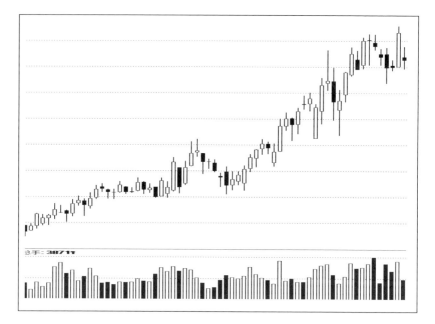

测验题二、一位老法师指着下图说：图中画框处有一种表示见顶的 K 线，数了数一共出现了 4 次。据了解，这种表示见顶的 K 线平时见到的不多，这里一下子出现 4 次，说明局势危急了。事实上，现在该股已经向下破位，若再不卖出就要大难临头。

请问：你同意这位老法师的观点吗？老法师说的表示见顶的 K 线是什么 K 线？它有什么特征？（本题 10 分）

测验题三、某天，一位高手在《股市操练大全》培训班上介绍设置买点的经验，他以自己操作的一个股票为例，介绍他是如何设置买点的。高手说，当时他很看好下面图中的股票，但看好不等于马上就跟进。因为他买进量大，所以要很谨慎，在有较大把握时再出手。高手在图中设置了两个买点，分两次买进了这个股票，然后就持股待涨。最后他在这个股票上大赚特赚（注：该股 2 年后，股价上涨了近 10 倍），获利十分丰厚。

请问：高手设置的2个买点具体在什么位置（请用箭头指明）？高手这样做的理由是什么？（本题10分）

测验题四、下面图中的个股在低位横盘多日后突然启动，先是出现1个向上跳空缺口，后又拉出1根大阳线。这两天出现了2根小阳线，但都在大阳线的上方盘旋。另外，拉大阳线时放出大量，说明股价往上突破是带量的。有人想跟进，但也有人反对跟进。比如，股民小陆就认为其中有诈，建议大家耐心观望，不要盲动。

请问：你同意谁的观点？为什么？（本题5分）

测验题五、（接上题）过了6天，上道测验题中的股票出现了以下走势（见下图），很多人觉得当初小陆建议大家不要盲目跟进还是很有道理的。不过，今天图中出现的1根带下影线的小阴线，又给一些人带来了希望。有人认为今天该股跌至缺口处止跌回升，才会出现带下影线的小阴线，而且下面的成交量已比高峰时缩减至一半，这好像有调整到位的迹象，现在是不是可以试着买进了呢？小陆直接摇头说，不能买进，仍要赶紧卖出。有人认为小陆这次说错了。如果对调整到位的股票也不敢买，那么什么时候可以买呢？有人怀疑小陆炒股是不是也太谨慎了。

请问：你同意谁的观点？为什么？（本题10分）

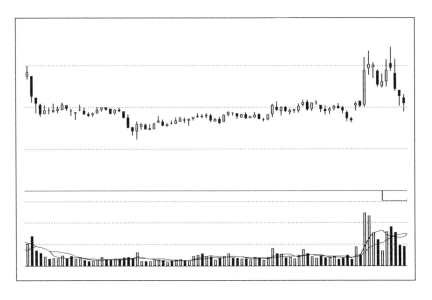

测验题六、某天，股民老顾告诉大家，他很看好下图中个股的后市。因为该股近来的走势中有两个地方让他特别兴奋，今天他已经试着买了一点。老顾说，只要该股股价不再回落他就准备加仓。

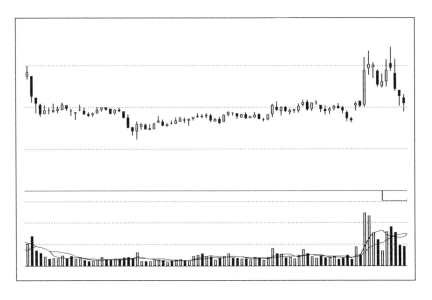

请问：老顾这样操作有风险吗？请你猜猜看，图中有哪两个地方让老顾感到特别兴奋？这究竟是怎么回事？（本题15分）

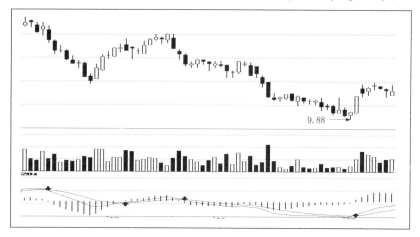

测验题七、该股在短期上涨后出现了一轮调整走势。但是昨天风向突变拉出了1根大阳线，今天又跳空出现了1根中阳线，下面的成交量也跟着急剧放大。有人认为这是新一轮上升行情开启的标志，应积极跟进；也有人认为，今天的成交量放出近几年来的最大成交量，换手率达到17.42%，比平时的成交量猛增至10倍之多，这分明是天量，天量天价，显然是主力在拉高出货。

面对主力诱多忽悠行为，投资者一定要冷静，此时应该卖出而不是买进。

请问：你赞同谁的观点？为什么？（本题10分）

测验题八、下面图中的股票是一个次新股，在它打开涨停板之后，市场仍然看好它，股价继续一路上涨。老丁是炒新老手，当初该股打开涨停板时，他就追了进去，然后就捂着，该股后来出现大涨，给老丁带来了丰厚的盈利。今天该股收盘快要结束时，他突然把大部分股票卖掉了。收盘后，老丁对大家说，如果明天该股不是高开高走，我就把剩下的筹码全卖掉。当时跟着老丁买进这个股票的好几位股友，有的表示赞成，有的表示怀疑。有人问老丁为什么要这样做，老丁说，只要看看该股上市以来的几根大阳线的表现，以及股价走势与下面的成交量、MACD之间的关系，心里就有数了。

请问：你认为老丁这样操作对不对？该股大阳线里究竟隐藏着什么秘密？其股价走势与下面的成交量、MACD之间存在什么关系？（本题 15 分）

说明：箭头A、B、C、D、E、F所指的都是大阳线

测验题九、图中股票有两个画框处，它们都是同一种 K 线组合。当该股第一次出现这种 K 线组合时，有人以为股价见底了，急忙抄底买进，后被套住。现在有人担心该股第二次出现这种 K 线组合，股价在冲高回落后也会重蹈上一次的覆辙，于是，赶紧把股票卖了。

请问：图中画框处是什么 K 线组合？它的技术意义如何？现在把股票卖出对吗？（本题 10 分）

测验题十、下图中股票经过连续下跌后，遭到多方激烈抵抗，现在终于迎来曙光，出现了 1 根下影线特别长的锤头线。有人认为该股见底了，明天准备一早进去抄底。

请问：这样操作对不对？为什么？（本题 10 分）

测验题十一、下面请大家看一个实例。有人看了这个实例（见下图）后认为，图中见顶信号非常明显，说明该股这轮反弹结束了，投资者应该尽快卖出。

请问：这个观点对不对？为什么？（本题10分）

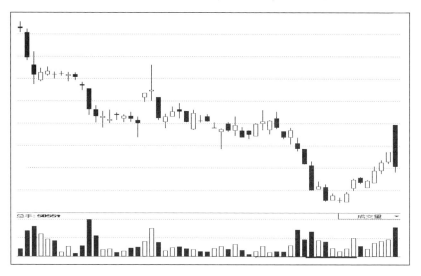

测验题十二、杨老师说，这里先说一个故事，然后，再请大家回答问题。故事是这样的：某天，小姜很得意地对大家说，这次我报名参加了一期名人股市培训班学习，学费虽然很贵，但没有白交，学了后就立刻派上用场了。你们看下面这张图（见图1），图中画框处的K线叫"连续跳空三阴线"，这个K线图形是见底信号。我一看到这个见底信号就觉得机会来了，第二天该股再次大幅低开时，我马上就冲了进去，当天就出现了1根低开高走的大阳线。我算了一下，这一天自己就赚了将近10%的利润。不过，我认为该股现在既然见底了，股价还会往上涨，所以我没有卖。今天该股收了1根小阳线，我又加了仓。现在这个股票已成了我的第一大重仓股票。我建议大家也买一点，不要放过这个非常好的投资机会。

图1

过了四天，该股出现了以下的走势（见下图2）。

图2

见到这样的走势，有人问小姜，我们跟着你买了这个股票，但现在走势不好啊，这是为什么？你不是说该股已经见底了吗？小姜对大家说："别慌，下跌没有量属于假跌。现在的情况是，虽然该股见底了，但主力看见有很多人跟进，他们就暂时不往上做了。图中最后几根阴线是主力在洗盘，洗完盘后主力还是要往上做的，所以请大家放心。另外我买的股票也没有抛，我等着主力为我抬桥呢！"小姜这一番解释，让人似信非信，但大家见到小姜的态度很坚决，也就不再说什么了。

又过了四天，该股出现了以下走势（见下图3）。

图3

这天收盘后，小姜召见大家，他指着图3说："我说过该股见底后，在盘中出现几根小阴线是主力在洗盘。现在大家看图3的走势后，应该证明我的判断是对的。现在出现的几根小阳线，显示股价开始缓慢回升，表明这次洗盘已经结束了。因此，大家可以放心持股，等着主力为我们抬桥吧！"。

2 个月以后，该股出现了以下走势（见下图 4）。

图 4

虽然小姜一直在给大家打气，但该股的后面走势实在太差，越来越让人失望。随着该股的深幅下挫，小姜也躲到一边不再说什么了。之后，该股就像断了线的风筝，不断地往下坠落，连一个像样的反弹都没有出现。连续地下跌让持有该股的投资者都麻木了。小姜与跟他一起买进的人，都被深套在里面动弹不得。

杨老师说，小姜的故事讲完了，我现在问同学们几个问题：① 为什么小姜的判断出现了这么大的失误？ ② 小姜在操作上有什么问题？③ 这个案例能给我们带来一些什么深刻的启示？（本题 25 分）

K 线练兵 ⑪ 试卷
——K 线实战技巧运用测验题之八

参 考 答 案

测验题一、（本题 10 分）

答：股民赵先生的做法是对的。昨天，他看好该股走势，是因为拉出了 1 根大阳线，一下子把前面几根阴线都覆盖了，并且下面的成交量也积极配合，价升量增形势确实不错。如果把这根大阳线与前面的 1 根阳线，联系起来看，就是一个"上升三部曲"K 线组合的变化图形（见下页图 1 中说明）。在上涨途中出现上升三部曲是上涨信号，可以看好其后市。因此，赵先生对该股看多做多并没有错。但赵先生可能性急了一些，这个上升三部曲 K 线图形出现后，还没有被后面的 K 线走势所验证，他就急于加仓，这就有点问题了。赵先生没有想到这根大阳线后，突然出现 1 根大幅低开低走的小阴线，并且小阴线的收盘价已收在大阳线的 1/2 以下处。盘中突然出现这个情况，说明该股前面的上升三部曲看涨信号没有被市场认可。如果我们把后面的 2 根 K 线连起来看，这根大阳线与后面的 1 根小阴线结合在一起，就构成了"身怀六甲"的 K 线图形（见图 1 中说明），身怀六甲是一个见顶信号。

练！练！练！多练出真知，多练出成绩。
练则通，通则明，股市高手是练出来的！

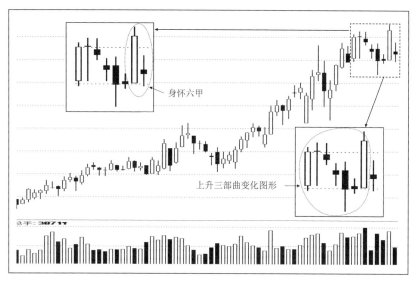

身怀六甲

上升三部曲变化图形

浔兴股份（002098）日 K 线图 图 1

　　赵先生是有经验的老股民，他对身怀六甲的图形很熟悉，一看就知道苗头不对，马上把昨天加仓的股票割肉处理了。另外，他还把手中持有的该股大部分筹码都一起卖掉了。赵先生这种知错就改的态度还是值得大家学习的。接下来，赵先生还要看一看，该股明天的走势如何，所以手里还留了一小部分筹码。赵先生的这个做法，说明他对该股还有点留恋。从情理上说是可以理解的，并且赵先生也作了打算，如果明天该股继续下跌，他就马上止损离场，故而这并不会带来很大的风险。

　　虽然我们一贯主张君子不立危墙之下，若遇到危险境况就应该当机立断，全线卖出离场。但我们同时认为，只要能有效控制风险，对赵先生留一手的做法也不反对。试一试，实在不行就彻底死心了，到这个时候全部清仓出局也为时不迟。这样做，对有些投资者来说心里更容易接受。（注：该股往后走势见下图 2）

好险啊！赵先生总算当机立断，逃得快，从而躲过后面的大跌。否则就会遭受很大的损失。

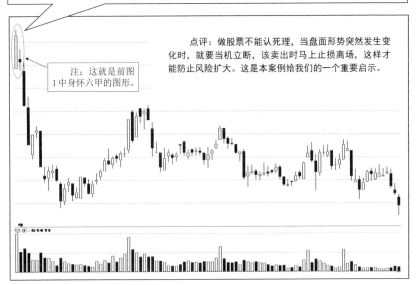

点评：做股票不能认死理，当盘面形势突然发生变化时，就要当机立断，该卖出时马上止损离场，这样才能防止风险扩大。这是本案例给我们的一个重要启示。

注：这就是前图1中身怀六甲的图形。

浔兴股份（002098）日 K 线图 图 2

测验题二、（本题 10 分）

答：这位老法师的观点是对的。老法师说的见顶 K 线是"吊颈线"。吊颈线的特征是：K 线的实体很小（实体可阴可阳），下方拖有一条长长的尾巴。其实，在股价构筑头部时，出现吊颈线的情况并不多见，而这次却频繁出现，一共出现了 4 次（见下图中箭头 A、B、C、D 所指处），这的确不同寻常。吊颈线又俗称为"绞刑线"。试想在股价冲高时，多方 4 次被空方用绞刑线绞杀，那后市当然就危险了。

从技术图形的结构来看，图中画框处该股是一个收敛三角形走势（见下图 1 中说明），最后 1 根 K 线已经跌破收敛三角形下

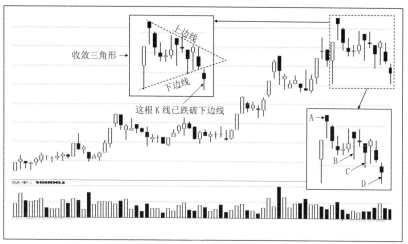

汉威科技（300007）日 K 线图 图 1

边线，技术上确实已向下破位。故而持有该股的投资者应该马上
卖出，规避风险。（注：该股往后走势见下图 2）

从图中看，该股收敛三角形向下破位后，并没有马上出现大跌，第二天、第三天仍可以
从容地卖出。若再不卖出，后面就要遭受大难。

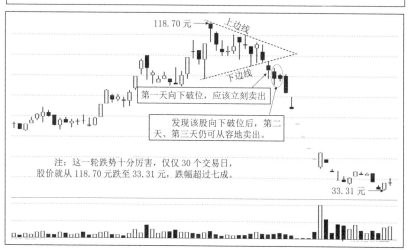

汉威科技（300007）日 K 线图 图 2

测验题三、（本题10分）

答: 高手告诉我们,当时该股送股除权后,出现了贴权行情,股价一路往下,到拉出1根锤头线(见下图1中箭头A),股价跌至9.37元才止跌。锤头线是见底信号,该股见底后,股价并没有涨起来,而是出现了横盘震荡。

高手说,当时,我不知道锤头线这个见底信号是否会被市场认可,股价横盘震荡之后会选择向什么方向突破,所以,我没敢动手。当时我还看了下面MACD的走势,它在往上移动,并且连续出现红柱状线,我心里比划着该股在低位震荡之后多半会选择向上突破的,但毕竟突破信号没有出来,我只能耐心等待,按兵不动。之后盘中出现了1根中阳线(注:见图1中箭头B,当日涨幅达到5.83%),盘口下面的成交量也比平时放大了一倍。我观察到这个情况后心里有数了,在当日尾盘时就先买了一点。这是我设置的第一个买点。我认为这根中阳线是1根往上突破性阳线,它已经完全站在股价震荡的高点上方,正式宣告了当初锤头线见底信号是有效的。

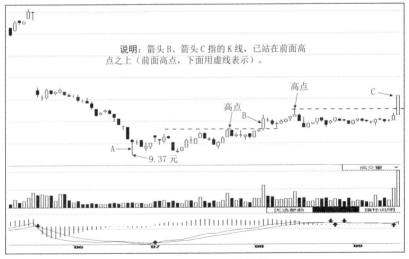

未名医药 (002581) 日K线图 图1

高手说，但主力很狡猾，在拉出了这根中阳线后，股价又陷入盘整状态。因为我不知道主力会不会再把股价往下打进行洗盘，所以该股盘整时，我也只好先耐心观望，等到盘中出现 1 根涨停大阳线（见前图 1 中箭头 C），同时下面的成交量比平时放大了数倍时，我认为这时局势已经明朗。这个地方就是我设置的第二个买点。我认为该股主力是真的在往上做，主力采取涨一涨，然后休息一阵子（进行洗盘）的方法来运作该股。所以在箭头 C 大阳线出来后的当天，股价开始往上拉升时，我第二次大量买进。

之后，我的操作原则是：短线震荡就不管它了，我是看好它的中线走势，只要往后股价回落时高于箭头 C 这根大阳线的开盘价（如跌破这根大阳线的开盘价就止损离场），我就把股票拿着，捂紧股票持股待涨，待中线卖出信号出现后再考虑获利了结。

事实证明，高手当时设置的 2 个买点完全正确，该股后来出现了大涨。

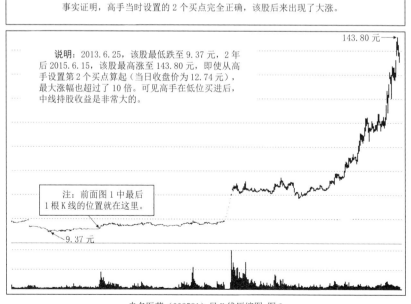

说明：2013.6.25，该股最低跌至 9.37 元，2 年后 2015.6.15，该股最高涨至 143.80 元，即使从高手设置第 2 个买点算起（当日收盘价为 12.74 元），最大涨幅也超过了 10 倍。可见高手在低位买进后，中线持股收益是非常大的。

注：前面图 1 中最后 1 根 K 线的位置就在这里。

143.80 元

9.37 元

未名医药（002581）日 K 线压缩图　图 2

【又及】本书完稿后向读者征求意见时，有读者问：高手选择本题中的股票，2年内股价涨了10多倍。这样的大牛股在股市中很少，属于稀世珍宝，难道靠设置几个买点就能抓到这样的大牛股吗？

关于这个问题，我们在此向大家做一个解释。本书内容是K线训练，因此，怎样通过K线的变化设置好买点，寻找到投资的机会，这是我们做这个练习要达到的目的。今后大家碰到类似的K线图形，就可以举一反三，这对投资者的操作会带来很大帮助。当然，仅仅靠这个技巧就能抓到涨幅数倍，甚至10倍以上的大牛股，显然是不现实的。事实上，投资者要在低位找到一个日后涨幅巨大的潜力股，除了看K线，看技术面，更重要的是要看它的基本面。基本面选股有很多内容：包括国家的产业政策、行业的景气度、公司的经营状况、公司有无核心技术、拳头产品，等等。只有基本面有特别亮色的股票，才能成为市场上的宠儿——大牛股。据了解，高手选择本题中的个股进行重点投资，也是先研究了该股的基本面，然后再在K线图上找买点进行投资的。

也就是说，没有经过对基本面的深入研究，高手是不敢对该股进行重点投资的。但基本面是很复杂的，其数据的真伪，一定要通过K线走势来验证。若K线走势走好了，说明基本面数据向好是真的；若K线走势走坏了，说明基本面数据向好是假的。故而，高手在研究了本题中个股的基本面后，就特别注重该股的K线走势，这就是为什么高手要在图1中精心设置好买点的一个重要原因。

《股市操练大全》丛书有很多册，每一册书都有一个主题。关于如何从基本面上去选股，大家可以重点关注《股市操练大全》特辑与《股市操练大全》第3册、第10册，里面有这方面内容的详细介绍。本书的主题是K线练兵，只能围绕K线做文章，不能再增加基本面选股的内容，如果增加了与K线练兵无关的内容，就会冲淡本书的主题，结果就会变得不伦不类，该说的东西没有说清楚说透，反而会给读者阅读带来不利的影响。

我们希望阅读本书的读者能一步一个脚印，先把 K 线练兵这一关攻下来，然后有时间再去研究如何通过基本面选股，当然，将基本面与技术面结合起来选股，效果会更好些，这一切就看读者怎么选择了。

测验题四 、（本题 5 分）

答：小陆的观点是对的。《股市操练大全》第四册特别提醒我们，做股票"买进要谨慎，卖出要果断"（注：其中的道理，详见《股市操练大全》第四册，第 13 页 – 第 17 页）。虽然现在还不能从图形中识别出"内中有诈"在什么地方，但该股拉出大阳线后出现放量滞涨的现象，这一点大家还是能看明白的。放量滞涨至少说明该股上涨阻力重重，依照"买进要谨慎"的原则，确实不应该盲目跟进，而应该耐心的持币观望，这是预防风险的上乘之道。

测验题五 、（本题 10 分）

答：（接上一题）小陆的观点是对的。至于为什么不能买进，还是请小陆自己来回答。小陆说，虽然股价在低位横盘后突然启动，拉出大阳线放量上攻是看涨的信号。拉出大阳线后没有马上涨上去，先小幅整理，然后再发力上攻，也是一种常见的现象，此时仍然可以对其看多做多。但从操作层面上看，真正要对他看多做多是有前提的。这个前提是，K 线图形上出现的应该是正常的上涨后的整理信号，而不是见顶的信号。但图中的股票，拉出大阳线后，K 线图上却频频出现见顶信号，这就值得警惕了。

比如，上一道测验题（即测验题四）图中最后 3 根 K 线，连起来看就是一个"尽头线"K线组合（见下图1中箭头A指的画圈处）。尽头线是见顶信号，而且下面是放出巨量的，我怀疑这是主力利用大阳线进行诱多，拉高出货。所以，我当时就建议大家不要盲目跟进，应该耐心持币观望。

小陆说，有人寄希望于大阳线之后，股价在大阳线上方经过短期小幅盘整后再次向上，但实际上的走势并非如大家所想的那样。该股在拉出大阳线后的第6个交易日，K线图上又出现了1根"射击之星"（见下图1中箭头B指的K线），射击之星是见顶信号。在射击之星后接着又出现了2根阴线。那么，连同射击之星这根阴线，就构成了一个"下跌三连阴"（见下图1中箭头C指的画圈处）的K线组合，这又是一个看跌信号。

更让我感到担心的是，今天这根小阴线（指下图1中最后1根K线）下影线的最低价（14.05元），已经击穿了大阳线的开盘价（14.09元），这是一个很不好的预兆。从成交量方面看，自拉出前面大阳线开始，成交量暴增，但股价重心在下移，量升价跌，说明主力在借大阳线作掩护，不断地向外出货。

同方股份（600100）日K线图 图1

小陆说，综合上面分析，我认为主力一旦拉高出货任务实现后，就会向下砸盘，届时股价将会出现大跌。所以，现在不是什么看多做多的时候，而是持有该股的投资者赶紧卖出的时候，卖得越早，损失越小（注：该股往后走势见下图2）。

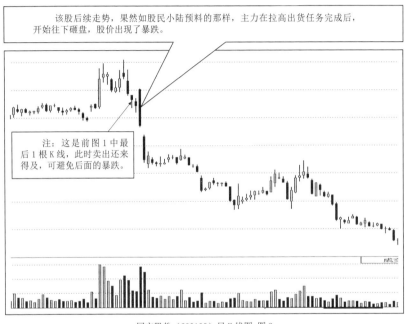

该股后续走势，果然如股民小陆预料的那样，主力在拉高出货任务完成后，开始往下砸盘，股价出现了暴跌。

注：这是前图1中最后1根K线，此时卖出还来得及，可避免后面的暴跌。

同方股份（600100）日K线图 图2

测验题六、（本题15分）

答： 老顾这样做虽有风险，但机会更大。若老顾在买进时就设好止损点，比如跌破 xx 点就卖出，那么风险总体上就是可控的。为什么说老顾这样做机会更大呢？因为老顾发现，该股在低位出现两个不寻常的现象。第一，股价跌至下方的最低价格是 9.88 元，"88"是一个神秘数字【注】。低位出现"88"这个神秘数字，很

【注】关于神秘数字的知识与相关实例，详见《股市操练大全》特辑第 441 页 - 第 449 页。

可能是主力锁定底部的一个信号。第二，股价在低位出现了"烟斗式大阳线"的图形（见图1、图2），其图形构造的特征是：先是缩量小阴小阳线（含小十字线）一路向下，然后1根放量大阳线拔地而起，将前面这一连串向下的小K线全部吞没。老顾说，这种烟斗式大阳线图形出现在低位，预示着股价见底，并有可能展开一轮大的上升行情。

烟斗式大阳线示意图

图1

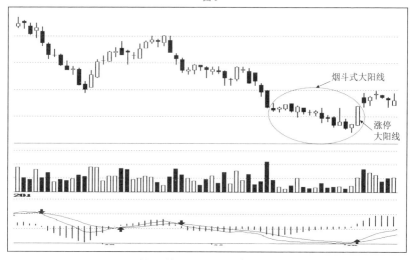

银江股份（300020）日K线图 图2

另外，该股跌至低位时先是成交量不断萎缩，然后再逐渐放量，这也符合股价见底时成交量的特征。从MACD方面也可以看出，股价落地时MACD已在低位出现金叉并开始往上运行，红柱状线不断出现。这些现象都说明盘中做多力量在积聚，空方力量在锐减。这也是老顾敢于积极做多，敢于面对该股重仓的一个重要因素。

功夫不负有心人。老顾认真研究后重仓该股，一路持股待涨，最后赚得钵满盆满。（注：该股往后走势见下图3）

老顾押宝押对了，那两个让他特别兴奋的地方，确实给他带来了非凡的收益。仅仅过了2年半时间，该股最高涨至91.99元，从9.88元涨至91.99元，最大涨幅达到831.07%。

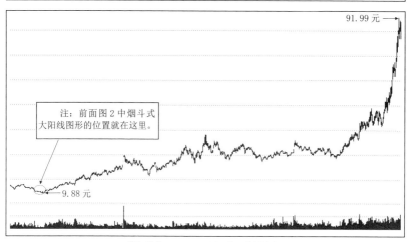

注：前面图2中烟斗式大阳线图形的位置就在这里。

91.99元

9.88元

银江股份（300020）日K线压缩图 图3

【又及】本书完稿后向外征求意见时，有人提出"烟斗式大阳线"图形还是第一次听说，它竟然有如此大的后劲，真的让人很吃惊。并询问在这方面还能举出什么实例，让大家瞧瞧长点见识。

收到读者信息反馈后，我们将意见转达给当事人老顾。老顾再次强调说，在股市中低位出现烟斗式大阳线的情况很少见到，但是一旦出现了，就要引起大家的高度重视，因为这可能会给大家带来较大的投资机会，老顾又为我们举了一个实例（见下页图4）。从图中看，该股跌至低位时，出现了一个很清晰的烟斗式大阳线图形，这为一些有眼光的投资者提供了一个很大的投资机会。

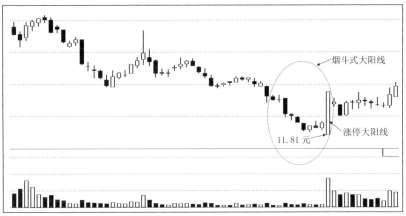

同花顺（300033）日K线图 图4

据了解，该股出现烟斗式大阳线的日期是2012年12月11日，当日股价以涨停收盘，下面放出巨量，其收盘价是13.53元，之后仅仅用了2年半时间，股价最高已涨至181.87元。若将其送股都算在里面，按照复权价计算最大涨幅接近40倍。（注：该股往后走势见下图5）

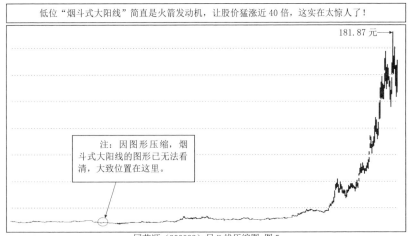

同花顺（300033）日K线压缩图 图5

可见，低位烟斗式大阳线蕴含重大的投资机会，这并不是一个空洞的概念，投资者应对它高度关注、高度重视。当然，需要注意的是，烟斗式大阳线图形有时也会面临失败的风险，比如，万一日后股价回调时跌破了大阳线的开盘价，此时就不能再看多做多，而要及时止损离场，规避风险。

测验题七 、（本题10分）

答：我同意第一种观点。从K线走势上分析，这确实是新一轮上升行情开启的标志。为什么这样说呢？

① 总体上看，该股近1个月来的K线走势，构造了1个大的多方尖兵的K线图形。当然从严格意义上说，它不是标准的多方尖兵，而是多方尖兵的变化图形（见下图1中画框处）。多方尖兵图形的一个主要特征是：大阳线或中阳线上方有1根较长的上影线，而下图1中箭头A、B指的2根K线，若合起来就类似

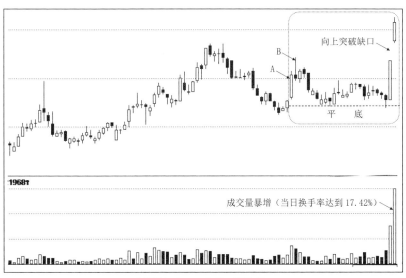

中油资本（000617）日K线图 图1

大阳线的上方拉出了 1 根较长的上影线。多方尖兵另一个主要特征是，后面出来的大阳线已将前面的上影线全部覆盖，而这一点该图形也做到了，图中最后 1 根 K 线已把前面的上影线踩在脚下。这样，这个多方尖兵的图形就成立了。多方尖兵是一个强烈的看涨信号，所以投资者对该股可积极看多做多。

②该股在构造多方尖兵时，又构造了一个平底的 K 线组合（见上页图 1 中画虚线处），平底也是一个重要的助涨信号。

③图 1 中最后 2 根 K 线之间有一个缺口。这个缺口技术上称为向上突破缺口，它是一个非常重要的看多做多信号。若这个缺口 3 天内没有被回补，说明多方处于强势，会刺激股价向上攀升。

④确实，该股出现最后 1 根 K 线时，当日换手率达到 17.42%，出现了几年来的最大成交量，把它视为天量也未尝不可。但这个天量出现在向上突破的关口，这表明盘中做多能量集中爆发，它有利于多方攻关成功，这不能视为主力拉高出货。一般来说，股价大涨之后出现天量，才可以怀疑主力在拉高出货，而在上涨攻关时放出天量，就要具体情况作具体分析了。因为有时候上档压力太大，多方若要攻关就要花大力气，此时，成交量就会急剧放大。这样就不应该怀疑主力在诱多，相反，若攻关时成交量不放出，倒是要当心主力在忽悠大家，搞假突破。当然也有一种情况，放巨量攻关暂时获得成功，但后面却出现股价滞涨，甚至出现大阴线并将向上缺口封闭的现象，那就要警惕主力在玩弄什么阴谋诡计，一旦出现这种现象就不宜再看多做多。但这种情况现在还没有发生，这时就用不着多猜疑。多猜疑的结果是，在该看涨时都不敢看涨了，这样就会错过一些极佳的投资机会。

面对该股现在的走势，投资者操作时可作好两手准备。第一，现在即可试着买入，若股价重心继续向上，3 天后股价仍坚定地站在缺口上方，说明这个向上缺口突破有效性已被市场认可，此时可积极加仓跟进。第二，万一出现缺口被补的现象，就暂时先

退出。若缺口回补时股价出现放量下跌的现象，此时就应该坚决止损离场。（注：该股往后走势见下图2）

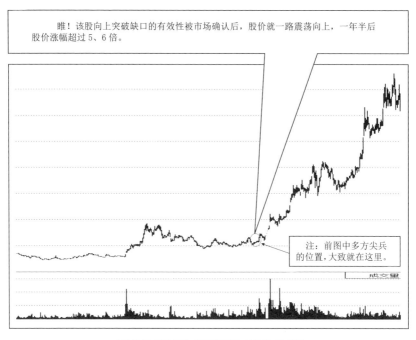

睢！该股向上突破缺口的有效性被市场确认后，股价就一路震荡向上，一年半后股价涨幅超过5、6倍。

注：前图中多方尖兵的位置，大致就在这里。

中油资本（000617）日K线压缩（复权）图 图2

测验题八、（本题15分）

答：老丁这样做是对的。老丁叫大家看看该股上市以来的大阳线的表现是有道理的。从图中看，该股在这轮上涨行情中，总共出现过6根有力度的大阳线（见下图1箭头A、B、C、D、E、F所指处）。前5根大阳线表现很好，第二天的K线收盘价都是高于大阳线收盘价的。但最后1根大阳线（见图1箭头F所指处）出来后，第二天K线的收盘价不仅没有高于大阳线的收盘价，连大阳线的开盘价都被跌穿了。老丁感到这是一个很严重的问题。老丁说，大阳线的开盘价第二天就被击穿，说明没有多少人在积极跟进了。这样的话，这个次新股的处境就非常危险。因为新股、次新股一旦涨高了，无人再积极跟进做多，就必然会引起股价下跌。老丁又说，再从下面的成交量与MACD的走势看，股价的上行走势与成交量、MACD的走势呈现顶背离状态（见下图1说明）。这也证明在这个时候，该股上升动力已经严重不足，随时随地都可能见顶回落。所以今天收盘前，我把该股的大部分股票卖掉了。

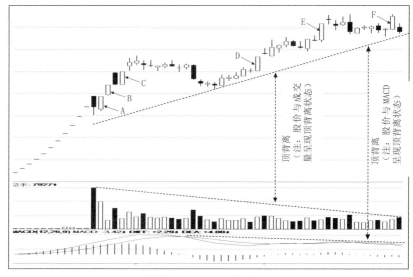

吉比特（603444）日K线图 图1

那么既然如此，为什么老丁今天不把这个股票全部卖掉，还留了一点呢？或许是老丁对该股仍有一点幻想，看看明天该股能否出现绝地逢生，峰回路转的走势。

老丁告诉我们，如果明天该股高开高走，收盘又创出新高，说明今天的下跌是主力搞的一个假摔动作。这样就可以判断主力还在继续推高股价。但即便如此，该股技术指标上已出现顶背离状态，致使股价再继续大涨已不可能，主力很快要撤退了。因此，

在行情快要近尾声时，自己最多只能留少量筹码陪主力玩玩，留多了就有危险。（注：该股往后走势见下图2）

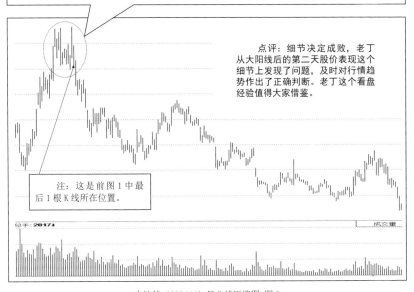

老丁的判断是对的，该股呈现顶背离状态后出现了一个头部（见图中画圈处）。在他卖出的第二天，盘中就收了1根大阴线，接着老丁把手中剩余的股票都卖了。之后，该股出现了持续性的下跌。

点评：细节决定成败，老丁从大阳线后的第二天股价表现这个细节上发现了问题，及时对行情趋势作出了正确判断。老丁这个看盘经验值得大家借鉴。

注：这是前图1中最后1根K线所在位置。

总手：20171   成交量

吉比特（603444）日K线压缩图 图2

测验题九、（本题10分）

答：图中两个画框处都是"早晨十字星"K线组合，早晨十字星是重要的见底信号。那么，既然是重要的见底信号，为什么图中左上方的早晨十字星出现后，股价略有抬高随后就掉头向下，把见到早晨十字星信号买进的投资者都套住了呢？其实原因很简单，因为任何见底信号是否有效，都要靠市场验证。若后面的K线走势不涨反跌，说明这个见底信号没有得到市场认可，买进吃套就不可避免。

我们要思考的问题是：图中出现的第二个早晨十字星是不是见底信号，它会不会重蹈前面早晨十字星失败的覆辙呢？虽然现在还不能确定，但有一个好的迹象是，这次股价在冲高时逢低买盘积极，成交量有所放大，而股价再次回落受阻时，成交量却不断地萎缩，卖盘压力较轻。这种量价状态，预示着股价有可能会很快止跌。

　　从技术层面上来说，只要股价回落不创新低，就不能判断这个早晨十字星见底信号失效了，现在该股股价冲高回落的幅度还在合理范围之内，技术上把它称之为股价向上突破后的回踩。回踩在股市中很普遍，大部分个股在新一轮行情启动初期都会出现这种现象，因此大家对这种现象也不必过于担心。

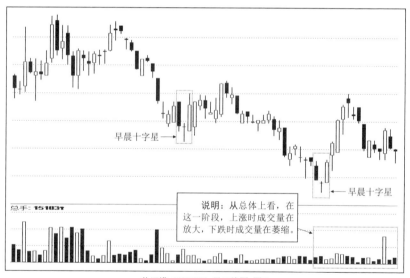

盐田港（000088）日 K 线图 图 1

　　我们在此可以作一个假设，如果股价真的在这里止跌回升，那就说明该股继续向上的动力仍在，第二个早晨十字星的见底信号市场是认可的，此时，投资者就不能再看空做空了，而应该采取看多做多策略。

有鉴于此，我们建议在目前的形势下，持股和持币的投资者都应该以静制动，耐心观望，等待后面的走势出来后再作决策。比如，若后面股价止跌回升了，持币的投资者可以积极跟进，持股的投资者则可以继续持股待涨。但是，如果发生以下情况就要当心了。比如，股价再继续下跌，并跌破了前面的低点，特别是出现放量下挫的现象，那就应该坚决止损离场。因为一旦股价创了新低，随后就会出现大跌。（注：该股往后走势见下图2）

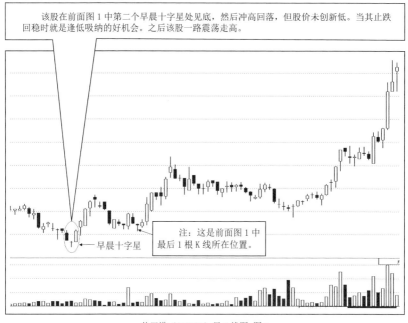

　　该股在前面图1中第二个早晨十字星处见底，然后冲高回落，但股价未创新低。当其止跌回稳时就是逢低吸纳的好机会。之后该股一路震荡走高。

早晨十字星

注：这是前面图1中最后1根K线所在位置。

盐田港（000088）日K线图 图2

测验题十、（本题10分）

　　答：这样操作是要冒很大风险的。道理是：虽然下跌途中出现锤头线（见下图箭头所指处）是见底信号，但这个见底信号只有被后面K线走势验证后才能确认。说白了，这根锤头线信号出来后，至少要看几天才能作出正确判断，而现在一天都没有看到就作出该股见底的结论，并急着明天一早杀进去抄底。这是一种盲目的投资行为，弄不好就要为此付出代价。

冠福股份（002102）日K线图　图1

　　果然，该股拉出锤头线的第二天就被1根大阴线打了回去。这说明市场并不认可这根锤头线是见底信号。这样见到锤头线第二天一早杀进去抄底的人，就被套在半山腰了。（注：该股往后走势见下图2）

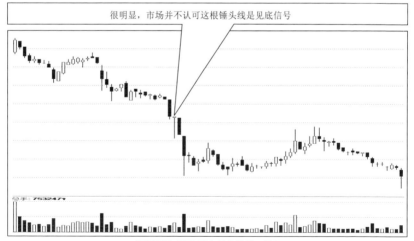

冠福股份（002102）日K线图　图2

答：这个观点是错误的。虽然图中这根大阴线特别长，挺吓人的，但也不能肯定股价在此见顶了，必须卖出。因为这根大阴线所显示的见顶信号同样需要后面的 K 线来验证。若否认这一点，说不定就要犯大错。

沃华医药（002107）日 K 线图　图 1

事实也是这样，看到盘中出现大阴线就马上判断它是见顶信号的人，最终被证明是错的。从该股的后续走势中（见下图 2），我们发现，上面图 1 中出现的那根大阴线并不是见顶信号，而是主力用它来进行强烈洗盘的信号。一些看到这根大阴线卖出的投资者上当了，他们把低位筹码卖给了主力。这个案例告诉我们，任何见顶信号出现，最后市场是否认可，都需要经过后面的 K 线走势来验证。

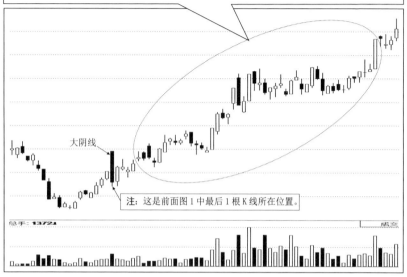

瞧！前面图 1 中最后 1 根大阴线是主力用来强行洗盘的。那天这根大阴线的收盘价是 18.41 元，半年后股价就涨至 51 元。如果当时有人看到大阴线后卖出，就错失了一段很大的上涨行情，这太可惜了。

大阴线

注：这是前面图 1 中最后 1 根 K 线所在位置。

总手：13721

成交

沃华医药（002107）日 K 线图　图 2

【又及】　本书完稿后向外征求意见时，有人问，那么今后看到大阴线先不卖出，等到被后面 K 线走势验证了再卖出，你们是不是这个意思？对读者提出的这个问题，我们在此做一些解释，避免大家误解。

虽然从理论上说，任何见顶信号都需要通过后面的 K 线验证才能被确认，但对大阴线这个见顶信号的验证，确实是一个两难的问题。何谓两难呢？因为如果不验证，看到大阴线就卖出，一旦碰到类似前面图 1 的情况，就中了主力洗盘的圈套，甚至会因此踏空后面的飙升行情，与黑马失之交臂，这是挺可惜的。不过话说回来，如果大阴线出现后，一定要等到验证后再卖出，也常常会碰到下面这样的情况，而这根大阴线真的是见顶信号，在大阴线后会出现接连下跌，甚至出现狂泻的现象。卖晚一步损失就很大，极端的情况会发生在大阴线见顶后，接下来就是连续跌停。一旦碰到连续跌停，即使想卖也卖不掉，这样就麻烦了，投资损失将难以估计。所以看到大阴线究竟是卖出好，还是等到后面的K线验证后再卖出好？使很多投资者感到左右为难，举棋不定。

对这个两难的问题，投资者究竟应该怎么处理才恰当呢？这里教大家一个方法，可以试试。方法是：一看位置，二看成交量，三看历史数据。

一看位置。如果大阴线出现的位置比较低，比如股价上涨初期出现的大阴线（如图1中的大阴线），有可能是主力在用大阴线进行强行洗盘；而股价大涨后出现的大阴线，则很有可能就是主力高位出货所致。所以，对在股价大涨后出现的大阴线要高度警惕，为了预防风险，投资者可先行卖出。而对在低位出现的大阴线，投资者可耐心观察几天后再做决断。

二看成交量。在大阴线出现时，投资者要仔细观察下面成交量的情况。若量小，则可观察几天再说；若量大，特别是放出巨量，则应警惕主力在出货。因为从经验上说，如果是主力用大阴线进行洗盘，成交量一般很小。但是盘中放出巨量，则多半表明主力在甩货了。此时，就应该卖出或至少卖出一部分筹码。

三看历史数据。历史往往会重复，在股市里这种情况经常见到。比如某股历史上，一旦出现大阴线后面就是大跌的，这种现象已发生过多次，那么现在出现大阴线，主力出货的可能性就很大；反之，某股历史上，经常出现用大阴线强行洗盘的情况，那么现在出现的大阴线，也要怀疑主力是不是在用它进行强行洗盘。

总之，投资者可以多观察、多比较，我们相信这个问题还是可以得到解决的。若实在无法确定其真伪，还可以采取一个折中办法，遇到盘中出现大阴线，不管后面是否被验证，先卖出一半筹码，留一半筹码在手里，然后观察两天后再做决断。

测验题十二、（本题 25 分）

答：1. 小姜在判断该股走势上出现大的失误，其主要原因是对 K 线知识一知半解，不懂装懂才酿成大错，小姜的错误给自己与周围的人造成了重大的亏损，这让人感到十分惋惜。那么，小姜对 K 线的一知半解、不懂装懂表现在什么地方呢？比如，《股市操练大全》第一册在介绍"连续跳空三阴线"这个 K 线概念时说得很清楚，连续跳空三阴线只有出现在下跌趋势中，它才是见底信号。所谓下跌趋势，就是说股价已经跌了一阵子，下跌的格局已经确立。此时再来个连续跳空三阴线，做空的能量得到 1 次集中释放，股价出现了加速下跌的现象，按照"物极必反"的原理，这个加速下行有可能是在加速赶底，所以，这个时候出现的连续跳空三阴线，会被业内人士看成是见底信号。但即便如此，这个见底信号能否成立，还需要通过市场验证。如果市场验证后通过了，才能确认它是见底信号；如果市场验证后没有通过，它就不是见底信号。

按照技术规则，连续跳空三阴线的见底信号若要通过市场验证，至少要达到两个"3"要求，即连续 3 天股价要站在连续跳空三阴线最后 1 根阴线的收盘价之上，并且股价上涨的幅度不低于最后 1 根阴线收盘价的 3%。当然，这仅仅是技术上的一个初步要求。按照 K 线理论，若连续跳空三阴线真的是见底信号，就要求在以后一段时期内股价重心必须上移，K 线排列上阳线一定要多于阴线，并且要求在上涨途中能出现 1 根带量的有力度的阳线，等等。

显然，小姜对这些 K 线基本知识与技术规则都不清楚。使人惊讶的是，小姜在不清楚的情况下，竟然妄言该股见顶初期出现的连续跳空三阴线是见底信号，这是不是太滑稽可笑了？真可谓越无知越胆大，越胆大祸就闯得越大，小姜当时的情况就是这样。

小姜对 K 线知识的无知，还表现在他对该股后面 K 线图形的误读、误认上。比如，本题图2中最后5根K线走势，小姜认为这个图形是假跌。事实上，这个K线图形是一个杀伤力很厉害的高位"身怀六甲"的K线组合图形。盘中出现这样的K线组合图形，预示着日后股价仍然要继续下跌。但很可惜，小姜对高位身怀六甲的K线组合图形并不认识，所以他才作出了错判。小姜对K线图形的无知与误认，不仅害了自己，也害了听他建议的一帮朋友，这个错误的后果是很严重的。

2. 小姜不仅对K线走势出现了误认、误判，在实际操作上也出现了严重的错误。小姜自己说，他因为看好本题图中股票的后市，所以该股成了他的第一大重仓股。从小姜的操作行为看，他重仓一个股票是很随意的，这可能是一个致命的错误。因为重仓股对投资者收益影响非常大，若做对了，可以让自己资金迅速膨胀起来，做强做大；若做错了，可以让自己资金极度缩水，亏得惨不忍睹。故而成熟的投资者在选择重仓股时特别谨慎，一般都是要经过反复调查研究，在确定选择股票基本面、技术面都没有问题后，并且未来行业的发展愿景可期待的情况下，才会对它进行重仓。但小姜这些工作都没有做，仅凭自己对某一个K线信号的误判就重仓了，这样选择重仓股的方式也太轻率了。正是这个轻率的举动让他在后面为此付出了沉重的代价。

另外，作为有经验的投资者在重仓股操作中也特别谨慎，分批买入是一个必须遵守的纪律。一般都是先第一批小量试买，等形势明朗，股价上升趋势确立后才可加仓。但可惜的是，小姜在该股上涨趋势还没有显现出来时，就急不可耐的对它重仓了。除此之外，小姜在操作上还犯了一个致命的错误，即亏损了用硬拖、死扛的办法来应对。作为一个成熟的投资者必须懂得，重仓股一旦操作失误，出现亏损就不能拖，要及时止损，不止损的后果是非常严重的。就拿该股来说，如果不止损一直拖下去，损失就难以估计。其实，止损的重要性就如同开车需要刹车的道理是一样的。如一辆高速疾驶的车子没有刹车，碰到障碍物只能撞上去，直撞得车毁人亡。做股票也是这样，一旦股价形成下跌趋势，若不会止损，持股者也一定会跌得人仰马翻，亏得一塌糊涂。非常遗憾的是，在该股出现明显的下跌趋势，图中不断发出卖出信号时，我们自始至终没有听到小姜有什么止损打算，而是一直扛着，听凭股价持续下跌。小姜这种操作方式是对自己的投资极不负责任的最糟糕的操作。大量事实证明，采取这样操作方式的投资者，迟早会被股市淘汰出局。

3. 该案例带给我们什么深刻的启示呢？

启示一：掌握炒股技巧不是轻而易举的事情，只有经过长期艰苦的学习，潜心琢磨、积累，并通过实践的磨练，才能走向胜利的彼岸。小姜以为参加一次股市培训班学习就可以掌握好炒股技巧了，这种想法是很幼稚的。据了解，现在市场上的股市培训班层出不穷，但大多数教育质量低下，让人担忧。说白了，这些股市培训班并不能帮助投资者实现股市赢家的梦想。大家可以想象一下，一个所谓的高级股市培训班，学习的时间仅一周，最多几周就结束了，整个上课时间一般不超过 30 个小时。这么短的时间就能培训出一个操盘高手，这可能吗？如果可能，那么在股市里赚钱也就太容易了。更何况有很多股市培训班都是临时拼凑而成的，说是股市培训，其实就像一个股评报告会。真正能让投资者学到的东西并不多，但学费却很昂贵，少则参加一期股市培训班要几千元，多则就要几万元。它的效果究竟怎么样？其实只要问问参加过这些股市培训班的投资者就知道了，在课堂上讲的那些东西，股票书上都可以找到。一些真正想学习股市操作技巧的投资者，何必舍近求远，对市场上一些很容易买到的，优秀的、实用的股票书视而不见，不去认真地学习研究，而非要用高昂的学费，跑老远去参加一些质次价高的股市培训班呢？两者一对照，性价比谁优谁劣就显现出来了。前者看书学习只是几十元、几百元的事。比如《股市操练大全》整套十册书，书价只有 300 多元，而到股市培训班随便听上一节课就要几百元、上千元,这值得吗？本题主角小姜认为，报名参加股市培训班，付了高昂的学费是值得的。但事实怎样呢？小姜的这次糟糕操作已经充分说明了这个问题。

通过这个案例，我们可以得出一个结论，学习股市操练技巧并不是轻而易举的。投资者只有静下心来，通过长期艰苦的学习、研究，积累，并能在实践中反复磨练，最后才能成为一个合格的股市操作赢家。

启示二：学习股市操作技巧必须学练结合。坚持学中练，练中学，多做有针对性的练习，才能取得积极的效果。从表面上看，学习炒股技巧并不复杂，似乎很简单，其实它的实质内涵是很深奥的。投资者只有在实践中反复磨练，才能真正理解它。所以学习股票知识与股市操作技巧一定要强调学练结合，多做练习。如果投资者只是纯粹的看了一些股票知识方面的书，就开始做股票，失败的风险会很大。

也正因为如此，《股市操练大全》丛书一直坚持学练结合的理念，几乎每本书都为读者设计了大量股市实战练习题。比如，本书就围绕 K 线实战这个主题设计了 100 多道有关 K 线方面的练习，其目的就是想通过这些有针对性的练习，来发现 K 线运用过程中出现的各种问题，及时加以解决，并就此让大家积累一些有用的经验。实践证明，有了这样的经历，投资者真的进入实战阶段，就会在操作上减少很多失误，少走很多弯路。试想，如果小姜当初在出战前做过这方面的练习，对于盘中出现的一些异常情况就会有所警觉，这样就不至于犯下这么严重的错误。这是本案给我们的又一个重要启示。

当然股市操练的方法很多，本书的测验练习只是其中的一种，还有很多操练方法等待大家去发掘。但不管怎么说，大家一定要记住学习股市操作技巧，一定要学练结合，多做练习。因为在股市里有一条规律是不变的，即"练则通，通则赢，股市高手是练出来的"。

启示三：学以致用，严格执行股市操作纪律，是投资者避免风险，获得投资收益的坚强保证。小姜操作的失败，一个重要原因就是没有贯彻学以致用的原则。小姜所学的东西多半是中看不中用的花架子，在实战上不仅派不上用场，反而会给自己的投资带来很多麻烦。这是我们应该从小姜案例中吸取的一个教训。另外还有一条也很重要，做股票一定要遵守"打得赢就打，打不赢就走"的操作原则。通常，在股市里能打赢总有它的道理，打不赢也有它的理由。因此，打得赢的时候，投资者可以看多做多持股待涨；若打不赢，特别是持续打不赢的时候，投资者就要及时反省，止损离场。这是一条很重要的操作原则，只有这样才能有效地控制风险，投资者要把它作为一条纪律严格执行。像本题中的小姜在持续打不赢的情况下仍然执迷不悟，死扛着不卖出，这就很不对了。若小姜能执行"打得赢就打，打不赢就走"的纪律，就能将风险控制在一定范围内，不至于一路深套，输得鼻青眼肿（见下图）。因此，对小姜这个错误的教训，大家一定要铭记在心，尽量避免再犯小姜同样的错误。（注：该股往后走势见下图）

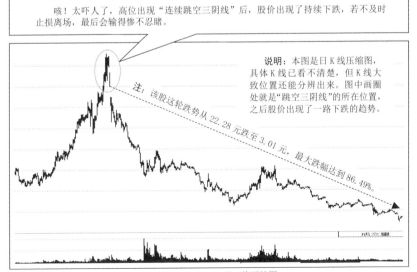

咳！太吓人了，高位出现"连续跳空三阴线"后，股价出现了持续下跌，若不及时止损离场，最后会输得惨不忍睹。

说明：本图是日K线压缩图，具体K线已看不清楚，但K线大致位置还能分辨出来。图中画圈处就是"跳空三阴线"的所在位置，之后股价出现了一路下跌的趋势。

注：该股这轮跌势从22.28元跌至3.01元，最大跌幅达到86.49%。

红阳能源（600758）日K线压缩图

K 线练兵 ⑫ 试卷

——K 线实战技巧运用测验题之九

姓名：_____ 分数：_____

测验题一、某天，股民小孙指着下面这张图对大家说，我仔细观察了图中的走势，今天该股放量拉出 1 根中阳线，这是该股见底回升的第三买点，也是稳健型投资者进场的最佳机会。

请问：小孙说的对吗？如果今天是第三买点，那么第一买点、第二买点又在什么地方呢？设置这些买点的理由是什么？（本题10 分）

测验题二、某天，一位老法师说，该股即将启动一轮大行情。理由是：图中画圈处是一个K线重要的底部信号"塔形底"。该信号出现后股价先冲高再小幅回落，这几天形成横盘走势，表明短期调整已经结束。图中最后出现的3根小阳线，说明该股即将开启上升之旅。另外从整个图形看，该股低位形成了一个大双底。总之，现在正是对该股逢低吸纳的机会。

请问：老法师的观点对不对？当下应该怎么操作？（本题10分）

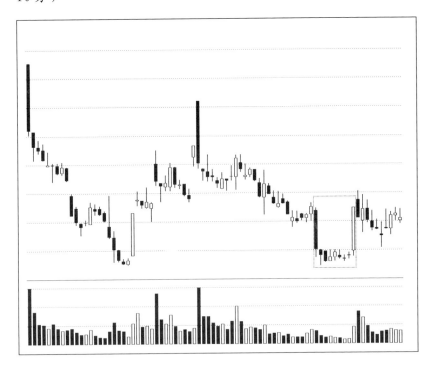

测验题三、张先生是一位老股民，他擅长技术分析，喜欢做短线。某天，张先生在下图中的个股低位向上突破时买进（见图中箭头A），他以为股价会继续上涨，但没有想到该股在图中画

框处出现了一个"塔形顶"。塔形顶是看跌信号，为了规避风险他把股票卖掉了（见图中箭头B）。与此同时，张先生还规劝一些在该股高位吃套的股友把它卖了，并告诉他们，塔形顶出现后股价会下一个台阶，等股价下跌后再把它买回来，这样可以降低持股成本，减少一些损失。但出乎张先生的意料，该股在出现塔形顶后股价不跌反涨，最后使他错过了一次短线投资机会。而且让那些原本在高位深套，现在又跟着他在低位割肉的股友损失惨重，使他感到挺对不起这些股友的。

　　请问：张先生按照技术分析在塔形顶出现后卖出，为什么会错了呢？其原因是什么？（本题10分）

　　测验题四、仔细观察下图，然后回答问题。下图中倒数第8根K线是1根涨停大阳线。

　　请问：它扮演了一个什么角色？你对该股后市怎么判断的？

具体应该怎么操作？该案例给我们带来了什么启示？（本题10分）

测验题五、某天收盘后，一位分析师指着下图说，该股下跌走完了标准的 A、B、C 下跌 3 浪（见图中画虚线处）。前天出现了 1 根长 T 字线（见图中箭头 A），探明了该股底部。昨天、今天以小阳、小阴收盘，股价不再创新低。现在正是对该股抄底的好时机。今天我已建议一些投资者买进，明天还可以继续跟进。

请问：这位分析师观点是否正确？现在究竟能不能买进呢？理由是什么？（本题10分）

测验题六、股民小芳很看好下图中的股票，该股送股除权后一直处于横盘状态，小芳在该股横盘时买了一些。今天该股突然高开低走，尾盘封死在跌停板上，最后收了1根大阴线。小芳觉得既然股价一下子跌了很多，明天正好趁机补一点仓。

请问：这根大阴线将前面的阳线全部覆盖了，这是一个什么样的K线图形，面对这样的K线走势，小芳能不能补仓？（本题5分）

测验题七、（接上题）一个月后，该股形成了下图中的走势。前面小芳听了高手的建议，没有补仓，不过这次她又想补仓了。

请问：你认为小芳现在能补仓吗？若能补仓操作上要注意一些什么问题？（本题10分）

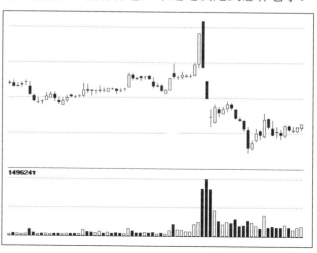

测验题八、（接上题）2个月以后，该股出现了下图中的走势。从图中看，该股在低位企稳筑底后，就逐步往上爬升。至此，我们可以明白了，前期股价大跌是主力的砸盘建仓行为所致。当下，主力建仓任务完成后，开始推动股价上行。

请问：现在该股在低位构筑了一个什么样的技术图形走势？如果这个走势成立，第一买点，第二买点应该设在何处？（本题10分）

测验题九、朱女士是一位资深股民，平时操作很谨慎，前一阵子她买了一个股票（见图1）。据了解，朱女士是在对该股作了反复考察后买进的，为此她当时还特地写了一份操作计划书，里面有买进的股票名称、数量以及买进的理由。买进的理由如下：

① 该股从高位跌下来，股价被腰斩，技术上出现了超卖。

② 该股回落的第一个低点是8.40元，然后出现了一轮反弹，反弹结束后又再次回落，第二个低点是8.60元，位置比前一个低点高。底部抬高是看涨信号。

③ 第二个低点见底时，先是1根大阳线（见图1中箭头A），覆盖了前面2根阴线，从而形成了底部穿头破脚的图形。之后仅隔了一天，又出现了1根螺旋桨K线（见图1中箭头B），并且它的下影线与前面大阳线的下影线处于同一水平线上，从而又构成了一个平底K线图形。底部穿头破脚、低位螺旋桨K线、平底

都是见底信号。

④第二个低点的底部信号出来后，虽然股价在低位上下震荡，但股价的重心在向上移动。

⑤下面 MACD 走势良好。比如 MACD 在低位出现过两次黄金交叉，且低点在抬高。另外，MACD 的 0 轴上红柱状线在增多，这些都是看涨信号。

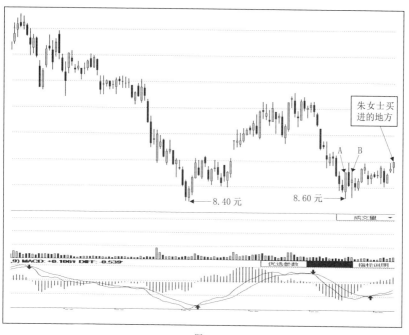

图 1

朱女士认为该股有这么多看多做多的理由，在此买进总不会有什么问题吧。但出乎她意料的是，她买进该股后股价并没有涨上去，而是出现了回落整理的走势（见图 2）。面对该股现在不温不火的走势，朱女士一下子没有了主意，因为她不知道能不能继续看好该股？究竟应该是走还是留呢？让朱女士很难作出抉择。

请问：你是如何评价朱女士买进该股理由的？面对该股现在这样的走势，你认为朱女士下一步应该怎么操作？（本题15分）

图2

测验题十、某天，一位老股民指着下面的一张图说，该股做空能量耗尽，多方已开始绝地反击。他提醒周围股民，现在股价已往上突破，大家可以对它抄底了。但这位老股民的建议很多人并不认可，因为该股前期出现阴线密集下杀的现象，当下该股只是暂时止跌而已，空方会不会再次砸盘不得而知，怎么能说该股做空能量耗尽，多方已开始绝地反击了呢？虽然今天出现的是1根中阳线，但并未跃过这股价的近期高点，凭什么说它已经向上突破了呢？

请问：看了双方的意见后，你认为谁的观点正确？（本题 5 分）

测验题十一、（接上题）一个月后，上图出现了以下的走势。针对该走势，老股民与周围的一些投资者又展开了一番争论。反对老股民观点的人认为，虽然该股短期内出现了上涨，但这仅仅是技术上超跌后出现的一轮反弹行情而已，现在反弹已经结束。下图中最后出现的 3 根阴线是空方打压的开始，之后空方打压的力度还会加大，持有该股的投资者应抓紧机会逢高减仓。而老股民仍坚持看多做多的态度，认为后面这 3 根阴线是上涨途中的正常回调，不存在空方打压力度还会加大的问题。老股民建议大家，面对该股的走势，持有该股的投资者可继续持股待涨，持币的投资者可积极逢低吸纳。

请问：现在你认为谁的观点正确？请详细诉说理由。（本题20分）

测验题十二、下面先回放一个实战场景，然后根据要求回答问题。

【事件回放】图1中的股票是个热门股。当时股价上涨的势头十分强劲，随着股价上涨，成交量也节节攀高，不料这天盘中突然收了1根大阴线。老股民甲认为，该股这时候出现大阴线是因为股价上冲过猛所致，无碍大局，短期回调也很正常，现在收阴正是进场的良机。但老股民乙并不认同，他认为应该看一看再说。

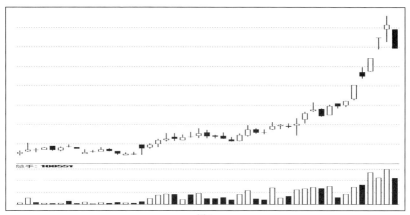

图1

【半个月后】该股出现如下走势（见图2）。面对该股疲弱的状况，老股民甲已无语，他在高位未卖出，此时已经吃套，只能等股价再次回升上来解套了。但这时候老股民乙却很兴奋，认为机会来了。因为该股昨天收了1根涨停大阳线，今天股价跳空高开收了1根小阳线，成交量也放大了很多。这种带量上攻的现象，说明该股回调已经到位，新的上升行情即将展开，所以他今天重仓杀了进去。

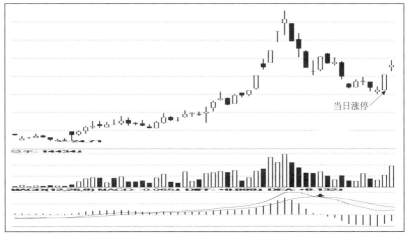

当日涨停

图2

【又过了半个月】该股出现了如下走势（见图3）。面对该股不断下跌，老股民甲、乙一脸茫然说不出话来，他们都被深深套住了。但他们不明白自己错在哪里，尤其是老股民乙更是不能接受这样的事实。他心里一直在想，自己当时明明在该股回调到位，价升量增时冲进去的，做多理由很充分，为什么会翻船呢？

现在请大家想一想老股民甲、乙究竟错在哪里？他们的错误对其他投资者有什么警示作用？（本题20分）

图3

测验题十三、杨老师说，有很多人问我，选股的最佳机遇期在什么时候？通过什么途径，用什么方法才能在低位挖掘到超级大牛股？关于这个问题若离开现实的案例是很难说清楚的。下面我们通过一个案例的分析，或许就能解开你心里的疑问，为你找到满意的答案。

案例解析：1996年4月，入市多年空仓已久的某高手开始进场选股了。他先将下面4张图中的股票选入自己的股票池，然后从K线、成交量上进行反复比较，最后，重仓持有了其中一只股票，操作时分 3 次买进该股。据了解，后来这位高手在这只股票上赚得钵满盆满，获得了几十倍的超额投资收益。

请问：① 高手是如何在股市中找到选股的最佳机遇期的？② 高手在选股布局上有什么特点？他最后从这 4 只股票中选择了哪一只股票进行重点投资的？③ 高手既然看好某只股票，为什么操作时犹犹豫豫，要分 3 次买进该股？④ 这个案例能给我们带来什么重要启示？（本题 25 分）

图 1

图 2

图 3

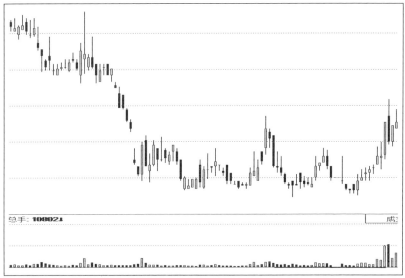

图 4

（**说明**，上面 4 只股票，10 年后走势出现了很大分化，其中高手重仓的 1 只股票涨了几十倍，而其他 3 只股票却走了一个过山车行情，甚至有的股票 10 年后的股价比 10 年前还要低。可见，选股的问题有多么重要。现在请你仔细分析上面 4 张走势图，看看高手究竟挑选了哪 1 只股票重仓持有的。）

K 线练兵 ⑫ 试卷
——K 线实战技巧运用测验题之九

参 考 答 案

测验题一、（本题 10 分）

答： 小孙说的很对。下面我们仔细看该股是怎么见底的？第一买点、第二买点在什么地方？设置这些买点的理由是什么？

该股见底时接连出现 3 根中阴线，而且 1 根比 1 根大，空方可谓气势汹汹，但这 3 根中阴线出现后，股价就止跌了。依据 K 线理论，这 3 根气势汹汹的阴线，称之为"下跌三连阴"（见图 1 中说明）。若它在下跌趋势末端出现，就是一个赶底的信号。

接着，在三连阴后收了 1 根小阳线，这根小阳线实体不大，但它的最低价与前面阴线的最低价是持平的，这 2 根 K 线的组合，在技术上称为"平底"（见下图 1 中说明）。平底的出现表示股价会峰回路转，它是 K 线中的一个重要的见底信号，技术上把它称为第一买点。

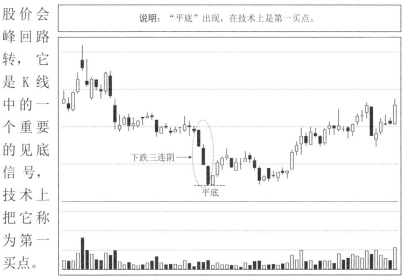

说明："平底"出现，在技术上是第一买点。

下跌三连阴→

平底

中元股份（300018）日 K 线图 图 1

一般来说，在第一买点抄底买进，只适合最敢冒风险的激进型投资者。虽然在此买进股价较低，但一旦市场不认可这个见底信号，在此买进的投资者就要承担套牢的风险。

后来，该股在这个平底的基础上，经历了半个月的反复折腾，形成一个低位"下降三角形"的技术图形（见图2中画虚线处），股价走到下降三角形末端后，选择了向上突破，收出了1根放量的中阳线（见图2中箭头A），它已站在下降三角形的上边线之上，这在这技术上称为第二买点。

第二买点是属于较激进型投资者买进的地方。因为在这个地方买进，安全系数比第一买点有所提高，故而把它列为第二买点。

但这个低位下降三角形的向上突破是否真正有效，不能光凭这根中阳线，它同样要靠后面的K线走势来验证。后来，该股的走势大家看到了，这根中阳线也被市场认可了。其实，该股在低位上来的最大压力是前面下跌三连阴的上方密集成交区，股价只

说明：画虚线处为下降三角形图形；箭头A处为第二买点，箭头B处为第三买点。

中元股份（300018）日K线图 图2

有突破这个密集成交区的束缚，上升趋势才能正式确立。后来，多空双方在这个地方进行了一番激烈争斗，最终多方胜出，今天出现的这根中阳线（见上页图2中箭头B）就是多方胜出的标志。因为这根中阳线的收盘价已站到了前面密集成交区股价高点的上方，它表明股价经过回抽后重拾升势获得成功，这在技术上称为第三买点，是稳健型投资者买进的地方。

从操作层面上说，在第三买点买进的安全系数比第二买点要提高一大截，大致估算在此做多可有七成以上的胜算，因此它也可以作为分批买进者进行加仓的地方。唯一要预防的风险是，若一旦受到突发的利空因素影响，股价会再次跌落到前面密集成交区的下方。如果万一发生了这样的情况，那只能先卖出止损离场。换一句话说，只要盘中不出现这个现象，并且日后股价能够在这个密集成交区的上方运行，投资者就可以积极看多，持股待涨。

（注：该股往后走势见下图3）

瞧！该股第三买点（即图1、图2中最后1根K线）出现后，股价就一路震荡走高。若当初在第三买点买进（当天收盘价是8.38元），一年后，该股最高涨至69元，最大涨幅为723%，那真是赚得盆满钵满了。

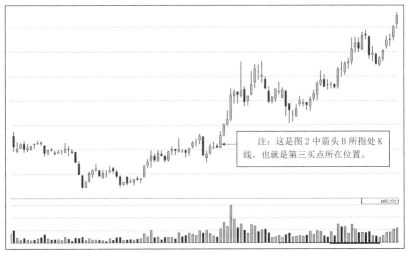

注：这是图2中箭头B所指处K线，也就是第三买点所在位置。

中元股份（300018）日K线图 图3

（编后说明：如何设置买点是技术操作中的一个很重要的问题。一般来说，买点设置有两种形式。第一种形式是设置 2 个买点，第一买点适合激进型投资者，第二买点适合稳健型投资者。第二种形式是设置 3 个买点，第一买点适合最激进型投资者，第二买点适合较激进型投资者，第三买点适合稳健型投资者。为了更好地适应市场，让大家有更多选择。本题设计时，采用了第二种形式。当然，各人的投资理念与投资方法是不同的，实际操作时究竟是设置 2 个买点还是设置 3 个买点，这个可以根据各人操作习惯与需求而定，不必拘泥于某种形式。）

测验题二、（本题 10 分）

答： 老法师的观点是错的。虽然图中画框处是重要的底部信号 —— 塔形底。但这并不是说，只要是塔形底日后股价一定会大涨。因为塔形底出现后，只有股价重心向上，才能说这个见底信号得到了市场的认可。也就是说，塔形底有效性被确认后，股价上升空间才会被打开。但遗憾的是，图中的塔形底出现后股价重心在向下，其右侧的大阳线被后面回落的股价，跌至最深处已吃掉了 2/3（见下图 1 中说明），这就让人担心了。

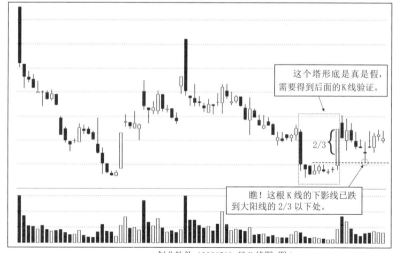

这个塔形底是真是假，需要得到后面的 K 线验证。

2/3

瞧！这根 K 线的下影线已跌到大阳线的 2/3 以下处。

创业软件（300451）日 K 线图 图 1

一般来说，塔形底右侧的大阳线被吃掉 1/2 以上，说明盘中做多力量不及做空力量，做空动力还在不断释放。更何况，图中塔形底右侧的大阳线被吃掉了 2/3，这个情况就很严重。这样的话，多方是否真的有力量把股价打上去就值得怀疑了。再看它后面股价回升时出现的几根小阳线的情况，小阳线的实体很小，下面成交量并没有放大，说明股价向上是虚的。相反，塔形底后面出现阴线时的成交量，比出现阳线时的成交量要大。也就是说，阴量大于阳量。盘中出现这样的现象，更让人心存疑惑。

故而在此情况下，投资者唯一能做的就是持币观望。若已经重仓该股的此时先要减仓，规避一下风险，等待股价放量突破塔形底右侧大阳线的收盘价时，再考虑做多不迟。（注：该股往后走势见下图 2）

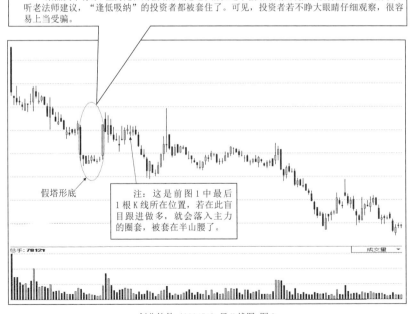

果然其中有诈，主力是在用假塔形底忽悠大众。这个假塔形底出现后，股价重心在不断向下。听老法师建议，"逢低吸纳"的投资者都被套住了。可见，投资者若不睁大眼睛仔细观察，很容易上当受骗。

假塔形底

注：这是前图 1 中最后 1 根 K 线所在位置，若在此盲目跟进做多，就会落入主力的圈套，被套在半山腰了。

总手:78121　　　　　　　　　　　　　　成交量 ▼

创业软件（300451）日 K 线图　图 2

测验题三、（本题 10 分）

答：张先生这次操作上出错，还连累了他的朋友，使他感到很沮丧。那么，这位崇尚技术分析的老股民为什么会犯这样的错误呢？我们分析下来主要有三方面的原因。

第一，过于自信，导致判断失误。虽然做人做事，特别是做股票，一定要有自信心，没有自信是做不好股票的。但凡是都不能过，股民的自信心也不能过度，过度了就会出现问题。在股市历史上因为过度自信而遭到惨败，甚至遭受灭顶之灾的例子比比皆是，张先生这次出错是过于自信了。他认为图中出现塔形顶后股价一定是往下跌的，所以他不但自己把股票卖了，还规劝一些高位吃套的股民在低位把这个股票卖了。这件事做错了后让他觉得很对不起这些朋友。正因为张先生的过度自信，才做出了害人害己的判断。

另外，从实际操作上说，张先生除了判断失误外，还犯了急躁冒进的错误。退一步说，即使图中的塔形顶是真的，张先生也应该等到这个塔形顶被后面的 K 线验证了才可以卖出，这样就不会出错了。因为该股塔形顶一出现，股价马上就反转向上，这说明这个塔形顶是冒牌货，是主力利用塔形顶来吓唬大家的。这样一分析，主力低位进行洗盘的目的马上就露馅了。我们相信，如果张先生在图中箭头 B 处不卖出，等几天后再行动，即能看清其中的猫腻。在弄清楚主力的操作意图后，张先生就不可能把股票卖出，也不会去做规劝朋友低位割肉的傻事。

第二，文过饰非，知错不改。该股在这个假塔形顶出现后，K 线图上出现了一个"红三兵"的图形（见下页图中画圈处），红三兵是看涨的 K 线形态。红三兵后又出现了 1 根中阳线，并且下面的成交量也显著放大，MACD 翻上 0 轴。此时图中的见底做多的信号频出。如果张先生崇尚技术分析，他应该知道自己前面做错了，可以及时改正错误，进行空翻多。但遗憾的是张先生没有这样做，他心里还是想着塔形顶出现后，股价应该往下跌的那种情景。张先生这时候对现实采取不承认的态度，不但自己没有顺势做多，也没有叫前面低位卖出的股友及时补进，而是眼睁睁的看着股价涨上去。可见，张先生明明知道自己错了，但就是回避现实，不承认自己有什么过错，这种"文过饰非，知错不改"的态度，对股市操作是非常有害的。抱有这样态度的投资者，在涨势中会屡屡踏空，在跌势中会屡买屡套，迟早会被股市淘汰出局。

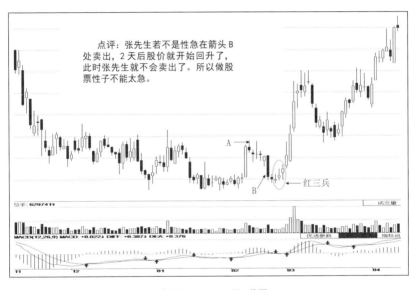

点评：张先生若不是性急在箭头B处卖出，2天后股价就开始回升了，此时张先生就不会卖出了。所以做股票性子不能太急。

A

红三兵

B

总手: 6297411   成交量

MACD(12,26,9) MACD: +0.0221 DIFF: +0.3871 DEA: +0.376   优选参数   指标设置

11   12   01   02   03   04

招商银行（600036）日 K 线图

第三，浅尝辄止，囫囵吞枣。张先生的技术分析是经不起推敲的，如果真的懂技术分析，他应该知道股价大涨后出现塔形顶见顶的概率很高，但股价大跌后在低位出现的塔形顶，往后涨跌的比例至少各一半。也就是说，有一半的情况表明这个低位出现的塔形顶是真的，后市继续看跌。造成这种情况的原因是，虽然股价已跌至低位，但因为该股的基本面仍在恶化，或者是因为该股主力的资金链出现了问题，主力不得已要急于出货，故而在 K

线图上留下了一个塔形顶的走势。另有一半的情况是，这个低位出现的塔形顶是假的，后市看涨。造成这种情况的原因是，因为盘中的浮动筹码太多，主力在拉升股价前要进行一次有力度、有份量的洗盘。若在 K 线图形上制造一个假塔形顶，就能迫使一些短线客，以及在高位深套一直不肯割肉的投资者恐慌出逃。由于塔形顶看上去杀气腾腾，用它来吓唬人，制造恐慌的效果非常理想，所以主力在低位洗盘时，经常拿假塔形顶来忽悠、欺骗投资者，以此达到他们不可告人的目的。

有鉴于此，有经验的真正懂得技术分析的投资者，对低位出现的塔形顶，首先会对它们的真伪作出鉴别，然后才会采取行动。而对其真假作出鉴别的最主要方法，就是看塔形顶出现后的突破方向，究竟是选择向上还是选择向下。如果塔形顶出现后股价往下走，那就说明这个低位出现的塔形顶是真的，后市看跌，此时应该马上把股票卖掉。如果塔形顶出现后股价向上走，说明这个低位出现的塔形顶是假的，是主力用它来进行洗盘的，后市看涨，此时就应该跟进做多。

故而，当低位出现塔形顶时，在突破方向没有明确前，投资者最好的策略是耐心观望。但这些技术分析上的基本原则，张先生都处于似懂非懂状态。正因为如此，张先生才会在该股的操作上犯下大错，这个教训是很深刻的。张先生的错误对其他投资者来说是一条重要警示。

测验题四、（本题 10 分）

答：这根涨停大阳线出现在上涨途中，是 1 根中位大阳线[注]，它起到了空中加油的作用。更重要的是，它扮演了向上突破的角色。正因为它的出现，将该股前面的高点打破，从而开拓了新的上升空间。

【注】关于中位大阳线的知识与操作要领，详见《股市操练大全》第八册第 40 页－第 43 页、第 541 页－第 544 页。

另外，大家要注意的是，该股的左边是一个头肩顶结构的图形（见下图1中说明）。众所周知，头肩顶是一个重要的见顶形态。从技术上说，头肩顶出现后股价是要大跌的。多方若要解除头肩顶出现后的危局，只有一条路可以走，即在股价回升时，让股价重新站在头肩顶的最高点上方。只有股价冲过这道关卡，头肩顶对该股的威胁才可以说消除了。

　　现在的情况是：这根中位大阳线已站到了头肩顶的最高点的上方。并且股价经过回踩头肩顶最高点（见下图1中画虚线处），在该点的上方获得支撑后，多方又开始了新的上升动作。也就是说，前面的头肩顶的风险已得到了化解，主动权又回到多方手里。

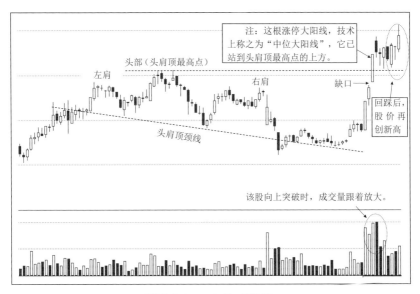

莱茵体育（000558）日K线图　图1

　　面对该股现在的走势，从操作层面上说，此时在外面的人可积极跟进做多，止损点可设在前面头肩顶的高点下方（见上图1中画虚线处）。通俗地说，只要日后股价不再跌回到头肩顶的头部下方，即不再跌破这条虚线，就可以拿着股票积极做多。若已经有该股的投资者，此时一定要捂好股票，持股待涨。

支持对该股看多做多，还有两个重要的理由：① 大阳线下面有一个缺口，从技术上说，这是一个向上突破缺口，是强烈的看涨信号。这个缺口出现后至今未被补掉，证明它是有效的，这也是推动股价向上的一个巨大动力。② 该股上升的时候成交量跟着同步放大，这说明该股上升得到了成交量的支持。经验证明，没有成交量的支持，股价上涨就成了空中楼阁，行情是走不远的。但现在该股上涨成交量增幅很明显，这也让投资者看多做多吃了一个定心丸。（注：该股往后走势见下图2）

该案例给我们的启示是：静下心来，层层解剖深度分析，就

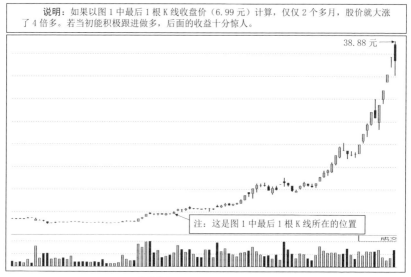

说明：如果以图1中最后1根K线收盘价（6.99元）计算，仅仅2个多月，股价就大涨了4倍多。若当初能积极跟进做多，后面的收益十分惊人。

38.88元→

注：这是图1中最后1根K线所在的位置

成交

莱茵体育（000558）日K线图 图2

能看清主力的意图，正确判断股价的运行方向。这样就能不失时机地抓住股市中一些重大的投资机会，从而给自己带来丰厚的投资收益。

测验题五、（本题10分）

答：这位分析师说："该股下跌走完了 A、B、C 下跌 3 浪，低位出现了 1 根长 T 字线，现在正是抄底买进的时候。"对这个观点我不赞同。理由是：

首先，波浪理论中虽有 A、B、C 下跌 3 浪的说法，但究竟怎么看待 A、B、C 下跌 3 浪，各人有各人的看法，随意性很大，很难说什么时候股价跌到位了，具体标准是什么，大家胸中都没有个数。另外，也并不是每个股票下跌都是 3 浪，跌个 5 浪甚至更多浪的也有，所以机械地看待波浪理论，随意数上几个浪用来判断股价何时见顶、何时见底，常常会出现错误。

其次，下跌途中出现 T 字线是不是见底信号，要靠后面的 K 线来验证，在没有得到充分验证时不能盲目地下结论。一般来说，对 T 字线是否见底的验证，一是看股价是否再创新低；二是看股价重心是否在向上移动。而这两个条件，目前还看不太清楚，尤其是第二个条件，现在连影子都没有见到。故而，投资者对这根 T 字线是否真的是见底信号要保持一定警惕，在没有验证它是真正的见底信号前，不要盲目的进行抄底，以防它是一个虚假的见底信号，跟进后把自己套在里面。（注：该股往后走势见右图）

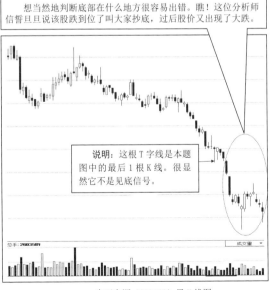

想当然地判断底部在什么地方很容易出错。瞧！这位分析师信誓旦旦说该股跌到位了叫大家抄底，过后股价又出现了大跌。

说明：这根 T 字线是本题图中的最后 1 根 K 线。很显然它不是见底信号。

申万宏源（000166）日 K 线图

测验题六、（本题 5 分）

答：对这个问题，某高手做了解答。高手说，今天的大阴线将昨天的阳线全部覆盖了，这在 K 线形态上叫"穿头破脚"，此为看跌信号。因为今天的大阴线是光头光脚的大阴线，下面又放出巨量。盘中出现这个现象，说明该股的做空能量很大。历史经验告诉我们，在做空能量没有得到充分释放时，是不能看多做多的。高手认为，依据目前的 K 线状况，估计股价这几天还要下跌，甚至出现大跌，所以小芳现在不能补仓。

测验题七、（本题 10 分）

答：这个问题继续由某高手做解答。高手说现在可以补仓了，但补的量不宜过大。从该股走势分析，该股前面杀跌是以"连续大阴线＋跳空"的形式出现的，并且下面又放出巨量。最近股价有止跌企稳的迹象，出现这样的情况，一种可能是该股在横盘时，每天的成交量都很少，主力捡不到什么便宜的筹码，所以采取砸盘方式，逼迫持股的投资者把筹码交出来，主力在捡到足够的便宜筹码后就不再砸盘，所以现在股价在低位处于横盘状态。另一种可能是该股主力的资金链断裂，出现了仓皇出逃的现象，或者是该股基本面突然恶化，迫使主力斩仓出局，才导致前期的股价大跌。现在只不过是空方力量过度宣泄后，让多方得到一个喘息机会，股价才出现了低位企稳的迹象。但这种企稳是暂时的，如果主力的资金再度紧张或该股基本面继续恶化，那么必然会在股价上反映出来。若真是这样，后面股价再次大跌就不可避免。

高手说：就目前该股图形走势看，还难以区别到底是哪一种情况才造成了现在这样低位企稳的走势。所以，我赞同小芳在该股连续杀跌，股价低位企稳时可试探性补一点仓，但不宜仓位过重，以防后一种情况发生。

测验题八、（本题 10 分）

答：这个问题继续请某高手做解答。高手说，该股在低位构筑了一个"上升三角形"的走势（见下图 1 中画虚线处）。从图中看，放量突破上升三角形上边线的地方为第一买点，股价回踩上边线后再次出现放量大阳线的地方为第二买点。小芳既然看好该股，若性子急的话可在第一买点处加仓，如果考虑安全系数更高一些，可在第二买点处加仓。

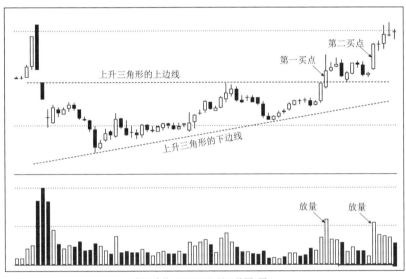

上升三角形的上边线

第二买点

第一买点

上升三角形的下边线

放量　放量

智飞生物（300122）日 K 线图 图 1

高手解释说，通常第一买点为激进型投资者买进的地方，第二买点是稳健型投资者买进的地方。从预防风险角度考量，在第二买点加仓更安全一些。因此我建议小芳，若要稳扎稳打可在第二买点处进行加仓。（注：该股往后走势见下页图 2）。

【又及】本书完稿后向外界征求意见时，有人对书中提出的第一买点、第二买点，他们还是有点弄不明白。比如，什么是买点？设立第一买点、第二买点的依据是什么？

高手的建议是对的。第二买点出现后股价上了一个新台阶，在此买进胜算率更高。瞧！
该股后面出现了大涨。

第二买点

第一买点

总手：39i221

智飞生物（300122）日 K 线图 图 2

　　关于这个问题我们在此做一些解释。当股价由下跌趋势转为
上升趋势时，投资者可以看多做多了。那么什么地方买进比较恰
当呢？这就要进行选择。从技术上说，选择一个恰当的地方买进，
这个恰当的地方就是买点。有了买点后还要考虑一个问题，这个
买点适合什么样的投资者？它的机会、风险有多大？由此就产生
了第一买点、第二买点这个问题。

　　一般来说，第一买点适合激进型投资者，因为他们喜欢冒险，
承担风险的能力较强。第一买点的优点是：买进的价格较低；缺
点是：上涨的不确定性因素较多。比如，本题练习中设立的第一
买点位置比第二买点低，因此股价也要低一些，这是它的优点。
缺点也是显而易见的，此时，股价刚刚突破上升三角形的上边线，
上涨的苗头开始显现，虽然这个地方可以做多了，但这个突破是

否有效还是未知数，也有可能今天突破了明天又掉头向下了，最后宣告突破失败。故而，在第一买点处买进是要冒一点风险的，显然这个买点只适合敢于冒险的激进型投资者。

而第二买点的设立情况就不同了，它将买进的安全性放在首位。也就是说，能达到七成胜算的地方才能充当第二买点。通常，第二买点是在股价向上趋势基本确定的情况下设立的。比如，本题练习中的第二买点，是在股价突破上升三角形上边线，然后又出现冲高回落，在上升三角形上边线附近止跌回升，并出现了1根有力度的大阳线的地方设立的。从技术上说，股价冲破上升三角形后，然后出现冲高回落并再次拉升的现象，称之为股价向上突破后的一次回踩。回踩是夯实股价的一个技术动作，回踩成功了，说明这个往上突破是有效的，经受了市场的检验。这样就可以对做多的投资者合格放行。换一句话说，这个地方上升趋势已明朗，日后股价再次回落到上升三角形上边线之下的可能性就很小了。若在这个地方买进，日后上涨的确定性比第一买点自然要高很多，但缺点是买进的价格会略高于第一买点的价格。一般而言，第二买点适合于风险承受能力相对较低的稳健型投资者。

测验题九、（本题 15 分）

答：朱女士不愧是一个资深股民，买股票前不仅对所选择的股票进行反复考察，而且还制定了一个详细的计划书。朱女士做股票的认真态度是值得我们学习的。但就事论事评价，朱女士在买图中这个股票时，确实出现了很大的失误。从表面上看，朱女士买这个股票理由很充分，但仔细分析就会发现，在她买该股的计划书中有两点被她忽略了，一是该股成交量的情况，二是如何设立止损点。这两点都很重要。但让人遗憾的是，在她的操作计划书中都没有提到。

众所周知，股价上涨是需要量的，如缺少成交量的支持，变成无量上涨，那么上涨夭折的可能性就很大。当然开始上涨没有量，后来补量也是可以的。但如果一直没有补量，这就要警惕了。我们仔细看了朱女士买进股票的那张走势图，发现该股尽管出现了两个低点，并且第二个低点出现了多个 K 线见底信号，但始终不见成交量有放大的现象（见下图 1 中说明），这就存在很大问题了。因为上涨时若不放量则说明上涨的基础不扎实，也反映出没有什么大资金在关注这个股票，这样的上涨见底信号就值得怀疑。在这种情况下，朱女士贸然跟进做多是要冒很大风险的。

果然，事情的发展并不如朱女士想象的那样，在她买进该股后股价并没有上涨，而是出现了小幅回落低位整理的走势。其实这个走势已表现出较大的危机，只是朱女士没有看出来而已。比如，该股的无量上涨很快就遭到了空方的报复。在朱女士买进后仅过了一周的时间，该股出现了一个向下跳空缺口，这个缺口与前面的向上跳空缺口，形成对称走势，从而构成了一个"顶部岛形"反转的图形（见下图 1 画圈处）。顶部岛形反转图形是重要

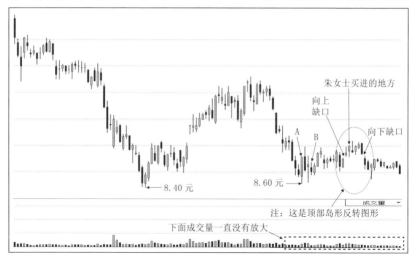

新集能源（601918）日 K 线图 图 1

的看跌信号，虽然它出现后，当时的股价还横在那里，但说不定什么时候卖盘会突然一下子倾倒出来，股价就会稀里哗啦掉下去。所以我们认为，作为老资格的投资者——朱女士应该面对现实，赶快止损离场规避风险。

接着我们再来看第二个问题，作为一个成熟的投资者，买股票前都要计划好如何设置止损点。也就是说买股票时不能只想到赢，而首先要想到万一出师不利，买进的股票不涨反跌应该怎么办？这就是我们平常说的何处应该止损卖出的问题。这个问题非常重要，因为做错了及时止损离场，可以避免股票继续下跌造成巨大亏损。但我们在朱女士买股票的理由中并没有看到她对该股设计过什么止损点，这不是一个什么简单的疏忽遗漏，也不是什么一般性的错误，而是操作上的一个严重失误。要知道在买股票时若不设止损点，结果股票跌下来了拖着不卖，最后出现深套，这是很多在股市中栽大跟头的股民所犯的一个致命错误。这种错误只要犯上一二次，往往就会被股市淘汰出局。那么，朱女士对该股没有设止损点会不会重蹈这些人的覆辙呢？我们不得而知。但细想下去就觉得问题很严重，让人有一种不寒而栗的感觉。

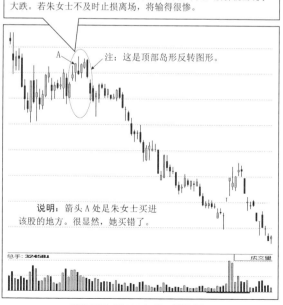

图中显示，该股出现顶部岛形反转图形后不久，股价就出现了大跌。若朱女士不及时止损离场，将输得很惨。

A

注：这是顶部岛形反转图形。

说明：箭头 A 处是朱女士买进该股的地方。很显然，她买错了。

总手：324581　　成交量

新集能源（601918）日 K 线图 图2

测验题十、（本题 5 分）

答：老股民的观点正确。（注：理由在下一道测验题答案中一并叙述）

测验题十一、（本题 20 分）

答：仍然是老股民的观点正确。老股民分析得很有道理，他运用所学的 K 线与技术图形知识，对盘面现象和主力的意图看得很清楚。从上一道测验题的图形看，该股下跌时空方打压确实非常厉害，一连串的阴线往下砸，把多方打得溃不成军，透不过气来，但在股价跌至 1.87 元之后，情况就出现了很大变化。此时形势倒了过来，代表多方力量的阳线连成了排，而代表空方力量的阴线却稀稀落落，完全陷在阳线的包围之中，阳多阴少，股价底部在抬高。这个格局明显是多方占了很大优势，而空方势单力薄，已经招架不住多方的攻势了（见下图 1）。也正因为如此，老股

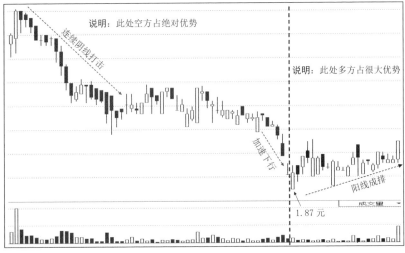

瞧！图左边阴线成串，多方被空方打得溃不成军；图右边阳线成排，阴线稀落，多方开始扬眉吐气，空方变成日薄西山。

说明：此处空方占绝对优势

连续阴线打击

说明：此处多方占很大优势

加速下行

阳线成排

成交量

1.87 元

大龙地产（600159）日 K 线图 图 1

民才作出了"该股做空能量耗尽，多方开始绝地反击"的判断。

从 K 线上看也很有意思，该股跌至最低点 1.87 元时，出现了 1 根低开高走的中阳线。这根中阳线与前面的倒 T 字线结合，形成了一个很有力度的"底部穿头破脚"的图形（见下图 2 中画圈处）。之后，大家就看到盘中出现了一系列低开高走的阳线，而且低点在逐渐上移。很显然能形成这种走势，完全是有人特地关照的结果。如果没有人特地关照，怎么每次都会股价大幅低开，然后就低开高走拉出阳线，并且每次低点都很精确地上移呢？这种走势散户做不出，而能做出这样的走势，在低位让阳线成排地出现，只有操作该股的主力，他们才有这样的力量与决心，把图形勾画得如此完美。

有人说，上一道测验题图形中最后 1 根中阳线，因为其收盘价还没有超过前面的高点（见下图 2 中说明），不能认为该股已发出了向上突破的信号。

其实，懂 K 线、懂技术图形的人应该知道，当时该股在低位

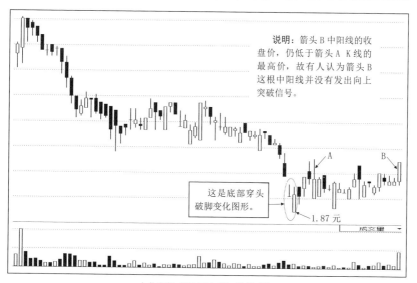

大龙地产（600159）日 K 线图 图 2

构筑的是一个"收敛三角形"的图形（见下图3中画虚线处），
最后1根中阳线出现，表示该股在收敛三角形整理后选择了往上
突破，而且这个向上突破是带量的，这可以从下面的成交量柱状
线的变化中明显看出（注：这天往上突破的成交量比往常放大了
数倍）。老股民正是以此为依据作出明确判断，当时股价已往上
突破，大家可以对它抄底了。当然抄底要谨慎。因为这根中阳线
往上突破是否有效，还没有经过后面K线的验证，所以从投资的
安全角度考虑，可以先关注它，但不急于马上抄底。

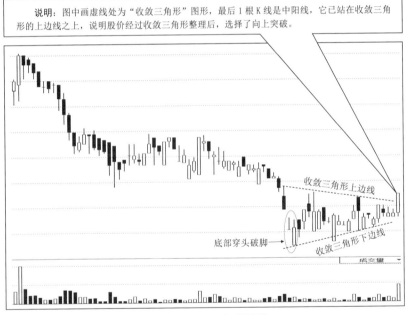

说明：图中画虚线处为"收敛三角形"图形，最后1根K线是中阳线，它已站在收敛三角形的上边线之上，说明股价经过收敛三角形整理后，选择了向上突破。

大龙地产（600159）日K线图 图3

又过了半个多月，该股走出了下面的图形走势（见下图4）。
此时形势就明朗了，投资者对它做多心里底气更足。从当时的图
形走势看，该股收敛三角形往上突破时，先拉出1根中阳线（见
下图4中箭头A），接着再拉出1根中阳线（见下图4中箭头B）。

这样就验证了前面图3中最后这根中阳线往上突破是有效的。既然有效，在此做多的风险很小，确实可以大胆抄底了。

大龙地产（600159）日K线图 图4

有人认为，上面图4中的最后3根K线都是阴线，这是不祥之兆，表明这轮超跌反弹已经结束。但这个看法是片面的，我们同意老股民的观点，出现这3根阴线，只是上涨途中的正常回调。如果大家仔细观察就会发现，当时该股在下面构筑了一个"头肩底"（见下图5中说明），并且股价已冲过了头肩底的颈线。

从技术上说，股价冲过头肩底颈线后，再回踩一下颈线是很

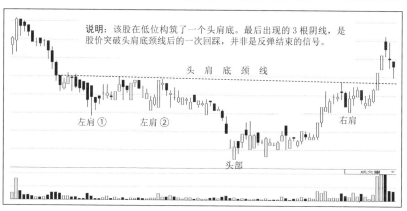

大龙地产（600159）日K线图 图5

正常的，绝大部分股票在突破颈线后都会出现这样的现象。若回踩成功，股价上行趋势将更加稳健。之后的几天走势表明，该股回踩的低点正好在颈线附近，随后股价就拉了上去（见下图 6 中说明）。另外从图中看，该股回踩头肩底颈线时成交量很小，说明盘中抛盘很轻。之后若股价在此震荡，只要不出现放量下挫、击穿颈线、股价重心下移的现象，都可以认为是正常回调。

回到操作层面，做法也很简单。如果在后面的行情中，股价能守住这条颈线，说明主力是真心实意地在积极做多。此时持币的投资者就可以放心买进，持股的投资者可以继续持股待涨。如果在后面的行情中，股价跌破了颈线，说明主力并不是真心实意地在积极做多，至少暂时不想把股价推上去。此时持币的投资者就应该继续持币观望，持股的投资者就应该卖股止损离场。可见，后面该股何去何从，投资者只要盯紧头肩底的颈线，看它是否能守得住，这样就可以做出明确的判断。

一周后，该股走势显示回踩结束，头肩底的颈线守住了。在三连阴后多方开始反击，很快就收复失地，股价再次创出新高。此时投资者就不能再犹豫了，坚定看多做多，将享受该股大涨后带来的投资回报。

大龙地产（600159）日 K 线图 图 6

【补遗】为什么这位老股民当时态度会如此坚决，坚定地看好图中股票的后市呢？老股民告诉我们一个秘密。老股民说，主力操作该股时动足了脑筋，并进行精心布局。他给我们看了一张图（见下图7）。这张图中有两个低点，价格都是1.87元，时间相隔一年。这说明该股第一次跌至1.87元后见底，出现一轮反弹。但此时主力并没有打算把股价做上去，而是认为还要进一步震荡洗盘，等洗清浮筹，捡取更多的廉价筹码后再做打算，故而又把股价打了下来。但当股价再次跌至1.87元时，主力就不让它继续跌下去了。这样两次1.87元形成的低点，构筑了一个大双底。这个大双底，时间跨度有一年（注：双底的构筑时间越长，见底信号就越可靠）。

大龙地产（600159）日K线图 图7

老股民说，既然主力能花这么长的时间进行磨底，其目的就不是做一个短线反弹，一定有他更长远的目标。由此可以分析出，如果主力不把股价做得更高，那么他们前面在该股上所有的投入都是白忙活了。老股民继续说，依照我多年股市的实战经验，主力绝不会做这样傻事，主力志存高远，精心布局，一定会在该股上有大作为的。所以这也给我对该股积极看多、做多增添了很大的信心。

　　事后证明，老股民对该股的分析完全正确。果然该股后面出现了大涨，也给他带来了丰厚的投资回报（见下图8）。最后我们要提醒大家的是，老股民在该股跌至低位时，运用K线与技术图形知识，透过现象看到本质，正确地分析股价运行方向，把握主力的操作意图，并非是一日之功，这是他长期学习研究获得的硕果。老股民这些宝贵的看盘、操盘经验，确实值得大家好好学习借鉴。

　　　说明：图中箭头所指处是老股民当初叫大家买进的地方。当时股价是很低的，两年后股价涨了7倍多，收益十分惊人。

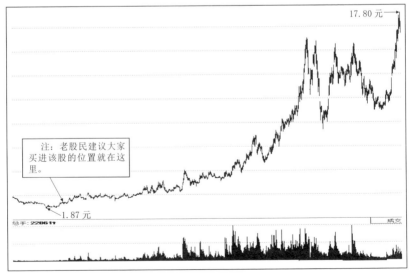

大龙地产（600159）日K线压缩图 图8

测验题十二、（本题20分）

答：听完这个故事，我们再仔细观察了该股这一阶段的K线走势，经过认真分析后，我们认为老股民甲、乙对当时该股出现的K线信号，作出了错认、错判，从而导致操作上的失败。

下面我们就老股民甲、乙的投资行为作一番梳理，看看他们究竟犯了哪些错误，这些错误对其他投资者有什么警示作用。

老股民甲、乙犯的第一个错误是：对"螺旋桨"K线这一重要见顶信号竟毫无警惕性，盲目做多，自投罗网。大家若仔细观察本题中图1、图2的走势后就会发现，该股见顶信号有一个明显特征，无论是它的大顶以及后来反弹出现的顶，都是以螺旋桨K线形式见顶的（见下页图1中箭头A、箭头B所指处）。在股市里螺旋桨K线是重要的见顶标志之一。据统计，沪深股市20多年的历史中，以螺旋桨K线为见顶标志，并日后出现大跌的情况，在A股市场上是最突出的。正因为如此，有经验的投资者对高位出现螺旋桨K线非常警惕。《股市操练大全》对螺旋桨K线见顶情况曾做过多次详细解析，并反复提醒投资者螺旋桨K线是一种转势信号。它在上涨行情中，尤其是在有一段较大涨幅之后出现时，股价见顶的概率极大，而且一旦股价见顶，往往会形成一个大的跌势[注]。正因为螺旋桨K线的迷惑性太强，见顶后杀伤力又特别大，所以《股市操练大全》创作团队对螺旋桨K线见顶之事就特别重视。比如，在《股市操练大全》第一本习题集中，曾经以"牢记股市重点图形，练就一双火眼金睛"为题，把怎样鉴定螺旋桨K线图形列为股市中最值得警惕的图形来告诫投资者，书中不仅列举了许多相关实例，还详细制作了一张关于见到螺旋桨K线如何识别与操作的示意图，以此告诉大家，当盘中

【注】有关这方面的情况介绍与相关实列，详见《股市操练大全》习题集①第9页~第16页，《股市操练大全》第八册第570页~第572页。

出现这种图形后应该怎么识别，怎么操作，以及操作时需要注意一些什么问题【注】。我们相信，如果老股民甲、乙看了这些内容并记住了，就不会对本题图1、图2中的股票走势作出错误判断，也不会在操作时出现这么大的问题了。

老股民甲、乙犯的第二个错误是：对盘中其他见顶信号也未能及时识别，思想上处于极度麻木不仁的状态。其实，老股民甲、乙对该股走势做出错误的评价，以及错误的操作，不仅仅是因为他们对螺旋桨K线的见顶信号没有引起重视，同时他们对图1、图2中其他一些看跌信号，比如"下跌三连阴"、"向下跳空缺口"、"MACD出现高位死叉"等信号（见下图1中说明）也一概视而不见。退一步说，只要他们重视了其中某一个信号，就至少可以让他们的思想冷静下来，即使跟进做多也最多是少量买进，不会冒冒失失地重仓杀进（做错了又不止损），闯下这样的大祸。

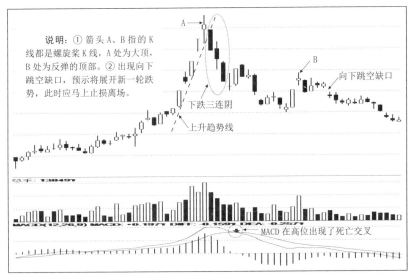

中兴通讯（000063）日K线图 图1

【注】有关这方面内容的介绍详见《股市操练大全》习题集①第9页－第16页。

老股民甲、乙犯的第三个错误是：从他们的投资行为看，这两个人的操作主要是凭自己的感觉，而不是依据K线规则，依据技术分析进行操作的。历史经验证明，凭感觉做股票是最不可靠的，投资者要想在风险很高的股市中生存下来，就不能凭感觉，一定要掌握已被长期实践证明的K线技巧，以及其他的技术分析技巧，并以此为工具，只有这样才能战胜市场，取得胜利。

老股民甲、乙犯的第四个错误是：对市场缺乏敬畏之心，这在抄底上表现得非常突出。股谚云："抄底如虎口拔牙，稍有不慎就落入虎口。"尤其是重仓抄底，更要慎之又慎。股市里有一句熟语："新股民死在追高上，老股民死在抄底上。"这句话虽然说的有些夸张、吓人，但也说明老股民在抄底中栽跟头的情况是很严重的，这要引起我们高度重视。

说到底，老股民甲、乙在抄底时栽了大跟头，就是因为没有敬畏市场，忘了在股市里要以"趋势为王"，做股票不能与趋势作对的道理。当趋势向下时盲目做多，就会被趋势碾得粉碎。其实，只要仔细观察，图1、图2中的股票在高位见顶，趋势出现逆转是完全可以看得出来的。那么，怎么看出来呢？除了高位出现螺旋桨K线外，下面的MACD出现高位死亡交叉，以及上升趋势线被有效击穿等，都可以说明当时图1、图2中股票的趋势，已经从上升趋势转变成了下跌趋势。而股票一旦进入下跌趋势。尤其是在股价大涨后转入下跌趋势，股价真正见底的时间与空间都会拉长。也就是说，主力在高位出逃后，不把股价砸出一个足够大的下跌空间（比如，股价要下跌30%-50%，甚至远远超过50%）是不会罢休的；调整时间也会很长，出乎很多人的意料（比如，调整三个月至半年，甚至几年都有可能）。

通常主力在高位出货后，这个股票只有调整的空间、时间都到位了，主力才会重新进场。因此有经验的投资者心里明白，股价高位见顶后，跌幅小于30%，时间少于三个月，此时抄底基本上都是抄在半山腰，被深套的可能性非常大。所以对已经形成下跌趋势的股票，不要轻易抄底。若要抄底，也一定要在股价调整的空间、时间都到位的情况下，才可考虑看多做多。再退一步说，即使到了可以抄底的时候也要非常谨慎，要走一步看一步，因为你的对手是握有大量资金与信息优势的主力，他们是十分狡猾，很难对付的。普通投资者若想抄底，其必要条件是：只有确认主力在低位已经重新入场，并且完成了建仓任务后，这个时候才可以逐步加入，加入时还要设好止损点。

但遗憾的是，老股民甲、乙都没有这样的意识，他们在该股高位见顶后，下跌的空间、时间都远未到位的情况下，冒冒失失就去抄底了，那么后面输得很惨就无法避免了。对这样的惨痛教训，其他投资者一定要引以为戒，避免再出现同样的错误。（注：该股往后走势见下图2）

老股民甲在箭头A处抄底，套在次高位，老股民乙在箭头B处抄底，套在半山腰。若他们买进后不止损离场，一直持股，那后面就亏大了。

中兴通讯（000063）日K线图 图2

该案例给我们的一个重要启示是：不管是谁都要敬畏市场，越是老股民越要对市场抱有一颗敬畏之心。承认"趋势为王"，不与趋势作对。在趋势向下，股价没有跌出足够的下跌空间、时间调整也未到位的情况下，不轻易抄底，尤其是不能重仓加入，这是规避市场风险最重要的一条经验，这条经验大家一定要铭记在心，始终不忘。

【又及】 本书完稿后对外征求意见时，有人提出股价的底部有中长期底部，也有阶段性底部。有时阶段性底部出现后，股价反弹上涨的幅度也是很厉害的，涨个50%，甚至翻一番也是常见的事情。如果抄底只能抄中长期底部，那么是不是阶段性底部的投资机会都要放弃了。另外，从实际情况来看，股价的底部究竟属于什么性质？在当时是很难看清楚的，一般都是事后过了一段时间才能看明白，如果一定要强调抄底只能炒中长期底部，碰到这样的情况就无法操作了。因此，请你们具体说说看，投资者究竟应该在什么情况下可以炒底？

收到读者的这条信息反馈后，经研究答复如下：

首先，大家应该明白，抄底是股市中最棘手的一个难题，否则也就不会出现"老股民死在抄底上"这条谚语了。炒底难这是事实，这是谁也无法否认的。

第二，抄底难不等于就不能抄底。在股市里一些有丰富实战经验的投资者，特别是掌握了一些炒股独门秘诀的高手，抄底的成功率要远远高于常人，这也是事实。本书设计了很多有悬念的题目，目的就是在模拟股市的实战场景，并想通过这些有针对性的练习，将股市中被实践证明行之有效的抄底技巧，特别是高手的独门炒股秘籍传授给大家，提高大家日后的抄底成功率。比如，本书练习中介绍的见到低位出现"烟斗式大阳线"+"低位放量"的情况时，可积极做多。这就是股市高手抄底的一个独门秘诀。

投资者若把这条独门秘诀学到手，后面遇到相似的图形，就可以大胆出击，享受到股价见底后再大涨带来的红利。这就是说，投资者了解掌握的炒股独门秘诀越多，日后抄底就会越顺手，失误率也会大幅降低，抄底难也就会逐步转化为抄底不难了，随之而来的投资收益率也会显著提高。

第三，股市里没有什么股神，任何人都无法事先就确定股价见底时的"底"属于什么性质。因为真正的中长期底部是回过头来看才发现的，并且在它见底后经过了很长一段时间考验，最终才被市场确认为它是中长期底部的。

不过话要说回来，虽然我们事先无法确认中长期底部在何处，但不等于对此就束手无策。鉴于历史经验，事先对底部的性质做一个大致预判还是可行的。比如，股价高位见顶后下跌的幅度小于30%，此时见底了，这个底就不大可能是中长期底部，而是一个阶段性底部。又如，股价高位见顶后下跌的幅度已大于70%，此时见底了，这个底就有可能是中长期底部。即使事后证明，这个底还是一个阶段性底部，但它离中长期底部一定是不远啦。再如，质地优秀的股票见顶后，下跌的幅度达到40%-50%就可能是中长期见底了，而质地差的股票或被过度炒作的题材股，下跌幅度达到70%～90%，才有可能是中长期见底了。一些严重亏损、资不抵债，问题堆积如山的股票，甚至跌至90%还未见底，最后被强行退市都有可能。

可见，一个股票究竟跌到什么地方是中长期底部，绝对的量化标准是没有的。但相对的量化标准是有的。有了这个相对的量化标准，我们就可事先去分析它，研究它，可以大致判断这个底是不是中长期底部。只要确定是不是中长期底部，其他形式的底就是阶段性底部了。一旦底部性质判明了，下面的操作就有了方向，就不会出现大的错误。

炒股高手与炒股低手的区别是：高手能把握好股票阶段性底

部与中长期底部的相对量化标准，并能根据不同的股票、不同的阶段，制定出不同的对策，把握好其中的投资机会，从而享受到抄底成功带来的红利。而低手对股票阶段性底部与中长期底部的相对量化标准，知之甚少，或是一无所知。仅凭感觉抄底，常常会在抄底中被主力暗算，结果抄底不成，亏了老本的情况屡屡发生。

第四，要对自己有一个正确的认识与定位，看看自己究竟属于哪一类型的投资者。如果分析评估下来，自己属于对市场不敏感的稳健型投资者，此时应该这样做：在股价高位见顶后就要学会空仓休息，不要轻易去抄什么底，因为在股价下跌空间与调整的时间不到位的情况下，看到的底部几乎都是阶段性的底部。对阶段性底部的短线机会要果断放弃，要耐心等待股价下跌空间与调整时间基本到位后再来看多做多。另外，真正操作时还要看看所选择的股票中长期底部信号是否出现了。稳健型投资者一定要坚持一个原则，中长期底部信号不出现，坚决不动手，等出现后再动手，出手时还应该做到分批买入，这样抄底的成功率就会显著提高。

如果分析评估下来，自己属于对市场敏感的激进型投资者，可以尝试阶段性见底时带来的短线投资机会。但短线投资机会很难把握，如果没有较长时间的磨炼，失败的概率较大。因此我们建议这一类投资者开始短线抄底时，应该用少量资金参与，待积累经验后再可以加大资金量。另外，这些投资者应该清楚股市中阶段性的见底，都是短线投资机会，实际上就是抢反弹。有人形容抢反弹犹如刀口舔血，因此一定要短、平、快，采取"打得赢就打，打不赢就走"的策略。持股的时间不能太长，一旦高位吃套，应该马上止损离场，千万不要将短线做成长线。另外，抄阶段性底部也有一个选择问题，即要尽量选择反弹力度大的阶段性底去操作，对反弹力度小的阶段性底应该主动放弃。这样有所失必有所得，反而短线获利的机会会更大，承受的风险也会相应减少。不过，抄阶段性底部即博反弹的投资者一定要记住：若出手3次，输2次赢1次，则应该立即停止操作，坐下来冷静的想一想，问题出在哪里？待找到原因后再试盘，若试盘后仍然是出手3次，输二赢一。我们建议应该放弃做短线反弹获利的想法，因为你可能并不适合这种高风险的短线操作。

测验题十三、（本题25分）

答：高手说，选股的最佳时期，应该是冬去春来，春暖花开的初期。因为在这个时期选股有很多好处。第一，股市经过长期下跌，股价已跌得面目全非，风险已得到充分释放。第二，股市大跌时，覆巢之下，岂有完卵，好股票也会跌得鼻青眼肿。股市止跌，大势回暖之初，就是选择好股票的最佳时期。第三，股市走熊时，鱼龙混杂、泥沙俱下，谁是好股票，谁是差股票很难区分。但到了熊转牛初期，好股票会显示出它独有的 K 线特征，这就能帮助有心人找到价廉物美的潜力股。可见，投资者在这个阶段选出的潜力股比其他任何时期选出的潜力股性价比都要高。

高手说，普通投资者要想选好股票，在股市中做强做大，就要顺大势，看长远。所谓顺大势，就是大势不好时要保持空仓，大势转好时要积极做多持仓。高手强调指出，大家必须记住熊市期间，一定要学会持币观望，因为股市走熊时，一是几乎所有的股票都会跌，此时真伪难辨，好股坏股很难分清楚。二是盲目抄底，经常会套在半山腰。散户钱本来就不多，一旦抄底不慎套在半山腰，资金会大幅缩水，甚至会把本金都跌没了，结果就惨了。所谓看长远，短线赚几个点差价改变不了命运。只有从长计议，在低位找到日后能翻几倍、甚至数十倍的股票，紧紧捂牢，直到高位卖出，才能实现股市的致富梦想。

那么，怎么判断股市冬去春来，已经到了春暖花开的播种阶段呢？高手说他的经验：一是看指数跌幅。指数跌幅从牛市见顶的最高点算起，之后的下跌幅度起码要达到五成以上；二是看大盘指数是否出现了"三盘合一"的买进信号。即大盘的日 K 线指数、大盘的周 K 线指数、大盘的月 K 线指数同时出现了买进信号。据了解，上世纪九十年代初中期，中国 A 股市场一直处于熊市低迷状态，直到 1996 年 4 月市场才有了转机，具备了 2 个"春暖花开"的条件，于是高手才开始进场选股，积极做多。

高手接着说，当大盘指数止跌股市回暖时，面对着一大堆跌得稀里哗啦的股票，究竟应该怎么去选择呢？这就要仔细研究股票的 K 线走势了。

高手说，当年我看了本题图中几只股票的日 K 线走势，沉思很久，最后觉得应该重点投资图 3（指题目中的第 3 张图）中的股票，当时我把 70% 的资金都买了这个股票，是分三次买的。第一次是该股出现第二个低点后股价回上来时买的（见下页图 1 中箭头 A 所指处），第二次是在该股反弹创出新高时买的（见下页图 1 中箭头 B 所指处），两次买进的平均价格在 3.60 元左右。特别是第二次买进数量较大，几乎将我手上一半的资金都用上了。当时我手中还剩下一小部分资金是留作机动的，这个买进价格就比较贵了，超过了 5 元。总之，我对该股进行了重点投资，持股成本近 4 元。后来当该股升至 12 元时，我卖掉了其中的一半筹码。

卖出的理由并不是不看好该股后市，而是想先落袋为安，把我投资该股的成本收回来，收回来我就心定了。卖出一半筹码后，我不仅将投资成本全部收回，还有一些赚头。剩下的一半筹码，我就想长期锁仓不动了。此时该股再跌我也不怕了，因为这些股票对我来说，成本已降为零了。

但后来让我万万没有想到的是，剩下的一半筹码竟是一个发掘不完的金矿，至今我持有该股已经超过了 20 年，经过不断转送，"儿子、孙子"有一大堆，我手中该股的市值已超过千万（注：

— 421

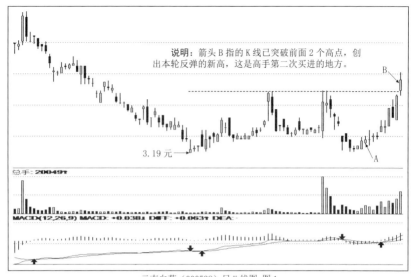

说明：箭头 B 指的 K 线已突破前面 2 个高点，创出本轮反弹的新高，这是高手第二次买进的地方。

B

A

3.19 元

总手: 20049T

MACD(12,26,9) MACD: +0.0381 DIFF: +0.0637 DEA:

云南白药（000538）日 K 线图 图 1

以该股的复权价计算，20 多年来该股已涨了几百倍）。看来我是幸运的，我无意中抓住了一个超级大牛股。

为什么我敢长期持有该股呢？说白了，因为我当初投资该股的成本已降为零，等于后面的钱都是别人白送给我的。在这种情况下，我还怕被套住吗？再看它的市值每年在增加，我也就完全放心了。所以，我把该股一直放着，不知不觉地就与这个超级大牛股终身相伴了。现在如果要我把它卖掉，我都舍不得，我要把它留给我的子孙，让他们看好这座"金矿"，或许这个挖不完的"金矿"还会给他们带来欢乐。退一步说，即使日后该股发生什么意外出现大跌的话，那也不要紧，对我来说最多是减少一点收益而已。但我还是相信这个股票绝对是一个好股票，是一家欣欣向荣的公司，其日后发展的空间仍然很大。

高手说，前面说多了，话题也扯远了。下面还是言归正传，与大家交流一下我当时是如何看图选股的，我愿意把自己的选股经验拿出来与大家一起分享。那么，当初我为什么要选这个股票，而没有选本题中其他3个股票呢？因为我发现当时能让我眼睛一亮的，就是我重点投资的这个股票。大家仔细看当时该股的走势图（见下图2中说明），就会有一种不一样的感觉。从图中看，前期该股呈现一路下跌的走势，直跌至3.19元才见底，接着，出现了一轮小幅反弹，但很快就被空方打了下来。之后该股在前轮反弹的半分位处出现了横盘整理，横盘了11天后，突然拉出1根大阳线，成交量一下子比往常增加了数十倍以上（见图2中说明），放出了这轮下跌以来的天量。

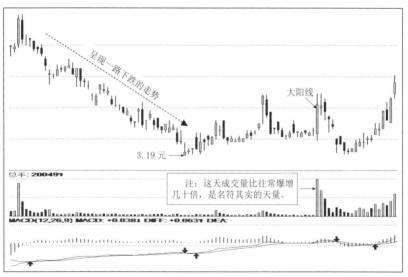

云南白药（000538）日K线图 图2

经验告诉我们，在股价大涨后出现天量，天量就是天价。因为股价大涨后获利盘十分丰厚，主力与原来坚定做多的投资者都在大量卖货，这样的话，推动股价上升的主流资金都往后撤了，股价就会停止不前或掉头下行，天价就此形成了。而股价在低位出现天量就不一样了，此时主力手中已没有多少筹码，要卖的话早就在高位、次高位卖了。没有哪个主力会傻到在低位大量卖货割肉出局的^{【注】}。在低位割肉出局的，只有一些不明就里容易受骗上当的中小投资者。股价跌至低位，对主力而言，首要的任务是吸筹，而不是卖货。从图中看，估计主力拉出这根大阳线的目的，就是诱使一些前面未出逃的中小投资者割肉出局。因为这些饱受煎熬的投资者看到这根大阳线，以为抓到了1根救命稻草，担心如果再不出逃，股价又要跌下来，这样遭受的损失就更大了，所以拼命往外卖出，而主力则可趁此机会搜集大量廉价筹码。

主力是很狡猾的，在拉出这根大阳线后，主力停止拉抬动作，股价又被打了下来，一些被套的中小投资者与短线客不断往外出逃，成交量也比平常放大了很多倍，当股价冲高回落再次跌至3.20元这个低点时，股价就止跌了（注：这个低点比前一个低点高出一分钱）。然后，该股就反身向上，随着股价一路向上，成交量也开始跟着放大。从图中看，该股自从在下方出现大阳线放出天量后，成交量就比往常增加了许多倍。据统计，这一段时间的成交量已超过该股一年的成交量。可见，主力在此低位建仓时已经捡到了大量的廉价筹码。

高手说，当时我的态度是：主力做多我做多。我认为此时买进是很安全的。该股前一个低点3.19元与后面一个低点3.20元，基本上处于一条水平线上，K线上称之为"平底"（见下页图3中说明）。平底的时间跨度越大，信号就越可靠。而且从图中看，

【注】当然，在极端情况下，低位出现天量也有另一种可能。比如，上市公司因违法违纪被查、经营出现大问题，基本面突然恶化，或主力资金链发生断裂都会引来大量抛盘。主力也会迫不得已在低位大量卖出筹码，但这种情况很少见。如果因为这个原因在低位放出天量，盘面走势会反映出来，天量之后股价会连续下跌，不断创出新低，该股3.19元低点很快就会被击穿。换言之，只要该股3.19元低点能守住，这种可能性就被排除。

在第二个低点出现后，股价回升上来时成交量在不断放大，说明第二个低点形成不是建立在沙滩上，是得到成交量支持的。因此懂 K 线、懂技术分析的人士会特别重视这个大跨度的平底的，会把它看成是对该股看多做多的重要依据。我在市场认可该股平底后，进行了第一次试探性买入（见下图 3 中箭头 A）

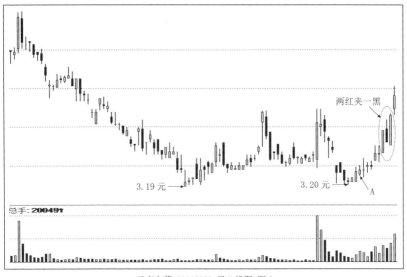

云南白药（000538）日 K 线图 图3

再有，我发现该股在第二个低点形成后的 12 根 K 线中，阴线只有 2 根，其他 10 根都是阳线。其中，股价上来的第 9 根、第 11 根 K 线都是中阳线，当中夹着 1 根阴线，这是一个"两红夹一黑"的 K 线组合（见上面图 3 中画圈处）。这也是一个积极的看多做多信号。

另外，从当时该股走势的整个格局看，底部的大双底已经完成，最后 1 根 K 线突破了大双底的颈线，打开了新的上升空间，这也是我为什么非常看好该股的另一个重要理由。该股突破双底

颈线之日，就是我第二次买进该股的地方（见下图 4 中说明）

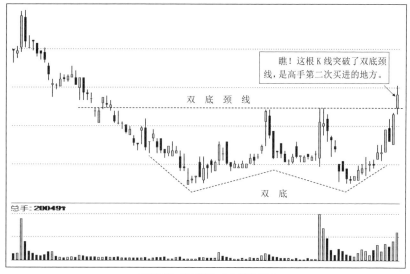

瞧！这根 K 线突破了双底颈线，是高手第二次买进的地方。

双 底 颈 线

双 底

总手：200491

云南白药（000538）日 K 线图 图 4

　　总之，我认为该股已经被有实力的主力看中。我发现该股主力把控能力很强，他们将股价在低位反复倒腾，不断地清洗盘中的浮筹，夯实股价，并能精准地将股价的低点做成略微抬高的状态（只高出一分钱），极力保护好该股的上升形态。此外，股价上升时能连拉阳线，积极调动人气，所有这些都说明该股主力不仅资金实力强，而且操盘相当老练。我判断主力这样做后面肯定会有大动作，这也是我敢于重仓该股的一个重要原因。

　　其他 3 只股票的 K 线走势，我观察下来就不如我看中的股票了，所以我对它们放弃了。

　　比如，本题第二张图中的股票，既是无量空跌又基本上处于无量上涨状态（见下页图 5 中说明）。交易中长期出现无量的股票，说明没有大资金参与，后市很难有作为，因此，该股首先被我排除了。

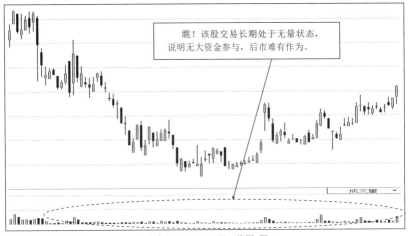

瞧！该股交易长期处于无量状态，说明无大资金参与，后市难有作为。

市北高新（600604）日K线图 图5

本题第四张图中的股票，上涨是有量的，有主力在做多，并且平底构筑的时间也很长，这些都是优点。但它有一个很大缺点，平底几次都被跌破（见下图6中说明），虽然跌破后股价很快被拉了上来，但这个底部构造总让人觉得不是很牢靠，并且成交量也只是后面才放出，它比起我看中的股票底部放量情况要差一大截，因此该股也不在我选择之内。

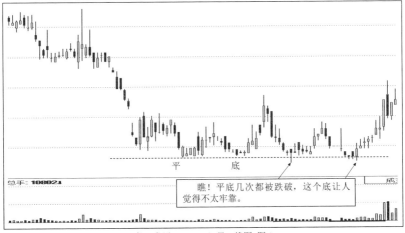

平　　　　底

瞧！平底几次都被跌破，这个底让人觉得不太牢靠。

航天发展（000547）日K线图 图6

本题第一张图中的股票底部技术形态看上去很好，低点在逐步抬高，并且还出现了连续 2 个向上跳空缺口，这些都是看涨的信号。但缺点是下面没有大的成交量出现（见下面图 7 中说明），说明该股缺乏大资金关注。我判断操作该股的主力，充其量是一些实力不强的中小机构，而中小机构资金有限，并且缺乏战略眼光，行情上去也走不远，所以这个股票也被我排除了。

汇通能源（600605）日 K 线图 图 7

总之，这几个股票比较下来都不太理想，我认为还是本题第三张图中的股票符合我选股的要求。该股底部形态扎实，低位放量明显，K 线走势清晰，并且有实力的大资金在关注。投资这样的股票风险小、机会大，它值得我在低位积极加入，重仓持有。

高手说，经事后验证，我对该股重点投资是投对了。在我买进该股后不久，其股价就一路震荡向上，当该股快要接近 12 元时，我卖掉了其中的一半，把投资成本收了回来，此时我留着的一半筹码成本已降为零，心里已没有什么负担，我就放心的留着它进行长期投资。没有想到我这不经意留着的一半筹码，带给我的投资回报竟远远超出我前面卖出的一半筹码的收益，这真可谓是"无心插柳柳成荫"。这留下的一半筹码带给我的超乎寻常的超额回报（见下面图 8 中说明），并不是证明我有多聪明，我相信其他人处于我当时的状态也会这样做的，这不值得炫耀，说白了这仅是上天对我的眷顾而已。

让人想不到的是，该股自 1996 年 4 月在 3 元附近见底后的 20 多年，股价不断往上攀升，截止 2017 年末，复权价最高涨至 2039 元，真是一座名副其实的金矿。

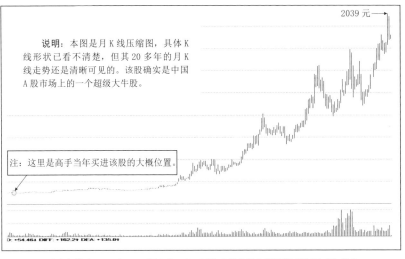

云南白药（000538）1996 年 4 月～ 2017 年 12 月的月 K 线压缩（复权）图 图 8

【补遗】高手选股的故事讲完了。有人问杨老师高手在本题中提到的其他 3 只股票后来怎么样了？于是，杨老师找了一些资料，将这些股票的后市的情况与大家进行了交流。杨老师说，下面是这 3 只股票的往后 10 年走势图（注：这 10 年的走势用月 K 线的复权图进行表示）。在这 10 年中，这些股票究竟给投资者带来什么样的回报，大家一看就清楚了。

一、市北高新（600604）。图 9 是该股 1996 年 4 月 -2006 年 3 月的月 K 线复权走势图。它反映的是测验题第 2 张图中股票之后 10 年的走势。据了解，该股 1996 年 4 月的收盘价是 7.29 元，2006 年 3 月的收盘价是 7.01 元（复权价）。很明显，若当时高手选择该股买入，持股 10 年，最终收益是负的。

从图中看，该股 10 年走了一个过山车行情。若投资者对它长期投资，10 年走了个来回，还略有亏损（注：这个亏损不包括利息在内。若将资金的利息计算在内，亏损额就会扩大）。

市北高新（600604）1996 年 4 月～ 2006 年 3 月的月 K 线（复权）图 图 9

二、汇通能源（600605）。图 10 是该股 1996 年 4 月 -2006 年 3 月的月 K 线复权走势图。它反映的是测验题第 1 张图中股票之后 10 年的走势。据了解，该股 1996 年 4 月的收盘价是 10 元，2006 年 3 月的收盘价是 13.72 元（复权价）。若当时高手选择该股买入，持股 10 年，可以获得 37% 收益。（注：但若计算资金成本的利息，10 年只有 37% 收益，还不够付利息，实际上还是亏的。）

该股在这 10 年中，走的也是一个过山车行情。若涨高后不卖出，哪里涨上去又跌回到哪里，长期投资它 10 年，也只是略有一点收获而已。

1996 年 4 月收盘价是 10 元

2006 年 3 月收盘价是 13.72 元

汇通能源（600605）1996 年 4 月～ 2006 年 3 月的月 K 线（复权）图 图 10

三、航天发展（000547）。图 11 是该股 1996 年 4 月 -2006 年 3 月的月 K 线复权走势图。它反映的是测验题中第 4 张图中股

想不到吧！投资该股 10 年，非但没有什么收益，还要倒亏 7 个多点。如果算上资金成本，那就亏大了。

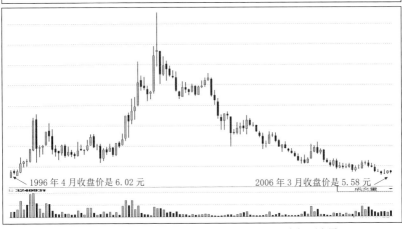

1996 年 4 月收盘价是 6.02 元

2006 年 3 月收盘价是 5.58 元

航天发展（000547）1996 年 4 月～ 2006 年 3 月的月 K 线（复权）图 图 11

票之后 10 年的走势。据了解，该股 1996 年 4 月的收盘价是 6.02 元，2006 年 3 月的收盘价是 5.58 元（复权价）。若当时高手选择该股买入，持股 10 年，亏掉 7.31%。

　　杨老师说，看了上面几个股票的 10 年走势，大家会发现，这些股票的表现，与高手重点投资的云南白药这个股票的表现，真是有天壤之别【注】。故而，像高手那样运用 K 线、成交量的知识与技巧，仔细分析，深入研究，从源头上把握好选股关，精准选股是非常重要的。这是本题练习中高手留给我们最重要的投资经验，大家一定要铭记在心。

　　【又及】本书完稿后向外征求意见时，有人提出，高手选股时只谈技术面，不谈基本面，难道他早年选择云南白药股票进行重点投资，就不看基本面了吗？

　　收到读者这条信息反馈后，我们把意见转给高手。高手回答说，选股自然要看基本面，这是毫无疑问的，但因为今天上课的主题是介绍 K 线、成交量的运用技巧，基本面的问题就省略了。若真的要说的话，就要讲很多内容，这样会冲淡今天的主题，此事敬请大家原谅。（编者按：关于如何依据基本面选择云南白药这样的大牛股，请参见《股市操练大全》特辑第 251 页 -254 页，里面有这方面内容的详细介绍）。

　　（编后说明：本书 K 线练兵试卷的评分标准、评分方法，详见本书第 508 页）

　　【注】当然，本题中除云南白药外，其他几只股票也不是一无是处，否则高手也不会在初选股票时把它们选入股票池了，只不过后来高手经过比较后，认为它们不如第 3 张图中的云南白药这个股票优秀，所以才放弃了它们。平心而论，这几只股票短期走势还是很不错的，股价都出现了大幅上涨，到了高点后才拐头向下，呈现从哪里涨上去又跌回到哪里的过山车式的走势。因此，这些股票只有短期投资价值，而缺乏长期投资价值。

　　但云南白药这个股票就与它们完全不同。同样是投资 10 年，1996 年 4 月其月 K 线复权价是 6.16 元，2006 年 3 月其月 K 线复权价是 125.78 元。当时股价就大涨近 20 倍（以后涨幅更大）。而其他 3 只股票，10 年中股价走了一个过山车行情，长期投资它们几乎没有什么收益，有的还出现了亏损。这样互相一比较，谁优谁劣就非常清楚了。故而高手说，当时他选了云南白药就是挖到了一座金矿，这话是很有道理的。

附　录

练则通　贵在坚持

以练促学　学练结合　事半功倍

光学不练　学练分离　纸上谈兵

通向财富之门

学会主动性高位做空　争做股市达人

说明： K线练兵测验结束后，我们召开了一次座谈会。在会上，大家对K线练兵测验作了高度评价，认为这场K线练兵对他们帮助很大。同时，大家就当下散户迫切需要解决的问题进行了深入讨论，感到目前散户主要面临的问题是"不会卖"，因为不会卖才亏了钱，成为股市中的输家。

俗话说："会买是徒弟，会卖是师傅。"据了解，很多散户在股市中都曾经有过盈利记录，只不过是由于不会卖，错过了卖出时机，从盈利变成吃套，最后导致了亏损，甚至是重大亏损。

可见，当下中小投资者的主要矛盾是必须解决不会卖的问题。"卖"是大多数投资者的痛点，也是股市中最实用的技术。

从操作层面上说，卖的技巧可分为"主动性高位卖出"与"被动性高位卖出"两种类型。主动性高位卖出，是指股价在上涨快见顶时，或在股价高位震荡但还没有出现下跌情况时的一种卖出行为；被动性高位卖出，是指股价见顶信号出现后就马上采取行动，或在下跌初期但股价尚处在次高位的一种卖出行为。因为主动性高位卖出多半在涨势中卖股票，不存在卖不掉的问题，若把握得好，往往能卖出一个好价钱。而被动性高位卖出是在股价下跌时卖出，若遇到股价连续下杀，只能压低价格才能把股票卖掉，若遇到一字线的连续跌停，就只能眼睁睁地看着股价下跌，亏损会不断扩大。

大家在讨论中提到，本书K线练兵训练主要是在介绍被动性高位卖出的技巧，而对如何实行主动性高位卖出的技巧讲得很少。这反映了我们在设计训练题时考虑问题不够周全，内容还不够全面，这是本书的一个缺憾。现在我们根据大家的要求，组织有关人员突击编写了一份怎样进行主动性高位卖出的报告，以此来弥补本书的不足。因为写作时间匆忙，若有不当之处，敬请大家原谅。

浅谈主动性高位卖出的策略与实盘运用技巧

主动性高位卖出的真实含义是：在股市风暴来临前夕要善于择时离场，主动规避风险。技术上称这种行为是"主动性高位做空"。主动性高位做空是股市中技术含量最高的一种卖出技巧，股票既不能卖早了（卖早了股价还在上涨），又必须保证在股价见顶回落前脱手。也就是说，早卖一步、晚卖一步都不行。其卖出把握的精准度，好比是足球比赛中临门一脚踢进球门的技巧。这样的卖出非常难，所以才称它为技术含量最高的一种卖出技巧。若没有超强的对市场分析能力与技术水平，就不能做到主动性高位做空。事实也正是如此，一般的投资者根本做不到，只有经过严格训练、经验丰富的股市高手才能做到。

当然，难度越高的卖出，一旦成功了收获也越大，这是必然的。主动性高位做空的优点非常明显，它能化风险于无形，从山顶上摘下皇冠上的明珠于囊中。换言之，只要把握得好，就可以在股市高位从容地止盈离场，高位不会被套，高位能获大利。这就是该卖出技巧的主要特点。

比如，2015 年 6 月前夕的中国 A 股市场，虽然人气鼎沸，行情火爆，但实际上已危机重重。一些眼光敏锐的投资者已经闻到了大厦将倾的气味，在 5000 点上方实施了主动性高位做空策略，及时离场观望。后来股灾来了，他们逃过了一劫。而当时没有选择主动性高位做空的投资者就吃足了苦头。当股灾爆发时，股价出现连续跌停，投资者手中的股票不仅大幅贬值，更要命的是，因为千股跌停，无人接盘，即使被动性地压低价格卖出也无人问津，仅仅数日，股价就被腰斩的情况遍地都是。也就是说，当初能在股灾发生前选择主动性高位做空，把股票卖出的投资者都保住了胜利果实，成为众人羡慕的股市大赢家，而在股灾发生后被迫采取被动性做空的投资者，瞬间财富大缩水，成了亏损极其严重的股市大输家。

有人问，既然主动性高位做空如此重要，为什么绝大多数投资者，特别是一些中小散户在股市风暴来临的前夕，都没有选择主动性高位做空呢？答案是：第一，他们技术水平不高，不能从K线、成交量等异常变化中看出问题。第二，当时市场行情十分火爆，很多人或是贪心，或是经验不足都被市场假象所迷惑了。故而导致了大厦将倾都不知躲避，陷入了股灾的漩涡而不能自拔。

可见，要真正学会在股市中主动性高位做空，成为股市中先知先觉者，眼光要特别敏锐，技术水平一定要高，要有能力从市场的异常变化中及时发现问题，在股价即将见顶的瞬间将股票卖出。而没有经过特殊训练的投资者是没有这个能耐的，所以，主动性高位做空与大多数投资者无缘。

当然，这并不是说主动性高位做空就高不可攀了。俗话说："世上无难事，只怕有心人。"投资者只要有决心，认真学习，认真钻研，在不久的将来，也一定会掌握主动性高位做空这个利器的。下面我们结合具体案例同大家谈谈如何从技术上看出K线、成交量等异常变化，选择主动性高位做空的一些经验体会。

经验一："关门打狗"是股市中常见的，具有很大欺骗性的K线图形，主力常常利用它诱惑中小散户，实现拉高出货的目的。因此，投资者若见到"关门打狗"的图形，应该在股价震荡时，趁主力拉高股价，右侧"大门"尚未关上之前，逢高主动性卖出。

这里先向大家简单介绍一下"关门打狗"的图形。该图形犹如大写的英文字母"M"，左边一侧是由1根或几根阳线组成，中间部分由若干根阴线与阳线组成，股价呈现震荡走势，右边一侧是由1根或几根阴线组成，俗称为"门"（见图1）。起初，在该图形的中间部分K线出现向上动作时，很多人会以为股价经过调整后开始向上走了，于是就会有不少人盲目跟进。正当大家积极看多做多时，突然会出现1根大阴线或连续收几根阴线，把做多的大门关上。如此一来，前面盲目跟进去的投资者，或已经呆在里面持股看多的投资者，会统统被关在里面束手就擒，这就是"关门打狗"图形走势的形成过程。

"关门打狗"示意图

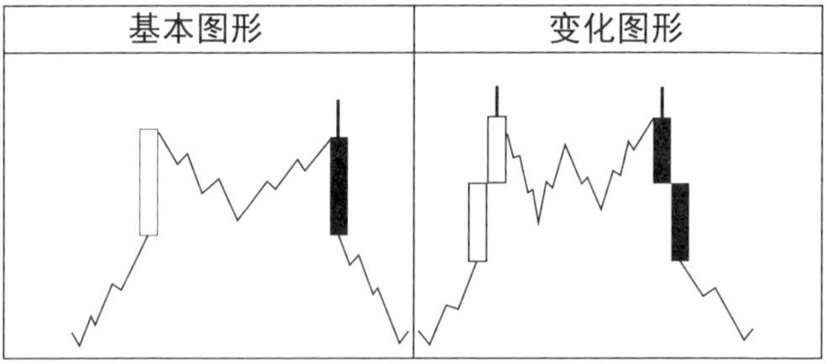

图1

盘中出现"关门打狗"的图形，一方面反映一些投资者太麻痹大意了，才会掉进主力精心设计的陷阱中；另一方面也反映了主力的狡诈与凶狠，他们对散户的杀戮是毫不留情的。通常，"关门打狗"图形出现后，股价就会大跌。投资者的应对策略是：一旦发现手中的股票有可能出现"关门打狗"走势，在后面做多大门还没有关上之前，即右侧的大阴线还没有出现前，就应该主动卖出，若发现做多大门已被关上，更应该及时止损离场。

下面我们来看几个实例。

实例一：浦发银行（600000）。2018年1月，该股主力在拉高出货时怕无人跟进，于是精心设计了一个"关门打狗"的图形走势（见图2中画框处）。主力先是在盘中拉出1根大阳线，吸引市场眼球，然后再让股价慢慢回落，回落到大阳线开盘价处止跌回升。此时又连续出现几根阳线，下面的成交量开始放大。这时候出现价升量增，形势似乎又好了起来。但正当大家期盼股价创新高时，盘中突然连续出现了几根阴线，一下子就把上涨的大门关上了，这样前面盲目跟进去的投资者都被关在了里面。

面对该股"关门打狗"走势投资者该怎么办呢？方法是：在"关门打狗"图形还没有完全成形前，可选择箭头A、B处主动卖出。

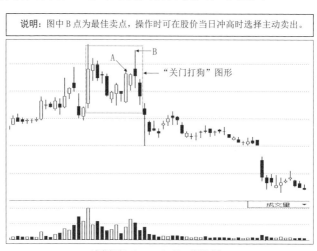

说明：图中B点为最佳卖点，操作时可在股价当日冲高时选择主动卖出。

A "关门打狗"图形 B

成交量

浦发银行（600000）日K线图 图2

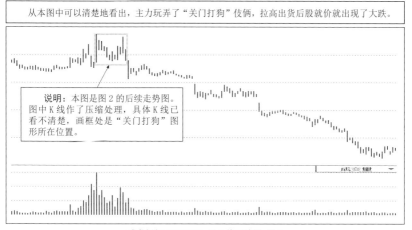

从本图中可以清楚地看出，主力玩弄了"关门打狗"伎俩，拉高出货后股就价就出现了大跌。

说明：本图是图2的后续走势图。图中K线作了压缩处理，具体K线已看不清楚，画框处是"关门打狗"图形所在位置。

成交量

浦发银行（600000）日K线压缩图 图3

实例二：

先导智能（300450）。2017年9月，该股主力在高位出逃时也是精心设计了一个"关门打狗"的图形（见图4中画框处）。这个图形很有诱惑性，它吸引了很多投资者进来接盘，然后主力再把盲目跟进来的投资者一网打尽，让他们在高位"站岗放哨"。按照技术要求，若当时采取主动性高位做空策略，卖点可设在图中箭头A、B、C处。

说明：图中C点为最佳卖点，但要找准这个卖点难度很大，若无丰富的实战经验与盘面感觉，就不可能选择在C处主动卖出。

C
B→
A→
←"关门打狗"图形

成交量

先导智能（300450）日K线图 图4

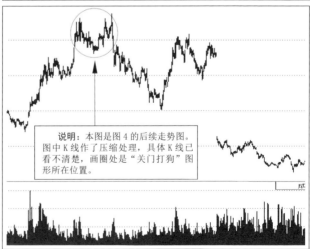

从本图中可以清楚地看出，该股在见顶时出现了"关门打狗"图形，之后股价就出现了大幅下跌的走势。

说明：本图是图4的后续走势图。图中K线作了压缩处理，具体K线已看不清楚，画圈处是"关门打狗"图形所在位置。

成

先导智能（300450）日K线压缩图 图5

实例三:
苏试试验
(300416)。
2015 年 11
月,该股出
现反弹,在
反弹行情的
末端出现了
一个"关门
打狗"的图
形(见图6
中画框处)。
在此看多做
多的投资者
都陷在里面
动弹不得,
没有及时止
损离场的后
面都输得很
惨。

从技术
上说,若当
时对该股采
取主动性做
空策略,卖
点可设在箭
头A、B、C处。

说明:本图最佳卖点在C处。操作时,当发现股价跳空高开,下面放大量时就是主力最后疯狂出货时,即应马上卖出。

"关门打狗"图形

苏试试验(300416)日K线图 图6

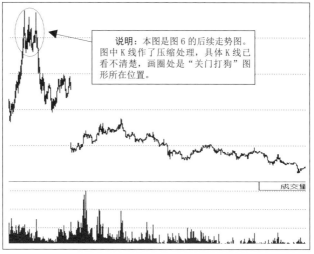

图面显示,该股高位出现"关门打狗"图形后,连跌3年,股价跌得惨不忍睹。

说明:本图是图6的后续走势图。图中K线作了压缩处理,具体K线已看不清楚,画圈处是"关门打狗"图形所在位置。

苏试试验(300416)日K线压缩图 图7

实例四：广信材料（300537）。2018年4月，该股在反弹时，出现了一个构造很完美的"关门打狗"图形（见图8中画圈处）。该图形欺骗性很大，特别是图中间出现了1根涨停大阳线，尔后股价开始震荡向上，这蒙蔽了不少投资者。但让大家未曾想到的是，在自己进去后不久，主力就拉出2根大阴线，把做多的大门关上了。被诱骗进来的投资者都被主力瓮中捉鳖。该股形成"关门打狗"走势后，股价越跌越厉害，未及时割肉出逃的损失十分惨重。可见，对该股采取主动性高位做空是十分必要的。

从技术上说，若当时对该股主动性做空，卖点应设在箭头A、B处。

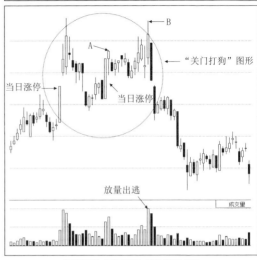

说明：在"关门打狗"图形中，一般最后都有一个放量出逃特征。因此一旦盘中出现放量，即为卖出的最佳时机（见图中箭头B所指处）。

广信材料（300537）日K线图 图8

瞧！该股在反弹中出现"关门打狗"图形后，反弹就画上了句号，尔后股价就不断地向下寻底。

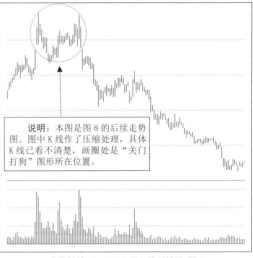

说明：本图是图8的后续走势图。图中K线作了压缩处理，具体K线已看不清楚，画圈处是"关门打狗"图形所在位置。

广信材料（300537）日K线压缩图 图9

— 442 —

小结：上面几个案例中，主动性高位做空的最佳卖点为何都设在箭头 B 或 C 处呢？因为箭头 B 或 C 指的 K 线，当日股价的高点都高于或接近"关门打狗"前面阳线的高点。一般情况下，只要是构造"关门打狗"的图形，这个高点必然会出现。但只要出现这个高点，下面成交量在放大，短线反弹就结束了。接下来股价就会出现下跌，甚至大跌，这已成为该图形走势的一个规律性现象。所以投资者应审时度势，把主动性高位卖出的最佳卖点设在箭头 B 或 C 处。

经验二：股价加速上扬时，表面上看可快速获利，并且获利十分丰厚，但实质上是风险最大的时候。投资者若在盘中见到这样的图形走势，应择时主动退出。

中国 A 股历史证明，快速上涨是主力拉高出货的最重要手段之一。因为主力卖出的方式与普通投资者有很大不同，主力在高位兑现利润，卖出的量很大，一般都会在行情火爆时脱手，此时不愁无人来接盘。而当行情走弱时，主力大量出货就无人接盘了，所以股价越是快速上涨，主力跟着出货的量就越大。主力边拉高边出货，当货出得差不多的时候，主力就不会再拉抬股价，这个时候行情就会戛然而止。所以，我们常常会看到股价快速上涨后会快速下跌，道理就在这里面。

古希腊有一句名言："上帝欲使其灭亡，必先使其疯狂。"用这句话来形容股市的快速上涨是再贴切不过了。虽然，股价快速上涨短线会产生非常大的暴利，但同时也蕴含着巨大的风险，因为谁也不知道行情在什么时候会突然终止。一旦行情出现急刹车，来不及出逃的投资者就会套在山顶上，这个风险是非常大的。据了解，若有谁因股价快速上涨追进去套在山顶上，并且没有及时止损的话，后面的大跌就会让他输得惨不忍睹。因此，面对股价快速上涨，投资者一定要保持定力，抵御短线暴利的诱惑。无该股的投资者要坚定地持币观望，切不可盲目跟进；持有该股的投资者要急流勇退，逢高卖出。

总之，股价出现快速上涨，正是采取主动性高位卖出策略的最佳时机，它可以直接锁定利润，规避风险。若操作得好【注】，赢面非常大。

下面我们来看一些实例。

实例一：中泰股份（300435）。2015年5月，该股出现大涨，特别是后面股价越涨越凶。从图中看，该股冲顶时连拉3根涨停大阳线（见图10中箭头A、B、C），大有股价一飞冲天的感觉。其实，股价涨得最好的时候，也往往是最危险的时候。聪明人此时会选择急流勇退，贪心的人会选择快速跟进，最后会套在山顶上。

依据技术规则，若对该股采取主动性高位做空策略，卖点应设在箭头C处（见到第3根大阳线接近涨停时，应马上主动卖出）。

瞧！该股在连拉3根涨停大阳线后，马上就见顶了，接着股价飞流直泻，不到30个交易日，股价就跌掉近七成。

115.98元

C
B
A

34.94元

成交量

中泰股份（300435）日K线图 图10

【注】操作时，除了要仔细观察日K线，捕捉K线即将见顶的信号（如发现出现"跳空三阳线"可马上止盈离场），还应该认真看一看60分钟、30分钟K线等分时K线的走势，仔细观察股价走势与MACD、成交量的背离状况（如发现分时K线走势中出现了严重的顶背离，就应该及时采取规避措施）。投资者若把日K线与分时K线有机结合在一起进行分析判断，主动性高位做空的成功率就会显著提升。

实例二：平安银行（000001）。1997年5月，该股冲至49元见顶。该股见顶前股价一路上行，特别是到尾端，连续出现3根跳空的涨停大阳线（见图11中箭头A、B、C）。最后1根大阳线的收盘价是48.92元，第二天仅高开了0.08元，在49元处见顶，当天就出现了1根大阴线。据了解，这49元的顶是该股往后20多年的历史大顶，至今该股都没有冲过这个历史大顶。

更让人吃惊的是，该股在1997年5月49元见顶后，连跌8年，2005年3月最低跌至5.05元，最大跌幅接近九成。若当时有谁对该股采取主动性高位做空策略，在山顶出逃，那做得真是太漂亮了。

根据技术要求，该股主动性高位做空的卖点应设在箭头C处。

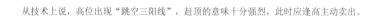

从技术上说，高位出现"跳空三阳线"，赶顶的意味十分强烈，此时应逢高主动卖出。

平安银行（000001）日K线图 图11

实例三：无锡银行（600908）。2017年5月，银行股成了市场热点。因为该股属于上市不到一年的银行类次新股，更是受到市场的追捧。主力也趁机把其股价推高，这样主力出货时就可以卖出一个好价钱。从图中看，该股快要见顶时接连拉出4根涨停或接近涨停的大阳线（见图12中箭头A、B、C、D），仅4天时间股价就大涨46%，涨幅十分惊人。这让一些贪心的投资者十分眼馋，有的就匆忙追了进去，但等他们追进去后，情况就发生了急剧变化。该股在摸高23.84元后第二天就跌停了，之后股价出现了狂泻。可见，对这样的股票，投资者只有采取主动性高位做空，才能有效地抵御风险。

从技术上说，若当时对该股采取主动性高位做空策略，卖点应设在箭头C处（若在箭头D处卖出就卖到最高价了。但要在箭头D处卖出很难，能做到者，一是靠胆略，二是靠运气。故我们认为，在一般情况下，主动性高位做空的卖点应设在箭头C处）。

瞧！太疯狂了，赶顶时连续拉出4根涨停大阳线，但暴涨后面就是暴跌。该股见顶后股价一泻千里，它让高位追进者吃足了苦头。

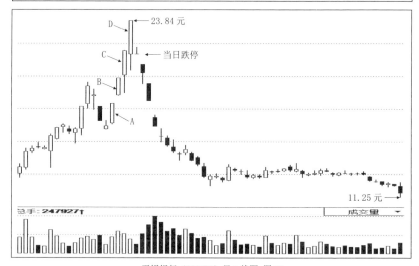

无锡银行（600908）日K线图 图12

实例四：浩丰科技（300419）。2015年4月，该股涨势如虹。在赶顶时出现了3根涨停大阳线（见图13中箭头A、B、C、D）。但随后行情就戛然而止，并出现了连续跌停的走势。据了解，在该股出现加速上涨时看多做多者，后面都被一网打尽，成了大输家。很显然，当时在该股快速上涨时，只有对它采取主动性高位做空策略，才能逃过一劫，成为赢家。

从技术上说，若对该股采取主动性高位做空策略，卖点应设在箭头C处。

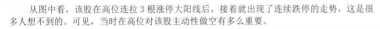

　　从图中看，该股在高位连拉3根涨停大阳线后，接着就出现了连续跌停的走势，这是很多人想不到的。可见，当时在高位对该股主动性做空有多么重要。

浩丰科技（300419）日K线图　图13

小结：在股价出现加速上涨时，主动性高位做空的卖点有两处可选择。一是可设置在连续涨停的第3根大阳线处，当天股价快接近涨停时就将它卖出。二是考虑到出现3根涨停大阳线后，股价还会有上涨的惯性，盘中还会出现往上冲一冲的现象，因此，可将卖点移后到第3根大阳线出现后的第二天，时间一般可选择在上午开盘一小时内卖出。但如果第二天开盘后出现高开低走或平开低走的现象，应马上卖出。

从理论上说，后面一种卖出的赢利相对要大一些，但风险也会无形中加大。因为并不是所有的个股在高位出现3根大阳线后，第二天股价还会往上冲一冲的。有些个股在出现3根大阳线后的第二天，股价会直接大幅度低开，甚至跌停开盘。一旦遇到跌停开盘那就麻烦了，即使想卖也卖不掉，这样损失就很大。故我们建议：遇到加速赶顶的股票，在一般情况下，采取主动性高位做空时应把卖点设在出现第3根大阳线的当天，而不是在出现第3根大阳线后的第二天。

经验三：对K线走势出现异常现象的股票（比如，日K线中的上下影线特别多，K线呈一字形排列，无论股价是涨是跌下面的成交量都很小）要主动回避。因为这种类型的股票，往往是主力（庄家）被困在里面，拉高无人跟风，出货无人接盘的老庄股。老庄股是股市中的"定时炸弹"，一旦爆炸，股价就会出现高台跳水或连续下跌的走势。届时，持有该股的投资者就会遭受巨大损失。故而，投资者面对K线走势出现异常现象的股票，唯一的应对策略是：持有该股的投资者不能再抱有什么幻想，应抓紧主动卖出；没有该股的投资者，坚决不碰它，不趟这滩浑水。

下面我们来看一些实例。

实例一：三木集团（000632）。图14显示：2005年2月，该股横盘后在尾端选择了高台跳水。该图中还有一张局部放大图形。从其放大图形中可以看出，该股日K线中上下影线特别多，人为做盘的痕迹清晰可见。显然，这是一个老庄股，必须回避。

从技术上说，若对该股采取主动性高位做空策略，在股价未向下破位大跌前，任何一个地方都是主动抛售的卖点。

说明：该股横盘时卖出很容易，但出现破位下跌再卖出就难了。该股破位后仅几天时间，股价就遭到了腰斩。所以，对老庄股一定要选择在其未破位前进行主动卖出，这点非常重要。

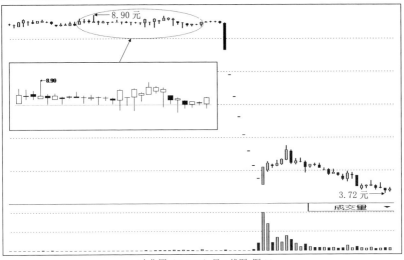

三木集团（000632）日 K 线图 图 14

实例二：康缘药业（600557）。2005 年 4 月，该股横盘很久后，主力终于撑不下去了，股价出现了连续下跌的走势。从图 15 中看，该股横盘时，K 线中上下影线频繁地出现，人为做盘迹象显

经验告诉我们，老庄股横盘时突然大幅高开，是主动性卖出的最佳之处。此时千万不能做反了，若盲目跟进就中了主力的圈套。

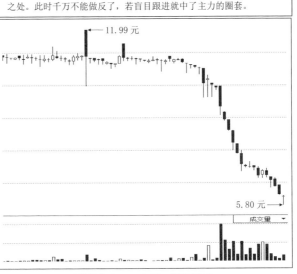

康缘药业（600557）日 K 线图 图 15

而易见。该股在横盘时，下面成交量很小，主力根本无法出逃，到最后股价只能选择跳水才能吸引买盘，故而横盘后出现大跌是无法避免的。

从技术上说，对这样的老庄股，若采取主动性高位做空策略，最佳卖点可选择在股价突然高开时卖出。

实例三：华仁药业（300110）。下面一张图，了解K线的人一看就知道这是一个老庄股。因为在该股跳水前的一段K线走势，人为勾画的痕迹非常明显。从图16中看，该股主力打算在送股除权前拉高出货，但因无人接盘【注】只得作罢。2018年2月，该股除权后出现了连续跌停，之后跌停板打开，成交量急剧放大，直到此时才开始有人接盘。但由于主力出货决心已定，往后股价会继续向下寻底，故而在此看多做多仍然存在很大的风险。

注意，老庄股大跌后也不要轻易抄底。据了解，在箭头B处买进者，半年后股价再次被腰斩，损失惨重。

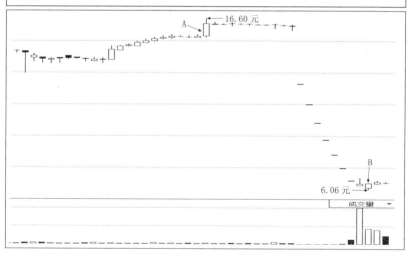

华仁药业（300110）日K线图 图16

【注】主力出货，究竟有没有人接盘可看下面的成交量。如果下面的成交量很大，说明有人接盘，如果下面的成交量很小，说明无人接盘。我们从该股送股除权前股价拉高，但下面成交量很小的情况看，可以判断出主力当时是出不了货的。

从技术上说，若对这个老庄股采取主动性高位做空策略，最佳卖点可设在盘中拉中阳线的地方（见图 16 中箭头 A 所指处）。

实例四：金盾股份（300411）。2017 年末，该股横盘时出现了整齐划一的走势，K 线中频繁出现上、下影线，而下面的成交量却一直很小。这一切说明该股是一个老庄股，此时已无人陪他玩了，该股主力只能自拉自唱。但最后该股主力（庄家）因为资金的压力，实在扛不过去，选择跳水出货，故而横盘后股价出现了连续跌停的走势。

从技术上说，若对该股采取主动性高位做空策略，最佳卖点应该是股价冲高之处，即出现长上影线的地方（见图 17 中箭头 A 所指处）。

> 从图中看，该股走势很特别，一条线整齐排列。有经验的投资者一看就知道这是一个老庄股，主力已玩不下去了，后面大跳水是预料之中的事情。所以投资者应该远离这种老庄股，主动做空是唯一正确的选择。

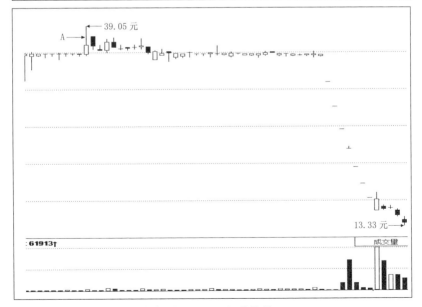

金盾股份（300411）日 K 线图 图 17

实例五：盛讯达（300518）。下面有 2 张图。第一张图（见图 18）显示的是，该股 2017 年末至 2018 年上半年的日 K 线走势。因为这张图经过压缩处理，具体的日 K 线走势已看不清楚。但从它的局部放大图形可以看出，该股几乎每根 K 线都有下影线或上影线，主力刻意做盘的现象非常明显（注：了解庄股特点的人，一眼就可看出这是一个老庄股）。第二张图（见下页图 19）是该股 2018 年下半年至 2019 年初的日 K 线走势。从这张图可以看出，该股横盘许久后终于撑不住了，出现了高台跳水。

瞧！这大半年的股价走势都在一条水平线上波动，上下影线特别多，人为做盘痕迹非常明显。

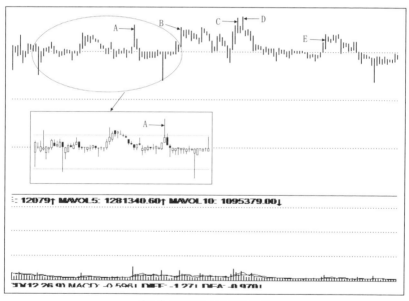

盛讯达（300518）日 K 线图 图 18

从技术上说，若对该老庄股采取主动性高位做空策略，最佳卖点应设在股价横盘时拉高处（见图 18 中箭头 A、B、C、D、E）。

（接上图）老庄股横到后面，必然会高台跳水，该股也不例外。该股高台跳水时，一下子从50多元跌到10多元，跌幅相当惊人。

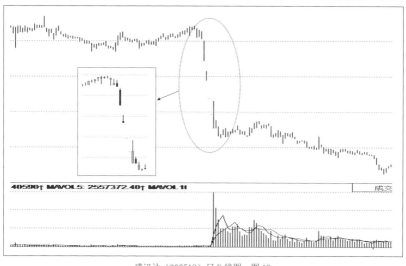

盛讯达（300518）日K线图　图19

小结：虽然主力做庄在中国A股市场屡见不鲜，但主力做庄也有失败的时候。比如，主力坐庄把某股票做成老庄股，那么这个主力就难逃厄运了。为什么会成为老庄股呢？原因是流通筹码大部分都弄到主力手里了。外面的流通筹码很少，说明没有多少人陪主力玩了。主力拉抬股价没人跟风，卖出股票无人接盘，这就让这些主力无计可施了。但主力有一大堆筹码在手里，为了不让这些筹码贬值，只能自拉自唱，维持股价不跌。于是，K线图上出现了与众不同的异常现象（如日K线的上下影线特别多）。投资者看到盘中K线出现异常现象，一要明白这是老庄股，是不能碰的，谁碰谁倒霉，因为它早晚会出现跳水。二是手中若有此股票，应积极采取主动性高位做空策略，抓紧时机把它卖掉。可以说，老庄股在大跌之前，任何地方都是卖点。当然，最佳卖点是老庄股出现拉高时（如盘中拉出1根长上影线，长上影线的高点就是最佳抛售点），或突然大幅高开时（如某天开盘时出现了7、8个点的涨幅，甚至是涨停价开盘的现象，就是最佳卖出机会）。

经验四：对反弹中拉出大阳线后形成旗面形状，尤其是成交量暴增的股票，要坚决回避，因为这些股票后面都会出现大跌。

比如，我们常常看到一些在"低位"整理的股票，突然会冒出1根涨停大阳线，随后股价就在大阳线收盘价略高一点处止步，接着股价重心开始下移，出现多根向下倾斜的小阴线（偶尔会有中阴线或小阳线出现）。如果把大阳线与这些重心下移的K线连起来观察，其形状就像一面旗帜，大阳线就是它的旗杆，向下倾斜的小阴线、小阳线就是旗面。一般来说，盘中只要出现这种形状的K线图形，后市基本上都是下跌的，有时跌幅还相当大。

那么，为什么会出现这种情况呢？原因就是这些股票在"低位"整理时，并不是真正的低位，其实这时候股价还在半山腰，因此，主力仍想在这里把筹码卖出去。于是，主力通过拉大阳线来吸引买盘，然后再通过重心下移的K线不断往外发货。这样的话，在走势图上就会形成独特的旗面形状的K线图形。当主力利用旗面形状的K线图形大量出货后，股价就会再次创出新低。所以，投资者看到盘中出现这样的K线图形，应该逢高主动卖出，卖出越早损失越小。

下面我们来看一些实例。

实例一：深科技（000021）。1999年9月，该股主力出货时就开始用大阳线作掩护，进行拉高出货。因为主力深知，平时没有人关注的股票，只要拉出涨停大阳线就会吸引市场眼球，就能把看见大阳线盲目跟进的投资者套在里面，主力可趁机把货卖给他们，自己则能溜之大吉。

面对该股可能出现旗面形状的K线走势，投资者应采取主动性高位做空策略来规避风险（卖点可设在图20箭头A、B处）。

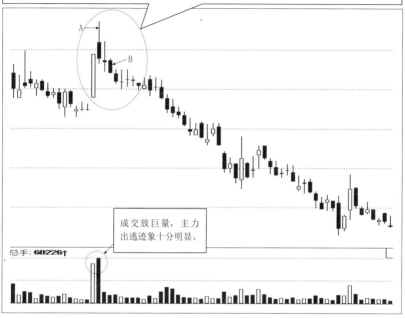

说明：图中画圈处很像一面"旗帜"，最佳卖点应选择在"旗杆"顶端，即箭头A所指处。另外，将箭头B所指处作为主动性做空的卖点，是因为此处的"旗面"已初见雏形，在此卖出正当时。

成交放巨量，主力出逃迹象十分明显。

总手：60226↑

深科技（000021）日K线图 图20

　　实例二：皮阿诺（002853）。2018年1月，该股横盘了许久，突然出现1根放量涨停大阳线，一些技术派人士以为股价横盘后选择了向上突破，马上跟进。第二天该股冲高回落，放出巨量，换手率达到39.94%，此后几天股价就止步不前了。其实，主力利用大阳线诱多出逃的意图非常明显，但当时为什么会有这么多人看好该股，积极买进呢？主要是一些怀有做多情结、对技术似懂非懂的投资者，被这根放量涨停大阳线迷住了眼睛，所以才会盲目冲了进去，从而落入了主力的圈套，致使投资遭受了重大亏损。

　　面对该股有可能出现旗面形状的K线走势，采取主动性高位做空策略非常必要（卖点可设在图21中箭头A、B处）。

实例
三：康斯特
（300445）。
2017 年 11 月，
该股在盘整时
突然拉出 1 根
涨停大阳线。
第二天稍有高
开后就一路走
低收出了 1 根
阴线，接着股
价就不断下
沉。这根大阳
线与后面的 K
线形成一面旗
帜形状。尔后
股价就出现了
大跌。

　　面对该股
有可能出现旗
面形状的 K 线
走势，投资者
若要对该股采
取主动性高位
做空策略，大
阳线后的第二
天股价高开时
就可卖出（卖

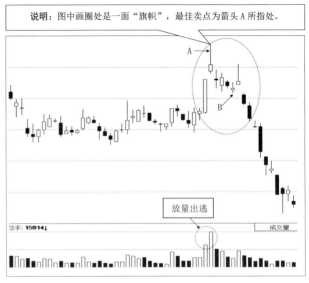

说明：图中画圈处是一面"旗帜"，最佳卖点为箭头 A 所指处。

皮阿诺（002853）日 K 线图　图 21

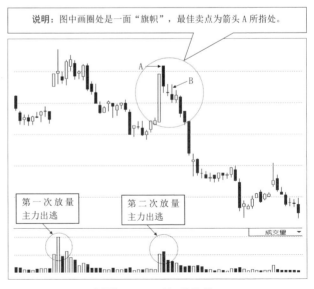

说明：图中画圈处是一面"旗帜"，最佳卖点为箭头 A 所指处。

康斯特（300445）日 K 线图　图 22

点可设在图 22 中箭头 A、B 处）。

实例四：迦南科技（300412）。2017 年 10 月，该股在“低位”进行无量横盘，突然有一天拉出 1 根涨停大阳线，第二天大幅跳空高开，很多不明真相的投资者以为该股有什么利好消息，行情启动了，于是纷纷跟进。当天该股放出了近期天量，接着 2 天股价仍在这根大阳线上方运行，但股价重心在下移，成交量仍然很大。至此，主力利用大阳线作掩护拉高出货的目的已昭然若揭。

其实，了解主力操作意图的投资者，在盘中拉出涨停大阳性时就可采取主动性高位做空策略，趁股价冲高时把股票卖出（卖点可设在图 23 中箭头 A、B 处）。

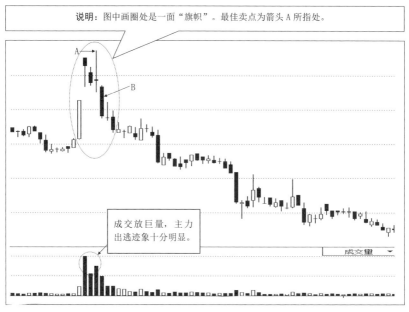

说明：图中画圈处是一面“旗帜”。最佳卖点为箭头 A 所指处。

成交放巨量，主力出逃迹象十分明显。

成交量 ▼

迦南科技（300412）日 K 线图 图 23

实例五：惠伦晶体（300460）。2018 年 7 月，该股在不断走弱的行情中，突然迎来“一丝曙光”，先是拉出 1 根涨停大阳线，第二天又是跳空高开，以一字线涨停收盘，如此异军突起的上涨之势，引来了场外的短线客进来抢盘。随后 2 天多空搏杀激烈，成交放出巨量，但股价就此拐头向下。主力趁机拉高出货，卖出了大量筹码，而盲目跟进做多的人都被套住了。

面对该股当时走势，采取主动性高位卖出做空策略十分必要。投资者在操作时，可选择大阳线后的第三天主动卖出。因为这天成交放出巨量，K 线收阴已将缺口部分填补，主力拉高出货的意图已充分暴露（卖点可设在图 24 中箭头 A、B 处）。

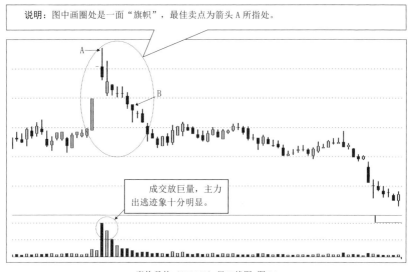

惠伦晶体（300460）日 K 线图 图 24

实例六：中弘股份（000979）。2018 年 10 月，该股是中国 A 股市场第一只非 ST 股，但因为股价连续 20 个交易日低于 1 元而直接退市的股票。其实，该股基本面恶化在 3 年前就出现了，主力对此心知肚明，他们早就想溜之大吉，但当时苦于无人接盘出不了货。于是，主力想了一个诡计，在 2015 年 11 月 23 日这天，盘中突然拉出 1 根涨停大阳线，引诱场外迷信大阳线的投资者跟进。第二天股价冲高回落，收了 1 根螺旋桨 K 线，这天最高价 5.65

元就成为该股往后 3 年的最高价【注】。其实，当初在该股拉出大阳线时，若想判断这根大阳线是做多信号，还是主力用它掩护出货信号，只要仔细观察大阳线后的几天 K 线走势，心里就有底了，主力利用大阳线作掩护进行拉高出货已是板上钉钉之事。

既然事情已经明朗，当时对该股主动性卖出就很迫切了。从技术上说，大阳线出现后的第二天，成交量急剧放大时就是主动性卖出的最好时机（卖点可设在图 25 中箭头 A、B 处）。

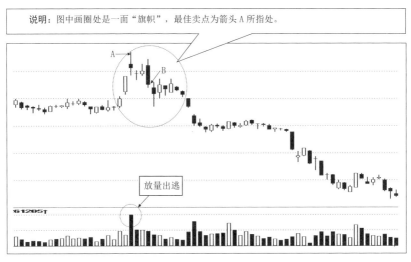

说明：图中画圈处是一面"旗帜"，最佳卖点为箭头 A 所指处。

放量出逃

中弘股份（000979）日 K 线图 图 25

小结：历史经验告诉我们，当股票反弹出现旗面形状 K 线时，十有八九是主力在利用大阳线作掩护进行拉高出货。此时，投资者无论如何都不能再对它看多做多了，必须马上止损离场，因为后面股价还要大跌。

【注】该股以后直到退市都没有见到这个价格。若以 2018 年 12 月 26 日该股退市最后 1 天的收盘价 0.22 元核算，股价已大跌 96.11%。当初在此价格买进的投资者真的是血本无归了。

但作为主动性高位卖出，不能等到盘中旗面形状 K 线图形出现后再行动，此时卖出尽管很重要，但本质上已不是主动卖出，而是被形势所迫，在被动性卖出了。若采取主动性高位卖出策略就要在旗面形状出现之前（即旗杆刚树起来时），或旗面形状仅为雏形时，就应该及时做出明确判断，主力是在利用大阳线作掩护进行拉高出货。因为只有提前作出正确预判，才能保证主动性高位做空的策略得到贯彻执行。但是要对大阳线的真伪作出正确的预判是有很大难度的。它涉及到当事人的看盘经验、技术水平，说起来很复杂，限于本书篇幅我们不能过度展开，只能在文中作一些简单的提醒。比如，反弹中出现大阳线，若下面放出巨量、股价滞涨，这时候投资者就要小心，可考虑反向做空了。只有这样，才能让主动性高位做空策略更好地发挥出积极作用。

我们在此要提醒大家的是：经验四中举的几个实例，前提是已经确定大阳线是被主力利用成为掩护拉高出货的信号，此时才能考虑主动性高位做空的卖点应该设置在何处。反之，如果大阳线的真伪都没有明确，主动性卖点就不可随便设立，否则就有可能犯方向性错误。这点大家在操作时需要特别注意。

经验五：对盘中出现多根（包含 2 根）大阳线，但后面股价又始终徘徊不前，甚至下跌的股票，投资者要保持高度警惕。因为这是主力利用大阳线扎堆来制造虚假的做多气氛。主力想以此来引诱中小散户高位接盘，自己则可金蝉脱壳，逃之夭夭。投资者若在盘中见到大阳线扎堆，股价重心在下移的股票，此时的应对策略是：可逢高主动卖出（可趁主力拉大阳线时卖出）。若没有及时卖掉，也必须趁股价未大跌前卖出。

本文在前面一条经验中，曾经向大家介绍了主力利用 1 根大阳线作掩护进行拉高出货的案例。而现在我们向大家揭露的是主力利用多根大阳线作掩护进行拉高出货的伎俩。有人问，主力为什么要用多根大阳线掩护出货呢？答案不外乎是：因为主力手中的货很多，出货量大，自然就产生了多找些"帮手"（大阳线）来掩护出货的想法，这样货才能出干净。

故而，投资者看到盘中出现多根大阳线，但股价或滞涨，或不涨反跌的现象，就要想到这是主力在玩花招，在骗大家进来接盘，这时候头脑一定要清醒，要积极地采取主动性卖出的策略。大家只要下决心主动离场，就不会被主力忽悠，逢高卖出的目的也能实现。这是因为主力在盘中不断拉大阳线，股价时常会出现一些高点，若时机把握得好的话，采取主动性高位做空策略就能卖出一个好价钱。

下面我们来看一些实例。

实例一：普丽盛（300442）。2015年12月，该股主力在反弹高位出货时，利用连拉大阳线（见图26中箭头A、B、C、D、E）的阴招，来掩护其出逃。很多人看到该股不断出现涨停大阳线以为平安无事了，在此积极看多做多，结果都上当了。当主力出货目的达到后，股价就出现了暴跌。

因此，当盘中出现大阳线扎堆，股价滞涨的现象时，投资者应及时采取主动性高位做空策略来规避风险。从技术上说，该股横盘时出现的一些高点都可作为主动性做空的卖点。

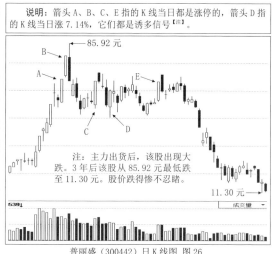

说明：箭头A、B、C、E指的K线当日都是涨停的，箭头D指的K线当日涨7.14%，它们都是诱多信号【注】。

注：主力出货后，该股出现大跌。3年后该股从85.92元最低跌至11.30元。股价跌得惨不忍睹。

普丽盛（300442）日K线图 图26

【注】所谓诱多信号，是指主力拉出这些大阳线的目的，并不是要把股价推上去，而是引诱散户高位接盘，主力则可趁机拉高出货，实现高位大逃亡。

实例二：昊志机电 (300503)。2016年11月，该股一路高歌猛进，不断创出新高，此时人气特别兴旺，也是主力出货兑现利润的最佳时机。主力在高位出货时，用大阳线迷惑市场，诱骗一些不明真相的投资者高位接盘，他们好溜之大吉。从图27中看，主力高位顺利出逃后，股价就出现了大跌。

因此，投资者发现该股出现大阳线扎堆、股价滞涨时，就应该采取主动性高位做空策略来防范投资风险。从技术上说，大阳线后出现的长上影线处，都是主动性高位做空的卖出之处。

实例三：高斯贝尔（002848）。2018年5月，该股主力在反弹中拉高出货时，连续用涨停大阳线（见图28中箭头A、B、C、D、E、F)制造做多气氛，忽悠中小散户进来

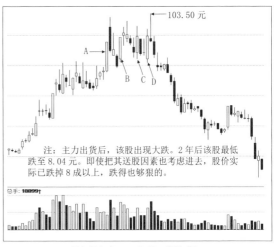

说明：箭头A、B指的K线当日都是涨停的，箭头C指的K线当日涨5.26%，箭头D指的K线当日涨5.40%，这些K线都是诱多信号。

103.50 元

注：主力出货后，该股出现大跌。2年后该股最低跌至8.04元。即使把其送股因素也考虑进去，股价实际已跌掉8成以上，跌得也够狠的。

总手：18899↑

昊志机电 (300503) 日K线图 图27

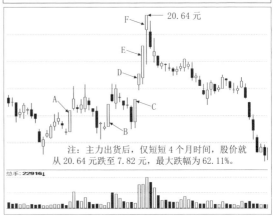

说明：箭头A、B、C、D、E、F指的K线当日都是涨停的，它们都是被主力用来掩护出货的烟雾弹。

20.64 元

注：主力出货后，仅短短4个月时间，股价就从20.64元跌至7.82元，最大跌幅为62.11%。

总手：229161↓

高斯贝尔（002848）日K线图 图28

接盘，特别是最后4根涨停大阳线将做多气氛推向了高潮。很多不明真相的投资者以为行情发动了，纷纷跟进，但随后该股的表现却让这些投资者大失所望，股价出现一路下跌的走势，仅仅4个月，股价就跌掉了6成以上，当时盲目追进做多的投资者损失惨重。

从技术上说，本图中出现大阳线扎堆现象后，主动性高位做空的最佳卖点应设在箭头F所指处。但要找准这个卖点很难，能找准的一定是久经沙场、技术过硬、悟性好（注：关于悟性，本文后面会详细论述）的投资者。

实例四：英联股份（002846）。2017年12月，该股主力在股价横盘时，连拉大阳线（见图29中箭头A、B、C）掩护出货。等主力把货出清后，股价就出现了暴跌。从下面成交量可以看出，

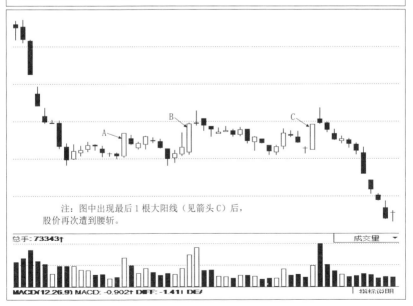

> 说明：箭头A、C指的K线当日都是涨停的，箭头B指的K线当日涨9.44%，这些大阳线都是主力反弹出货的诱多信号。

注：图中出现最后1根大阳线（见箭头C）后，股价再次遭到腰斩。

英联股份（002846）日K线图 图29

图中每次出现大阳线时，成交量就出现放大，说明大阳线的诱惑力还是很强的，被诱惑跟进做多者多半被套在半山腰了。

从技术上说，本图中出现大阳线扎堆现象后，主动性高位做空的卖点相对容易寻找。比如，大阳线后的第二天，股价往上拉升受阻处就是主动性高位做空的卖出之处。

实例五：山鼎设计（300492）。2016年11月，该股创出历史高点时，主力获利丰厚。主力为了在高位兑现利润，先是拉出1根涨停大阳线（见图30中箭头A），第二天股价跳空高开，再次拉出1根涨停大阳线（见图30中箭头B），从而大大"激发"了市场做多热情。等很多人在高位跟进后，主力马上就翻脸了，大量抛售，随后股价即见顶回落，出现了连续下跌的走势。

从技术上说，本图在大阳线扎堆股价重心下移时，投资者应对它采取主动性高位做空的策略，卖点可设在箭头C所指处，因

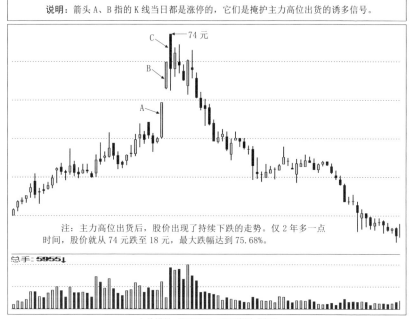

说明：箭头A、B指的K线当日都是涨停的，它们是掩护主力高位出货的诱多信号。

C —— 74元

B

A

注：主力高位出货后，股价出现了持续下跌的走势。仅2年多一点时间，股价就从74元跌至18元，最大跌幅达到75.68%。

总手：59551

山鼎设计（300492）日K线图 图30

为这里显示高位连拉大阳线后，股价出现了放量下跌的现象，此处若不主动卖出就会受套牢之苦。

小结：利用大阳线扎堆现象掩护主力高位出货，这是主力最重要的出货手段之一。大阳线扎堆也是对中小散户诱惑力最强，欺骗性最大的做多陷阱。盘中只要出现这样的多头陷阱，几乎绝大多数股民，包括一部分长年累月在股市中搏杀的老股民，都会不知不觉地陷进去。因此，在这当口能看清主力阴谋，不被市场做多假象所迷惑，采用主动性高位做空的策略，及时逢高卖出就显得尤为重要。投资者只要记住，股价大涨后，在高位出现大阳线扎堆现象，或在反弹中出现大阳线扎堆现象，但股价一直处于徘徊不前的状况，那大概率就是主力在利用大阳线扎堆作掩护，进行悄悄地出货。此时，大阳线后的每一个高点，都是主动性高位做空的卖点，若能逢高及时卖出者一般都是赢家。

事实告诉我们，在波诡云谲的股市，风险无处不在，该卖时一定要干净利落地出手，这是主动性高位做空的核心要义所在。这条经验大家千万不可忘记！

经验六：在股价大涨后，当屏幕上方出现"99"、"88"等神秘数字时，投资者要高度关注。若3天内股价不能创新高，就应该选择主动性卖出，离场观望。

关于这个问题，本书试卷⑧第三道测验题，曾以"99"数字为例，详细介绍了这方面的知识与案例。但很多投资者却不以为然，他们总认为这不是什么规律性的现象，只不过是一种巧合而已。但事实并非是这些人想象的那样，因为这种现象实在太多了，可谓举不胜举。如果投资者能够正视客观事实，认为这是件应该引起高度警惕的事，该卖出时主动卖出，这样就会少吃很多亏。

下面我们仍以高位出现"99"数字为例，举一些案例供大家参考。

实例一：华大基因（300676）。该股因为从事最前沿的生物科技"基因测序"，上市后就受到了市场的追捧。股价从上市首日的开盘价 16.37 元一路攀升到 261.99 元，上市仅 4 个月，股价就涨了 15 倍。在该股见顶时，电脑屏幕上方最高价的尾端出现了"99"这个神秘数字（见图 31）。

股价短期内涨幅巨大，见顶价又高挂着"99"这个神秘数字，按道理应该引起大家的警觉，但很多人并没有把"99"这个数字当成一回事，继续对该股看多做多。但事与愿违，该股在 261.99 元见顶后就一路下跌，且跌幅巨大。可想而知，当初那些无视"99"这个神秘数字，在高位对该股看多做多的投资者损失有多么惨重。

说明：该股在261.99元见顶后，第二天出现了1根中阳线，此时主动性卖出是很容易的，如果真的这样做了，那无疑就成为高位逃顶的大赢家了。

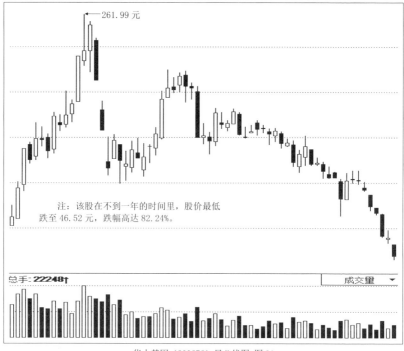

← 261.99 元

注：该股在不到一年的时间里，股价最低跌至46.52 元，跌幅高达 82.24%。

总手：22248↑

成交量 ▼

华大基因（300676）日 K 线图 图 31

实例二：天铁股份（300587）。该股是2017年1月初上市的，上市首日的开盘价是18.62元，上市后股价最高攀升至47.99元，随后股价就掉头向下，2018年10月最低跌至14.59元。这个价格已将其上市日的开盘价跌破，跌得也够惨的。

说明：从放大图中可以看出，该股攀高47.99元后，接着出现的是一个"尽头线"K线组合。尽头线是看跌信号，两者叠加，见顶成定局。所以此时主动性卖出应该是一个极佳机会。

天铁股份（300587）日K线图 图32

实例三：金志科技（300458）。2016年6月，该股出现了一轮强劲反弹，股价出现了翻番行情，其反弹见顶的价格就定在120.99元。随后反弹结束，股价重新步入下跌趋势。

说明：该股从63元一路反弹至120.99元，股价几乎翻了一番。经验告诉我们，反弹行情出现翻倍，反弹画上句号的概率很大。此时再出现"99"这个逃亡信号，那就更应该主动性卖出。

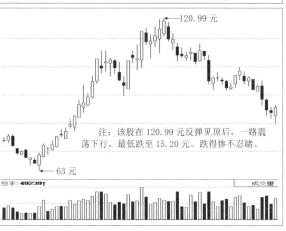

注：该股在120.99元反弹见顶后，一路震荡下行，最低跌至15.20元。跌得惨不忍睹。

金志科技（300458）日K线图 图33

实例四：金冠股份（300510）。2016 年 6 月，该股公布了 10 转 10 的送股预案。在送股除权前，该股受到市场追捧，出现了一波抢权行情，其最高价是 104.99 元。随后抢权行情结束，股价掉头向下。该股送股除权后出现了大幅贴权的走势，股价一路走低。当时对该股看多做多者都出现了深套。

实例五：全信股份（300447）。2015 年 5 月，该股上市时正遇到牛市疯狂上涨，于是其股价出现了 20 多个一字线涨停，走势十分强劲。当时谁也不知道这条疯牛涨到何处是尽头，但当屏幕上方显示出 208.99 这个数字时，聪明人就知道这极有可能是该股涨到头了。很显然，当时有谁相信这个"99"是该股的见顶信号，顺势卖出，这样就能在其最高价处出逃。

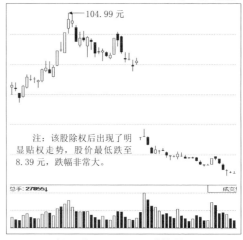

说明：送股前股价飚升出现抢权，这是主力惯用的拉高出货伎俩。此时在高位再出现"99"这个神秘数字，那就更暴露了主力的险恶用心。故而大家见到"99"应马上主动卖出，这样就可以逃过后面的大跌。

注：该股除权后出现了明显贴权走势，股价最低跌至 8.39 元，跌幅非常大。

金冠股份（300510）日 K 线图 图 34

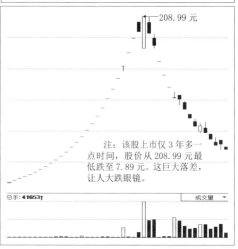

说明：该股在 208.99 元见顶时，卖出很容易，因为当天股价是涨停的。如果这天不主动卖出，因后面股价出现连续跌停的走势，到这个时候，即使想卖也很难卖掉了。可见，在高位见到"99"主动卖出有多么重要。

注：该股上市仅 3 年多一点时间，股价从 208.99 元最低跌至 7.89 元。这巨大落差，让人大跌眼镜。

全信股份（300447）日 K 线图 图 35

实例六：好莱客（603898）。2015年11月，该股出现了一轮强劲反弹，当屏幕上方挂出39.99这个数字，反弹就戛然而止。了解主力这套把戏的投资者明白，主力出货了，此时是反弹卖出的最佳时机，果然该股后面出现了大跌。

实例七：光启技术（002625）。2015年11月、2016年4月，该股在下跌途中出现了两波有力度的反弹。奇怪的是，这两波反弹见顶价格的最后两个数字都是"99"（见图37），这难道是巧合吗？答案肯定不是。这应该是该股主力释放出庆祝"胜利大逃亡"获得成功的信号。在这个当口，如果持有该股的投资者看到这个"99"数字，仍熟视无睹，继续对该股看多做多，那就会越套越深，成为股市中的冤大头了。

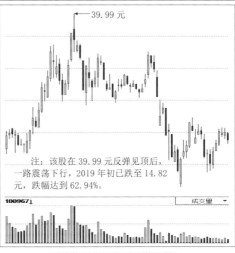

说明：该股反弹至39.99元时，下面成交量急剧放大。显然，"99"+"大成交量"，主力拉高出逃的痕迹十分明显。此时主动性卖出正当时。

39.99元

注：该股在39.99元反弹见顶后，一路震荡下行，2019年初已跌至14.82元，跌幅达到62.94%。

好莱客（603898）日K线图 图36

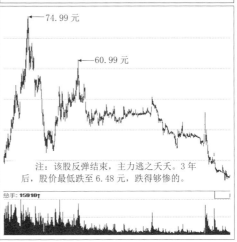

说明：从图中看，只要屏幕上出现"99"这个数字，反弹就结束了。2次都是如此，这绝不是巧合，这是主力故意这样做的，所以大家见到"99"后，应马上主动卖出。唯有如此，才能躲过后面的大跌。

74.99元

60.99元

注：该股反弹结束，主力逃之夭夭。3年后，股价最低跌至6.48元，跌得够惨的。

光启技术（002625）日K线图 图37

实例八：航天电器（002025）。该股主力是使用神秘数字的老手。2015年5月，该股出现大涨，其高点就锁定在46.99元。2015年8月，该股下跌出现了反弹，反弹在41.99元处画上了句号（见图38）。2018年6月，该股再次出现反弹，反弹的终点就止步在28.99元处（见图39）。可见，只要屏幕上方出现"99"数字，就证明该股主力已经出逃，股价见顶了，这已成了该股运作的一种规律性现象。

说明：只要打开电脑，该股在"99"处见顶的现象十分醒目，投资者见到"99"就主动卖出，胜算率极高。

说明：2018年是股市大跌年份，A股全年一路下跌。因此，个股的反弹都很弱。即使弱势反弹，主力仍不忘用"99"来忽悠散户。但大家只要记住，看到"99"就主动做空，主力的阴谋就会破产。

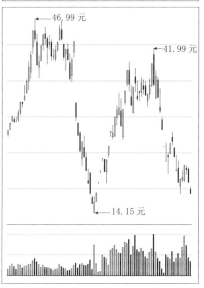

航天电器（002025）日K线图 图38

航天电器（002025）日K线图 图39

小结：关于屏幕上方出现"99"数字股价就见顶的案例还有很多，这里就不一一列举了。大家看了以上几个案例，特别是最后1个案例，3次在屏幕上方出现"99"，3次都见顶的事实。若再妄说这一切都是巧合，这个理由恐怕连自己都不会相信吧！

大量的事实证明，"99"就是主力高位出逃，股价见顶的信号，这应该是板上钉钉的事情了。其实，把"99"作为特定的信号向外展示，不仅在股市中会出现，在其他地方也能看到。比如，我们到欧洲旅游时，发现很多商场标明商品价格的牌子都有"99"这样的数字，如9.99元、19.99元、29.99元、39.99元……"99"这个数字特别醒目。故而，我们一定要承认客观事实。只有正视事实的人，才能发现其中的风险与机会。股市高手若看到屏幕上方出现"99"这样的神秘数字，会主动高位止盈，该卖出的时候会毫不犹豫地卖出。这样的卖出结果，几乎是卖到最高价，股市高手的出色战绩往往就是这样取得的，其经验值得大家借鉴。

上面我们向大家介绍了几条主动性高位做空的经验。如果细分的话，主动性高位做空又可以分为"主动性高位止盈卖出"、"主动性高位止平或微亏止损卖出"两种情况。

主动性高位止盈卖出是股市中最积极、最有效的主动性高位做空方式，因为投资者在采取主动性高位止盈时是盈利的。比如，某人在低位买进某股票后，看到股价出现快速上涨即把它卖掉了，卖掉后股价很快就掉头向下，这样的卖出自然是大赢了。通常，最成功的主动性止盈卖出，是在卖出后股价立刻就见顶了，接着股价就掉头向下。也就是说，这样卖出的价格几乎就是当时股票的最高价格。

主动性高位做空，除了主动性高位止盈卖出，另一种就是主动性止平或微亏止损卖出。那么主动性高位止平或微亏止损是什么意思呢？它是指股价在高位未跌，或有微跌情况下的一种卖出行为。比如，当手中股票的K线走势出现异常现象时，投资者发现它是个"老庄股"，果断把它卖掉了，过后不久，股价就出现了大跌。此时卖掉了虽无盈利，但也没有亏本，这就是主动性高位止平卖出。又如，某投资者看到某股出现大阳线时冲了进去，后来发现该股接连拉出几根大阳线，但股价始终涨不上去。由此他怀疑是主力在从中捣鬼，于是把股票卖掉了，随后股价就出现了大跌，而此时卖出略有小亏。这样的卖出即为主动性高位微亏止损卖出。

主动性高位做空能否获得成功，关键在于把握一个"度"，这个度是指它必须达到在股市风暴来临前夕，在股价即将见顶时卖出的要求。如果卖出后股价出现了大涨，踏空了后面的很大一段上涨行情，这种卖出就是一种错误。这与本文所说的主动性高位做空完全是两回事。说得具体一点，主动性高位做空的度，大致要控制在离股价见顶价格 0 至 -10% 范围内。若超出 -10% 略多一点，也可以算成功，但若卖出的价格远超 -10%，甚至在 -15% 以上就不能算成功了。可见，主动性高位做空一定要把握好卖出的度，即卖出的时机要相当精准。若不经过长期的刻苦训练，没有对 K 线技巧的高超驾驭能力，一般是很难实现的。

本文所介绍的几条主动性高位做空经验，是我们收集到的一些股市高手在实践中总结出来的经验。这些经验经过中国 A 股市场实践的检验，已经被充分证明是有效的，所以我们才把它们介绍给大家。当然，实际上主动性高位做空经验远不止这些，有的我们已经关注了，有的还没有关注，需要进一步挖掘筛选，其中还有大量工作要做。有关这些问题本文就不展开了。

在股市中，除了主动性做空,其他的顾名思义都是被动性做空。那么，我们强调了主动性高位做空的重要性，是不是说被动性高位做空就不重要了呢？答案是否定的。在任何时候，被动性高位做空，即被动性高位卖出，对一般投资者，特别是中小散户来说都是非常重要的，其重要的程度并不逊色于主动性高位做空。因为有资料显示，从 20 多年中国股市交易中卖出股票能够获利的数据看，属于主动性高位做空获利的只占小头，而被动性高位做空获利的占了大头。有人问，这是为什么呢？道理很简单，在股市中真正有能耐采取主动性高位做空行为的，仅是少数股市高手，普通投资者因缺乏这方面的技能，从而使主动性高位做空与他们无缘。

客观地说，股价进入高位，虽然采用被动性高位做空的赢利面不如采用主动性高位做空的赢利面大，但前者易学易行，如果操作得好，同样可以在高位或次高位出逃，成为股市赢家。

从操作层面上说，看见 K 线上见顶信号出现后再卖出，这对大多数熟悉 K 线的投资者来说并不是一件很困难的事情。这件事比较容易做到（注：本书正文中很多测验题都是围绕这个主题展开的）。我们认为，投资者只要做到两点：一是在股价冲高回落时，你能识别得出，并能判断出这个 K 线见顶信号的真伪；二是 K 线见顶信号出现后，能及时卖出。如果能做到这两点，被动性高位做空技巧就能成为投资者识顶逃顶的利器。

不过，这里要提醒大家注意的是，本文所说的采取被动性高位做空的策略是指 K 线见顶信号出现后，股价尚处在高位、次高位进行抛售的一种卖出行为。这与股价跌得稀里哗啦，因忍受不了再出逃的低位被动割肉的卖出行为，在性质上是有本质区别的。前者是股市赢家的策略，后者是股市输家的笨办法。采用前者策略的股民，一般是肯学习（学习 K 线知识）、善钻研（钻研 K 线操作技巧等）、有担当（行事果断、执行力强）的投资者；采用后者笨办法的股民，是拒学习（不肯花功夫学习 K 线等知识）、无原则（炒股没有什么原则，只是听消息炒股）、无担当（即使知道股价见顶了，也久拖不卖，死多头情结严重，执行力极差）的投资者。所以，他们之间没有任何相似之处。

最后，我们作一个总结：成功的"主动性高位做空"是股市中最难、最实用、最有效的卖出技巧；而"被动性高位做空"也是股市中不可或缺的一种重要卖出技巧。对这两种卖出技巧我们都应该重视。当然在学习顺序上有先有后。一般来说，只有先学习，掌握了"被动性高位做空"的策略，基础打好了，才有可能向上拓展，进一步学习、掌握好"主动性高位做空"的策略。俗话说："世上无难事，只怕有心人。"我们相信，只要你坚持做有心人，坚持学习、坚持训练、永攀高峰，就一定能实现"学会主动性高位做空，争做股市达人"的梦想，在股市中创造出骄人的业绩来，书写好你人生的光辉篇章。

【又及】"学会主动性高位做空，争做股市达人"文稿完成后，我们向部分读者征求意见。大部分读者认为该文对他们启发、帮助很大，但也有读者提出了一些问题。因为有的问题涉及到投资理念、投资思路、投资心态等，我们认为这些都是炒股中的重大原则问题，在此有必要向大家作一些解释。

问题一：有人提出，卖股票不要想能卖到最高价，卖到最高价是可遇不可求的，这应该是股市中的常识。但本文中在介绍主动性高位做空策略的优点时，出现了"几乎卖到了最高价"的文字。这是不是在误导投资者？

答：我们没有误导投资者，确实股票卖到最高价，一般是不可能的。若投资者老是想到要把手中的股票卖到最高价，说明他内心贪欲膨胀，其结果往往是股票没有卖到最高价，反而被深套在高位"站岗放哨"。不过，从另一方面看，我们也应该尊重客观事实，股市高手采取主动性高位做空策略，是有可能将股票卖在最高价的。比如，某股大涨后，在最后出现3根连续涨停大阳线、跳空三阳线，如本文案例中提到的浩丰科技（见本书第447页）、平安银行（见本书第445页）2个股票，图中最后1根大阳线的收盘价，就是它们当时见顶时的最高价或快要接近最高价的价格。如果这时出现一位股市高手，他懂得高位出现这些K线图形是股价赶顶的信号，在其冲击涨停板的当天就将股票卖掉，这岂不是卖到最高价或几乎卖到最高价了吗？又比如，股价大涨后，在高位屏幕上方出现"99"数字，如本文案例中的华大基因、天铁股份、金志科技（见本书第466页、第467页）等几个股票，最高价都锁定在"**.99"元上，如果当时一些了解神秘数字背景的投资者发现主力在出逃，马上把股票卖了，是不是也会把股票卖在最高价呢？

所以，我们既要承认在股市中，一般情况下股票是卖不到最高价的常识，同时也要看到，股市高手在采取主动性高位做空的策略时，是有可能把股票卖在最高价的客观事实。这是由于主动性高位做空的策略有它巨大的优越性，它能把不可能变成为可能。这也是我们应该充分肯定的。总之，在是否能把股票卖在最高价这个问题上，大家一定要学会辩证思维，把一般情况下发生的事与特殊情况下发生的事区分开来，这样就能理清脉络，分清是非，找到正确答案。

问题二：有人提出"会买是徒弟，会卖是师傅"。其中的"会卖"不仅要具备"刻苦训练，精通技术"这两个条件，另外还要加上"很好的悟性、良好的心态"这两个条件。这样"会卖"才能落地生根，取得成功。请问：这个观点对吗？

答：这个观点是对的，我们非常赞同。事实告诉我们。一个优秀的投资者必须要有很好的悟性、良好的心态，才能在股市中做出骄人的成绩，这在卖股票的问题上表现尤为突出。

我们先来说"心态"的问题。什么是心态呢？简言之，心态就是一个人的心理状态。股市是一个名利场所，股价的每一次变动都会涉及到投资者的心态变化。比如，投资者在卖出股票后，股价后面究竟是出现下跌还是出现上涨呢？这里面有很多不确定的因素。心态好的人对此很坦然，股票卖出后股价即使上涨，他也无所谓；心态差的人，股票卖出后股价不跌反涨，他心里就很难过，甚至会坐立不安。

其实，如果要保证每次股票卖出后，股价后面必须是下跌的，这样的事情谁也做不到，即使世界上最顶尖的股市高手也没有这个能力。比如，出现一个看上去几乎必然会大跌的图形，它往后下跌的最大可能性也只有八九成，另外还有一二成的可能性是上涨的。这也就是说，任何人、任何技术都不能保证卖出股票后股价一定是跌的。在股市中，百分之百成功的事情从来就没有出现过，今后也不会出现。

既然如此，我们卖股票时就要保持这样的心态，股价涨高了，按照K线信号应该卖出了，此时就坚决卖出。致于卖出后，股价会不会突然涨起来就先不要考虑。否则，卖出时心里老是想把股票卖出后股价会不会涨，这样患得患失，股票能卖好吗？如此一来，该卖不卖，犹豫不决，错失良机，会卖也就成了一句空话。

接着，我们再同大家聊聊"悟性"的问题。什么是悟性呢？它是指对事物的特别的感知力、思考力与洞察力。悟性是一种智慧的体现，聪明人一拨三转，糊涂人棒打不回，这就是有无悟性的区别。那么，悟性是怎么产生的呢？有人说靠天赋，但实际上主要是靠人生的经验，与对外界的仔细观察，捕捉到了一些不为常人注意的细节，激发了内心的智慧与情感，产生了与众人不一样的体验，这就是悟性产生的过程。悟性高的人，能知天晓地，明古道今，运筹帷幄，决胜千里之外，预感、判断的能力特别强。比如，超一流乒乓球运动员，在与对手比赛时，有时仅看了对方打球的姿势，甚至面部表情，就能知道对方在发什么球，球往哪个方向走，自己应该怎么去对付，真正做到知己知彼，所以比赛成绩非常出色。

其实，做股票也是要有悟性的，有悟性的投资者能不断胜出，没有悟性的投资者就会处处受阻。比如，我们发现有一位投资者悟性特别好，他在2015年6月股灾发生前夕全身而退。这件事一般人是做不到的，但他做到了。那么他靠什么在股灾发生之前能果断地提前离场呢？他告诉我们主要靠两条：一是整数关理论，二是成交量。当时上证指数已冲到 5000 点上方了，他预感到这 5000 点重大整数关一定会得而复失【注】。另外，在上证指数冲上 5000 点时，出现了 13000 多亿的成交量。这 13000 多亿不仅是中国股市开张以来最大的日成交量，也是全球股市几百年都未曾见过的天量。"整数关＋天量"，他认为当时中国股市已危在旦夕，所以赶紧把股票卖了。在他卖出后不久，股灾就爆发了。而正是这位投资者炒股有极高的悟性，让他逃过了一劫。

我们发现，整数关理论不仅对大盘有用，对个股也适用。比如，2007 年大牛市时，沪深股市最牛的股票是中国船舶（现已改名为 *ST 船舶），该股就在 300 元见顶的（注：300 元是当时中国股市中的最高价）。2018 年沪深股市中最牛的股票是贵州茅台，该股在 2018 年 1 月、2018 年 6 月 2 次冲击 800 元都无功而返。从数字上说，300、800 都是重大整数关。无论当时股票怎么"牛"，但股价第一、第二次冲击这些重大整数关时，遇阻回落是大概率事件。事实也果真如此。据了解，中国船舶当年在 300 元见顶后，最后大跌九成，股价跌至 30.58 元才见底。贵州茅台在 803 元阶段性见顶后，过了 4 个月，股价跌至 509 元才重新起航，其阶段性跌幅达到了 36.65%，这个回调幅度是很深的。

除整数关外，如果用成交量看个股，就更能看出问题了。比如，很多个股在反弹时，只要一放出巨量，十有八九是主力拉高出货了，接着股价就会出现大跌。这里举一个例子。振静股份是沪深股市中的一个股票，在 2018 年 6 月反弹时放出巨量，6 月 27 日这天换手率达到罕见的 74.66%，第二天股价摸高至 19.50 元就见顶了，然后就出现了大跌。仅仅 6 个月，股价跌幅就达到 61.95%

【注】依据整数关理论，重大整数关第一次是冲不过去的。有关这方面的知识，详见《股市操练大全》第四册第 320 页～第 322 页。

（注：2019年1月2日该股最低跌至7.42元），而同期上证指数跌幅只有13.08%。可见，当时该股的跌幅远远超过大盘的跌幅。其原因就是该股反弹时放出罕见的天量，主力全线出逃后，股价出现暴跌就不可避免。

问题三：有人提出，本文中介绍的图形与前面正文测验题中的某些图形十分相似，但对图形解释的观点却有很大的差异。请问，这是怎么回事？投资者究竟应该采纳哪种观点？

答：有读者提出这样的问题，说明他们对本书的内容看得很仔细，思考也很深入，值得赞赏。那么为什么同样的图形在测验题答案中是一种说法，而到了本文解释时又是另一种说法呢？这看似矛盾的现象，其实是因为两者的侧重点不同、观察的视角不同、卖出的方式与要求也不同而造成的。现在，我们只要把这个问题说明白了，大家就自然会理解的。

比如，股价大涨后出现了跳空三阳线或出现连续3根涨停或接近涨停的大阳线，这在K线上是一个见顶信号。但这个见顶信号能否被市场确认，一定要等后面的K线走出来后才能验证。若后面出来的是大阴线或连续几根阴线，把前面几根阳线大部分覆盖了，此时见顶信号就成立了。从技术上说，在见顶信号被市场确认后，投资者应该马上卖出，这样才能有效地规避市场风险。

本书K线练兵中的测验题正是根据这个思路出题并解释图形的，其核心观点是：无论是K线的见底信号还是见顶信号，一定要等到后面的K线出现后，才能鉴定其真伪。而且只有在确定卖出或买进信号是真实的情况下，才可以采取行动。比如，见顶信号被确认后，投资者应马上看空做空。不过，这种做空并不是投资者自觉的主动性做空，本质上是一种被形势逼迫的被动性做空，即被动性的卖出行为。

但本文中强调的观点不是见顶信号被确认后的被动性做空，而强调的是见顶信号未被市场确认前的主动性做空。两者的侧重点是完全不一样的。从原则上说，进行主动性高位做空，就不可能等到 K 线见顶信号被后面的 K 线验证后才行动，而应该在 K 线见顶信号被市场确认之前，甚至见顶信号尚不明显，但危机即将爆发的前夕就开始主动出击。虽然这样的卖出很容易，但也最容易犯错，如果投资者一旦看走了眼，卖出后就很容易踏空。要知道，在股市中踏空也是一种风险。

比如，某股在上涨中拉出了 3 根涨停或接近涨停的大阳线，你以为它就要见顶了就主动卖出，但卖出后股价继续往上涨，K 线继续收阳，而且涨幅不小，这样就会让主动卖出者踏空后面一段上涨行情。如果后面股价涨幅非常大的话，一些在低位采取主动卖出的投资者就会感到十分后悔。

所以，若想使主动性高位做空获得成功，就不是看到 3 根涨停或接近涨停的大阳线出现马上卖出那么简单，它一定要在综合各方面的因素（如成交量、均量线、MACD、乖离率等技术指标，以及对主力的行为分析等）之后，才能确定股价是否真的要见顶了。现实是很残酷的。预判正确的话，卖出就是对的；预判错了的话，卖出就是错的。输赢即在一瞬间。

主动性高位做空做对了，赢面要大于被动性高位做空，这一点是不容置疑的。尤其是像出现本文介绍的浩丰科技这个案例（注：见本书 447 页。该股在冲顶时连拉 3 根涨停大阳线，接着风云突变，马上就出现连续跌停）。当时对该股采取主动性高位做空的投资者都成了赢家，而对该股采取被动性高位做空的投资者，因为后面股价出现连续几个一字线跌停，高位做空根本做不到，最后都成了输家，并且输得很惨。

在本文中，我们向大家反复强调，主动性高位做空是股市中层次最高的一种卖出行为。一般人做不到，能做到的只是少数股市高手。掌握主动性高位做空技巧，能在危机爆发前成功出逃的投资者，不仅是实战经验丰富、技术水平高，而且在股市中悟性特别好的先知先觉者。据了解，这些投资者的主动性高位做空取得成功绝不是偶然的，他们是通过长期的刻苦训练，艰苦努力才实现的，真所谓"梅花香自苦寒来"、"台上一分钟，台下十年功"。

说到这里事情就清楚了。其实，同样是快速上涨的图形，本书测验题中介绍的是股价见顶信号被市场确认后，怎么去卖出的问题，而本文介绍的是股价见顶信号尚未被市场确认前，怎么去卖出的问题。两者的侧重点是不一样的，观察的视角也是不一样的，投资者要采取行动的方式与结果自然也就不一样了。如果我们再说得简单明了一点，同样是防范风险，同样是在逃顶，主动性高位做空是"止盈卖出"式逃顶，被动性高位卖出做空是"止损卖出"式逃顶。"止盈卖出"和"止损卖出"，完全是两码事，它们是不可以混为一谈的。所以，一些读者认为本书在介绍卖出技巧时，观点上存在互相矛盾的现象是不成立的，可能是对这方面的内容误解了。

我们认为，作为新股民，或投资经验不足，不太会卖股票的投资者来说，应该先把学习研究的重点放在被动性高位做空技巧上。等这方面技巧熟练了，基础打好后，再把学习研究的重点放到主动性高位做空技巧上。经验告诉我们，投资者只要肯静下心来，认真学习，刻苦训练，一步一个脚印，在不远的将来也一定会练成"会卖"的高手，从而在股市中实现腾飞的梦想。

K 线练兵示例参考答案

本书在前面向大家展示了 3 个 K 线练兵"示例"题。这 3 个示例题介绍的案例，对投资者做股票有着重要的指导意义。示例一，揭示了股市高手研判大势的独门秘笈；示例二，揭示了股市高手识顶逃顶的独门秘笈；示例三，揭示了股市高手在低位挖掘大牛股的独门秘笈。

这 3 个示例题，前面展出时都没有答案，不马上给出答案的原因是想给读者有一个认真思考、钻研的机会。因为事实证明，只有经过激烈思维碰撞，经过认真思考后获得的炒股经验、教训，才能"学得进、记得住、用得上"，发挥出它应有的作用。

现在大家已把 K 线练兵的试题做完了，我们在此一一揭晓示例题的答案。

示例一参考答案：

常言道："看准大势赚大钱，看错大势输大钱。"对普通投资者而言，任何投资行为都比不上看大势重要。

虽然在股市里研判大势有很多种方法，比如，有人从宏观经济形势入手，分析股市的周期变化；有人从上市公司估值入手，判断股市运行到了什么阶段；有人从技术分析数浪入手，诠释股市是处在牛市中还是熊市中……但像张先生那样，仅仅用 2 张简单的 K 线图就能如此精准地拿捏大势，踏准股市涨跌节拍，确实非常罕见，让人感到十分惊奇。

那么，张先生究竟是如何来研判中国 A 股市场大势的呢？

首先，张先生是凭借对示例一中第 3 张图的研究，判断中国 A 股市场在 2015 年见顶了，往后几年都是熊市。于是，他在 2015 年末把股票全卖了，然后就出去周游世界，直到 2018 年末才重返股市。事实证明，张先生这样做完全正确。2015 年以后的 3 年，中国 A 股市场进入了第 5 次大熊市周期。据了解，在这 3 年中积极看多做多的投资者都输得很惨，亏得血本无归者屡见不鲜，而张先生却因为在 2015 年末清仓离场，成为股市中的少数赢家。他不仅保住了牛市的胜利果实，避开了往后 3 年的熊市煎熬，而且在周游世界中玩得不亦乐乎！

有人觉得奇怪，当时张先生看的这张图究竟隐藏着什么秘密，它能让张先生看了后眼睛雪亮，果断地逃离熊市陷阱呢？下面我们就来重点分析这张图。

粗一看，这张图很简单，就孤零零 20 几根 K 线。但深入了解后就感到不简单了，它是一张上证指数年 K 线全景图。截止 2015 年末，中国 A 股市场自上海证券交易所开张以来已正式运行了 26 年，故而年 K 线只有 26 根。图中最后 1 根 K 线是上证指数 2015 年的年 K 线。这根年 K 线包含的信息量很大。

第一，它的上影线特别长。这说明当年多空双方进行过一场激烈搏杀。但最终多方落败，空方获胜。大盘指数在疯涨后又几乎跌回原地，全年走了一个典型的过山车行情。

第二，从技术上说，K 线上出现长上影线表明上档抛压沉重。据查，2015 年上证指数出现了 1600 多点的长上影线，若按照上证指数每 500 点为一个价格台阶的习惯计算，这 1600 多点就有 3 个 500 点以上的重大台阶。而每一个 500 点台阶都有数万亿的高位筹码被套，他们在焦急地等待着多方去"解放"。但当时 A 股市场的运行环境很糟糕，2015 年出现的股灾已让多方元气大伤，大多数投资者被突如其来的股灾打得遍体鳞伤，公募基金、私募基金、券商自营都出现了巨大亏损。因此，无人恋战，且战且退，边打边撤成了市场的主流。根据当时市场情况，这些高位层层迭迭被套的筹码所形成的密集成交区，以及上方出现的巨大抛盘，一定会让多方知难而退，股市向下走熊的趋势已无法逆转。

第三，从历史上看，只要上证指数年 K 线上出现长上影线，后面几年都是弱市，这已成了 A 股市场一个规律性现象。比如，2007 年的上证指数年 K 线出现了 1 根 800 多点的上影线，然后第二年股市就出现了狂泻，2008 年的年 K 线收出了 1 根长度近 3500 点的"巨阴线"（见图 1 中说明）。据了解，2015 年上证指数的年 K 线上影线，比 2007 年的年 K 线上影线要长近 1 倍，出现这样的超长上影线，后市的压力会更大，这样，股市往后几年走熊就是板上钉钉的事情了。

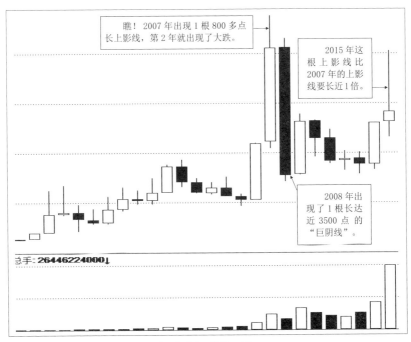

瞧！2007 年出现 1 根 800 多点长上影线，第 2 年就出现了大跌。

2015 年这根上影线比 2007 年的上影线要长近 1 倍。

2008 年出现了 1 根长达近 3500 点的"巨阴线"。

总手:264462240000↑

上证指数年 K 线图　　图1

张先生正是基于上面的分析与判断，在2015年末把股票全卖了，从而逃过了2016年～2018年大熊市的风险，而当时留在股市里继续看多做多的投资者都输得很惨（见图2中说明）。

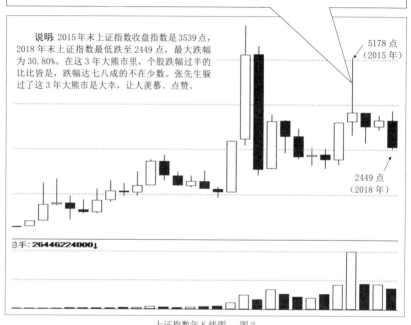

这是上证指数2015年的年K线，张先生见到这根超长上影线，把股票卖了。果然后面股市跌了3年，继续看多做多的投资者损失惨重。

说明：2015年末上证指数收盘指数是3539点，2018年末上证指数最低跌至2449点，最大跌幅为30.80%。在这3年大熊市里，个股跌幅过半的比比皆是，跌幅达七八成的不在少数。张先生躲过了这3年大熊市是大幸，让人羡慕、点赞。

5178点
（2015年）

2449点
（2018年）

总手：264462240000↓

上证指数年K线图　图2

由此可见，张先生确实是凭借对上证指数年K线图的深入研究，看清大势，逃离熊市的。其经验值得大家学习与借鉴。

接下来，我们再分析张先生又是如何判断熊市见底的呢？据了解，张先生是凭借对示例一中第2张图的研究，判断A股市场经过连续3年大熊市的调整，股市下跌已近尾声。所以他在2018年末积极逢低吸纳，重仓买进了一些超跌的科技股。过后不久，A股市场就冬去春来，张先生重仓的超跌科技股出现了大涨，让他赚的钵满盆满。

张先生告诉我们，他判断股市是否见顶用的是上证指数年K线图，他判断股市是否见底用的是上证指数月K线图。张先生认为，股市是否见顶在年K线图上表现最为清晰。但股市是否见底，年K线图上的信号不太清晰，而月K线图上的信号比年K线要清晰得多。所以张先生在判断股市是否见底时，主要依据对上证指数月K线图的分析、研究。张先生说，中国A股市场第5次大熊市的见底信号，他就是从示例一图2上找到的。现在我们不妨来仔细分析、研究这张图。

经过仔细研究，我们可以发现这张图的几个关键点：

第一，这张图是上证指数月K线图，它的时间跨度近8年。也就是说，这是一张反映2011年2月～2018年12月，时间将近8年的上证指数月K线图。经验告诉我们，反映时间越长的K线图，所发出的信号就越可靠。大家从这张图中可以清楚地看到，中国A股市场第5轮牛市是怎么兴起的，牛市后又是如何见顶转入熊市的，现在的股市又进入到了什么阶段（见下图3中说明）。

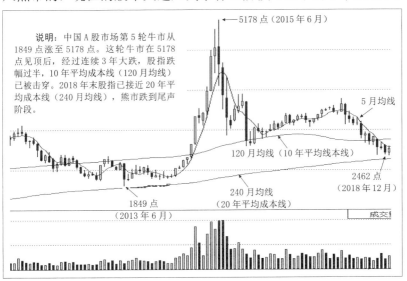

上证指数月K线图　图3

第二,这张月K线图里设置了3条曲线,它们分别是5月均线、120月均线、240月均线。那么,为什么要设置这3条均线呢?

张先生认为,5月均线是判断股市中期趋势的均线,一般来说,只要股指在5月均线下方运行,说明股市中期趋势向下。120月均线、240月均线时间较长,前者代表的是整个社会投资股市的10年平均成本线,后者代表的是整个社会投资股市的20年平均成本线。它们是研判股市长期趋势的均线。一般来说,股市走熊,跌至120月均线就可能止跌,因为跌穿120月均线,则意味着10年来投资股市的机构、个人都是亏钱的[注]。从历史上看,中国A股市场几次熊市见底的位置都在120月均线附近,故有人将120月均线称为股市的"地平线"。换一句话说,股市跌到地平线附近就是熊市的底部区域了。当然,股市大跌会跌过头,A股市场进入熊市后也出现过跌破120月均线的情况,但股指不会长时间在120月均线下方停留,过后不久,股市就会返身向上。因此投资者在120月均线下方逢低吸纳,最后都被证明"只输时间不输钱"。从长远来看,在股指跌穿"地平线"(120月均线)后逢低吸纳的投资者都有可能是赢家,甚至是大赢家。

那么,当股指跌穿120月均线,最后会跌到哪里止步呢?示例一图2中又为此设置了一条240月均线。我们发现,中国A股市场走熊,即使熊得一塌糊涂,上证指数最多也就跌到240月均线处就止步了。2013年6月,市场上闹"钱荒"。空方趁势打压,股指被迫再向下寻底,但当股指快要触及240月均线时,股指就跌不下去了(见图4中箭头A所指处)。可见,股市下跌是

【注】当然也有个别情况例外,如xxx赢钱了,但只是极少数。因为从社会平均投资成本看,只要跌穿120月均线,说明在这10年中,股市里绝大多数的机构、个人都是输钱的。

有底线的，240月均线就是管理层、大机构、大资金共同认可的股市下跌的底线。这条底线必须守住，若守不住，那意味着20年来投资股市的各类资金（包括社保基金、大机构资金）基本上都是输家，这个情况就非常严重了。正因为如此，从管理层到各类资金都会竭尽全力去守住这条底线。即使2013年6月金融业出现严重的"钱荒"【注】，导致一些银行股出现跌停，从而引发A股市场出现崩盘式下挫，但都未击穿240月均线，最后这条防线还是守住了。此后，股市在低位震荡，筑底成功后就开始了一轮牛市大行情。而2018年末的宏观市场基本面，要好于2013年6月出现"钱荒"的那个时期。因此，张先生认为历时3年，从5178点下来的这轮熊市行情极有可能在跌至240月均线附近画

【注】2013年6月，国内金融业闹起了严重的"钱荒"，导致股市出现崩盘式下跌。那么，这个"钱荒"是怎么发生的，它又怎样引发股市暴跌的呢？这里作一些简要回顾。

2013年6月6日，有市场传闻称，光大银行对兴业银行的同业拆借资本金本应到期，但因为头寸紧张，光大银行选择违约，导致兴业银行的千亿到期资金未能收回。两大银行资金齐齐告急，不得不向四大行要求支援。银行间同业拆借资金违约消息如同导火索，引爆了银行间市场的"钱荒"。

2013年6月19日，大型商业银行加入借钱大军，银行间拆借资金利率全线大涨。隔夜、7天、14天回购的盘中最高成交利率均超过10%，隔夜品种更是达到15%，银行业的头寸和资金进一步紧张。

2013年6月20日，银行间隔夜回购利率最高达到史无前例的30%，7天回购利率最高达到28%。在近年来很长时间里，国内这两项利率往往不到3%，基本相当于银行一年定期存款利率。这个疯狂的一天，足以载入中国银行间交易市场的史册。

2013年6月24日，由于A股市场银行股遭遇恐慌性抛售，导致平安银行、民生银行和兴业银行跌停，沪指暴跌5.3%。深圳一些银行基本已经不放贷了。

2013年6月25日，股市走出过山车行情，A股上演大逆转：上证指数在最低跌至1849点后开始大幅反抽，重回1900点上方。当晚央行在网站发表文章，表态要合理调节流动性，维护货币市场稳定，称已向一些符合宏观审慎要求的金融机构提供了流动性支持，货币市场利率开始回稳。至此，2013年6月因"钱荒"导致股市暴跌的行情画上了句号。

上句号。这正是抄熊市大底的最佳时机，预计未来可能会出现 2
种不同的见底回升走势（见图 4 中说明）。

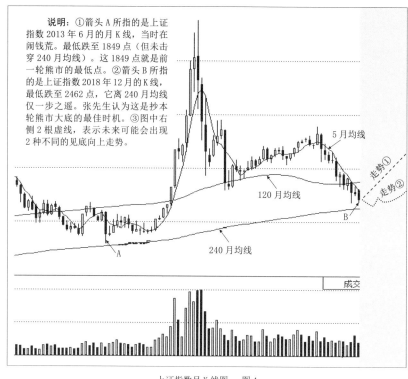

说明：①箭头 A 所指的是上证指数 2013 年 6 月的月 K 线，当时在闹钱荒。最低跌至 1849 点（但未击穿 240 月均线）。这 1849 点就是前一轮熊市的最低点。②箭头 B 所指的是上证指数 2018 年 12 月的 K 线，最低跌至 2462 点，它离 240 月均线仅一步之遥。张先生认为这是抄本轮熊市大底的最佳时机。③图中右侧 2 根虚线，表示未来可能会出现 2 种不同的见底向上走势。

5 月均线

走势①
走势②

120 月均线

B

240 月均线

A

成交

上证指数月 K 线图　图 4

　　另外，张先生认为，上证指数在 2018 年 2 月跌破 5 月均线
后就一直被 5 月均线压着，现在上证指数（截至 2018 年 12 月）
已在 5 月均线之下运行了 12 个月，这是 A 股市场上很少见的现象。
这个现象只有在 2008 年大熊市中发生过，但 2008 年上证指数被
5 月均线压制 11 个月后也见底了，随后就出现了一轮强烈的反
弹行情（见图 5 中说明）。故而可以判断，即使现在（指 2018
年末）A 股市场不出现熊转牛的反转行情，也至少会出现一轮类

似上证指数 2009 年的强势反弹行情。投资者就冲着这轮强势反弹行情，现在也是逢低吸纳的良机。

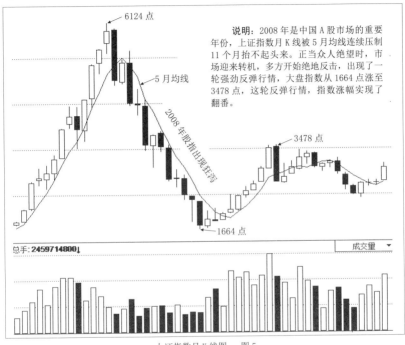

说明：2008 年是中国 A 股市场的重要年份，上证指数月 K 线被 5 月均线连续压制 11 个月抬不起头来。正当众人绝望时，市场迎来转机，多方开始绝地反击，出现了一轮强劲反弹行情，大盘指数从 1664 点涨至 3478 点，这轮反弹行情，指数涨幅实现了翻番。

6124 点

5 月均线

2008 年股指出现狂泻

3478 点

1664 点

总手：2459714800↓

成交量 ▼

上证指数月 K 线图　　图 5

综上所述，为什么张先生看了示例二第 2 张图后就重仓杀进股市，抄到了这轮熊市大底，其理由已对大家作了详细交代、说明。

果然，在张先生买进的第 2 个月，大盘就出现了见底回升行情。上证指数从 2440 点起步，一路逼空，连涨 3 个月，大涨 800 多点才遇阻回落。显然，张先生在这轮行情中赚得盆满钵满，成了大赢家。

有人问，2440 点就一定是第 5 轮熊市的谷底吗？当然每一轮熊市的谷底，都是回过头来看才能最终作出定论。历史经验告诉我们，这个回头看的时间，少则也需要一二年。但截止本书出版的时间，这个时间还太短，它离开 2440 点仅有半年多一点时间，因此还不能就此下结论。但不管怎么说，张先生这次是精准地抄到了这轮熊市的重要底部（即使是阶段性大底也无妨），因为张先生毕竟在这轮行情中是赚了大钱的，这是无可置疑的事实。

最后，我们要强调的是，从张先生逃顶抄底的故事中，投资者可以得到一个重要启示：在观察、预判股市大势时，只要选准K线图，抓住关键K线进行重点分析研究，就能看清股市运行的大方向，踏准股市涨跌节拍，就不会被主力制造的假象所迷惑，也不会被股市黑嘴的错误言论所忽悠，这样就可以真正成为一个"审时度势、因势而谋、因势而动"的聪明的投资者。

【又及】本书完稿后向读者征求意见时，有人提出，张先生判断大势见顶，股市走熊，仅靠1根年K线，难道事情真有这么简单吗？

关于这个问题，我们在此作一个解释。张先生属于高手，他在研判大势时能抓住关键技术作出正确预判，这完全是有可能的。俗话说"大道至简"。在股市中确实有一些高手仅靠一二项关键技术，规避了股市风险，赢得了重大投资机会，从而在股市中获得了超额回报。

比如，2015年6月上证指数在攀爬到5178点后掉头向下，不久就出现了股灾，但当时就有人凭着"先见之明"，在股灾前抛股离场，成为"众人皆醉我独醒"的胜利者。那么，这些投资者的"先见之明"是从哪里获得的呢？据了解，他们就是坚信《股市操练大全》"整数关"理论【注】，认为5000点是重大整数关，大盘第一次冲过5000点整数关是站不稳的，得而复失是大概率事件。所以他们在股市冲上5000点后就马上把股票卖了，从而

【注】有关"整数关"理论与投资者面对整数关的操作方法，详见《股市操练大全》第四册第320页～第322页。

躲过了后面这场血雨腥风的股灾。又如，有高手坚定地看好并长期持有贵州茅台股票，最后赚得钵满盆满，其最重要的投资依据就是看中贵州茅台的两个优势：一是品牌，它有特许经营权【注1】，二是它有超高毛利率。而同时具有这两个优势的上市公司在 A 股市场十分罕见。事实证明，高手的判断完全正确，贵州茅台的长期向上走势也充分印证了它的这两个独特的优势。

对股市高手而言，关键技术成了他们炒股的利器，他们依靠这些利器在股市中英勇鏖战，闯过了一道道险关，成了股市中的佼佼者。

现在，我们回过头再来分析张先生看的这根年 K 线，看看它能不能成为关键技术？它所发出的信号是不是可靠？投资者依据其这个关键技术进行操作会不会误入歧途？

我们认为，这根年 K 线成为关键技术是名副其实的。它发出的信号是非常可靠的，故而它不会让投资者走入歧途。其理由是：年 K 线所发出的涨跌信号比其他类型的 K 线要更加真实、更加强烈，年 K 线成为技术骗线【注2】的可能性几乎为零。从技术上说，辨别 K 线信号的真伪，主要问题就是要弄清楚它是不是技术骗线。只要分析后确定不是技术骗线，就能信赖它，并可以根据 K 线图形的信号进行操作，其胜算率是很高的。当然，如果分析后确定是技术骗线那就另当别论了。因为投资者一旦掉进技术骗线的陷阱，输钱的概率就很大。

那么，投资者怎么来预防落入主力（庄家）设置的技术骗线

【注1】关于什么是"特许经营权"以及相关实例，详见《股市操练大全》第 10 册第 520 页。

【注2】股市上把被人为歪曲的技术信号称为技术骗线。说白了，所谓技术骗线就是主力（庄家）利用股民们迷信技术分析、数据、图表的心理，利用其资金、信息的优势，故意制造一些虚假、似是而非的图形，引诱大众高位追涨或低位割肉，而主力（庄家）则进行反向操作，以此获取巨大利润的一种欺骗大众的操作行为。

的陷阱呢？据了解，技术骗线一般发生在短期图形信号上。比如，5分钟K线、15分钟K线、30分钟K线、60分钟K线、日K线等这些超短期、短期K线图形，就很容易被一些别有用心的主力（庄家）做手脚。从统计数据看，时间越短的K线图形信号，出现技术骗线的可能性就越大。而像周K线、月K线等这些时间长的K线图形，人为在图形中做手脚就很困难，所以，时间越长的K线图形信号，出现技术骗线的可能性就越小。

张先生所关注的K线图形是上证指数的年K线图形。年K线是K线中时间最长的一种K线图形，1年就1根。更何况，上证指数年K线图形是沪股1000多个股票1年走势的综合反映，任何主力（庄家）都没有这个能耐在其中做手脚，因此年K线图形发出的信号就非常真实、可靠，投资者依据年K线图形信号进行操作就不会误入歧途。

说到这里，我们可以得出一个结论，张先生用上证指数年K线图来研判大势，思路完全对头。年K线确实可以让张先生作为判断股市是否见顶走熊的关键技术。下面我们再来具体分析一下上证指数年K线图究竟给张先生作了哪些提示呢？

第一，图中出现了1根重磅的射击之星见顶图形（见图6中说明）。这是属于年线级别的头部信号。其信号强度远胜于日K线、周K线、月K线中出现的头部信号。从技术上说，鉴别射击之星见顶信号的真伪，其中一个方法是看它的上影线有多长，上影线越长信号就越可靠。而本图中这根射击之星的实体与上影线之比为1:5.4，它比一般的射击之星实体与上影线之比为1:2要长得多，因此，它发出的见顶信号就更加真实可靠，经得起市场的检验。

第二，年K线图上出现了令人敬畏的超长上影线。了解K线的投资者深知，超长上影线是一把利剑。上影线越长，利剑就越锋利。经验告诉我们：无论大盘或个股，只要年K线上出现超长上影线，后市走熊的概率就很大。我们仔细查了一下，2015年的上证指数年K线的上影线达到1639点，是历年来上证指数年K线中上影线最长的1根，可谓是名副其实的超长上影线，故而往后几年股市走熊就是板上钉钉的事情了。

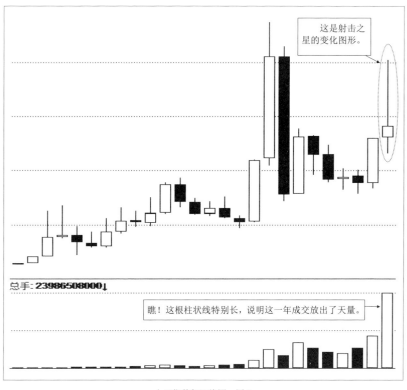

这是射击之星的变化图形。

总手: 2398650000 ↑

瞧！这根柱状线特别长，说明这一年成交放出了天量。

上证指数年K线图　图6

大盘是这样，个股也是如此，大凡当年的年K线出现超长上影线的个股，后市都会遭殃。我们来看示例一中第4张图，这是沪市个股万业企业（600641）的年K线走势图。从这张图中可以发现，一旦该股上涨时某年的年K线上出现很长的上影线，后面股价就会掉头向下，熊上几年，这种情况周而复始，已成了一种规律性现象（见下页图7中说明）。

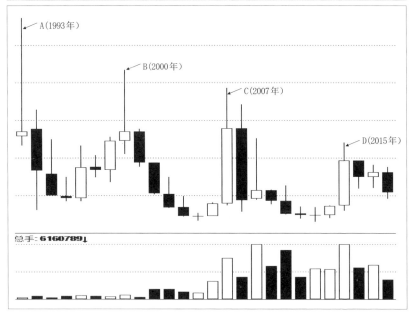

说明：图中箭头 A、B、C、D 所指的年 K 线，当年都出现过很长的上影线，股价就此见顶了。然后就要熊上几年，这已成为该股走势中的一种规律性现象。

A（1993年）

B（2000年）

C（2007年）

D（2015年）

总手：6160789↑

万业企业（600641）年 K 线图　图 7

俗话说："留得青山在，不怕没柴烧。"张先生当时发现 2015 年的年 K 线上拉出 1 根特别长的上影线，马上抛股离场，然后去周游世界。

他这样做，既逃离了熊市，又保存了实力，使他能将宝贵的资金带到熊市末期，在抄底时派上了大用场。这确实是一个非常聪明的投资行动，令人赞叹不已。

第三，天量封杀了上涨空间，股市掉头向下已不可避免。2015 年多空搏杀十分激烈，当年股市成交放出天量。若我们仔细看上证指数年 K 线走势图，就会发现 2015 年这根年 K 线下面的柱状线比平常年份的柱状线要长很多（见上页图 6 中说明）。

也可以说，它是 20 多年来最长的 1 根柱状线，说明这 1 年的股市成交量是最大的（俗称"天量"）。据了解，2015 年 6 月上证指数曾创出日成交量达到 13000 亿的记录，这样的日成交量是人类有股市以来从未见过的，可载入吉尼斯世界纪录。记得当时上证指数出现万亿成交量时，上海交易所的电脑系统一下子承受不了都被打爆了，后经修复交易才得以继续运行。

股谚云：天量天价。意思是说，股市交易出现天量，股市上涨也就涨到头了。另外再考虑到，2015 年的年 K 线收出 1 根超长上影线，那就更加有理由证明，2015 年就是沪市股指见大顶之年，往后的趋势只能不断向下寻底。

经过上面分析，张先生依靠年 K 线这个关键技术，对大势作出准确判断，逃离熊市，是不是有根有据，让人感到真实可信呢？想必大家心中都会有一个明确的答案，不再会有什么疑问了。

有人问，反映中国股市的指数有很多，如上证指数、深证成指、中小板指数、创业板指数，等等。那么，为什么单单看上证指数就可以对整个 A 股市场形势作出判断呢？我们在这里可以明确地告诉大家，这是因为在中国 A 股市场中，上证指数是老大，其他指数的地位、影响远不及上证指数。老大走熊，其他指数也会跟着走熊，这已被多年历史所证实。所以判断中国股市是牛是熊，形势向什么方向发展，首先就要看上证指数，其他指数只能作参考。从这个意义上说，张先生选择上证指数年 K 线图研判大势，方向是完全正确的。

示例二参考答案：

本题中提到的神秘信号，是指被社会上广泛认可的吉利数字，如"88"、"99"（注："88"，俗称"八八大发"；"99"，俗称"久久好运"）。

一般来说，股价大涨后在高位出现"88"、"99"都是见顶信号。比如，示例二中的几个案例。图1中银广夏是在37.99元见顶的，图2中的华大基因是在261.99元见顶的，图3中的长生生物是在29.99元见顶的，图4中的东方通信是在41.88元见顶的。

大家应该看得很清楚，这4个股票当时见顶时，其见顶价格的最后2个数字或是"99"，或是"88"。由此可判断，"99"、"88"这2个神秘数字就是主力高位出逃时留下的标记，是一个重要的见顶信号。投资者见到这样的特殊标记应该及时卖出，否则就会面临高位套牢的风险。

下面先来看看示例二中前面3个股票，高位出现"99"神秘数字，股价见顶的情况（见下面图8～图10）

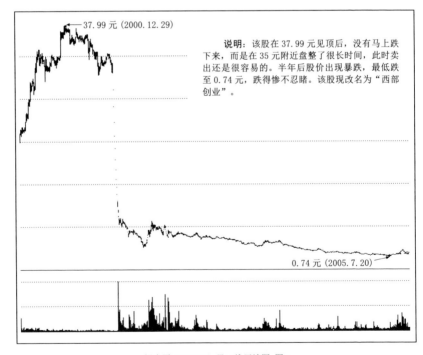

37.99元 (2000.12.29)

说明：该股在37.99元见顶后，没有马上跌下来，而是在35元附近盘整了很长时间，此时卖出还是很容易的。半年后股价出现暴跌，最低跌至0.74元，跌得惨不忍睹。该股现改名为"西部创业"。

0.74元 (2005.7.20)

银广夏（000557）日K线压缩图 图8

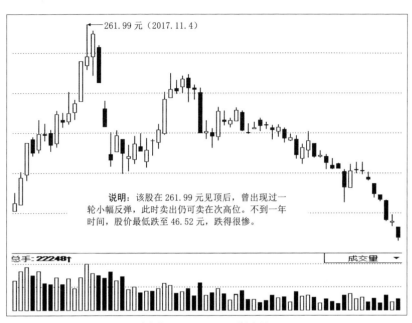

261.99 元（2017.11.4）

说明：该股在 261.99 元见顶后，曾出现过一
轮小幅反弹，此时卖出仍可卖在次高位。不到一年
时间，股价最低跌至 46.52 元，跌得很惨。

总手：22248↑

成交量 ▼

华大基因（300676）日 K 线图　图 9

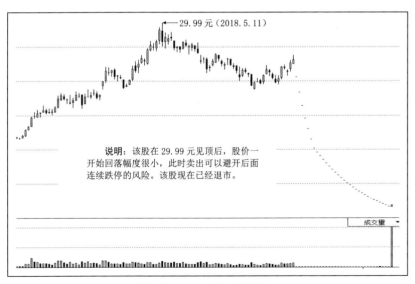

29.99 元（2018.5.11）

说明：该股在 29.99 元见顶后，股价一
开始回落幅度很小，此时卖出可以避开后面
连续跌停的风险。该股现在已经退市。

成交量 ▼

长生生物（002680）日 K 线图　图 10

其实，关于示例二图1～图3中几个股票见顶的情况，本书前面已作过介绍。或许有人还没有注意到，故而我们在这里将其图形再重新展示一次，希望引起投资者的重视，从而能主动识破主力用数字忽悠大众的阴谋，更好地防范股市见顶的风险。

接下来，我们再来看示例二中的图4个股，该股在高位出现"88"神秘数字后，股价见顶的情况（见下面图11）。

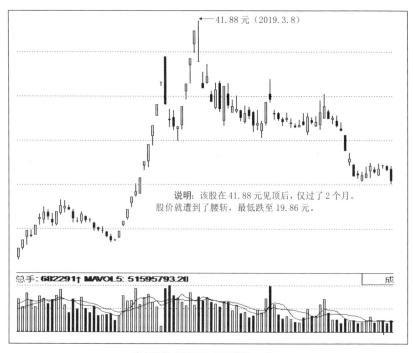

41.88元（2019.3.8）

说明：该股在41.88元见顶后，仅过了2个月。股价就遭到了腰斩，最低跌至19.86元。

总手：682291↑ MAVOL5: 51595793.20

东方通信（600776）日K线图　图11

以上几个案例说明，在股价大涨后，一旦电脑屏幕上方出现"88"、"99"神秘数字，往往表示一场大的暴风雨就要来临。此时，投资者切不可恋战，应该高度警惕马上卖出。若不卖出继续持股，日后就很可能在高位被深度套牢。

关于这方面的案例，在股市中可以说比比皆是，举不胜举。

比如，在股价大涨之后高位出现"99"见顶的案例，本书前面就举了很多例子（见本书第 467 页～第 470 页）。下面我们再向大家补充一些股价大涨后高位出现"88"见顶的案例，以飨读者。

　　实例一：创业慧康（300451）。该股是在 2015 年 5 月上市的，上市后被一路狂炒，但当高位出现"88"神秘数字后，股价就见顶了，随后股价就出现了快速下跌（见下图 12）。

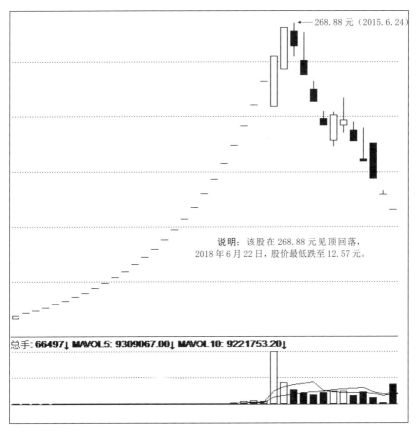

創业慧康（300451）日 K 线图　　图 12

实例二：优博讯（300531）。该股是在 2016 年 8 月上市的，上市后该股从 17 元多炒至 160 多元，股价涨了近 10 倍，但自高位出现"88"神秘数字后，上涨就画上了句号，随后股价就出现了不断下跌的走势（见图 13）。

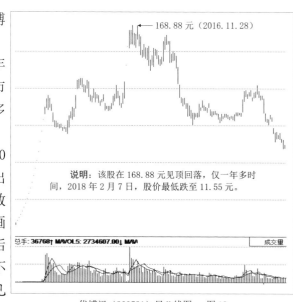

168.88 元（2016.11.28）

说明： 该股在 168.88 元见顶回落，仅一年多时间，2018 年 2 月 7 日，股价最低跌至 11.55 元。

总手：36768↑ MAVOL5: 2734607.00↓ MAVA   成交量

优博讯（300531）日 K 线图　　图 13

实例三：全通教育（300359）。2015 年 9 月，该股在大跌后出现一轮强劲的反弹走势。反弹的顶就锁定在 128.88 元。"88"是主力出货信号，随后股价就出现了大跌，股价从哪里涨上去又跌回到哪里（见图 14）。

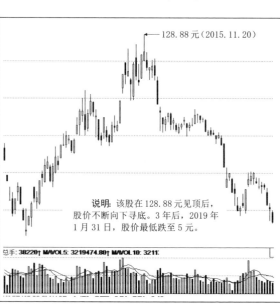

128.88 元（2015.11.20）

说明： 该股在 128.88 元见顶后，股价不断向下寻底。3 年后，2019 年 1 月 31 日，股价最低跌至 5 元。

总手：38220↑ MAVOL5: 3219474.80↑ MAVOL10: 3211.

全通教育（300359）日 K 线图　　图 14

实例四：
传化智联
（002010）。
2015年10月，
该股出现了一
轮反弹行情，
但当上方出现
"88"神秘数
字后，反弹行
情戛然而止，
随后股价就掉
头向下（见图
15）。

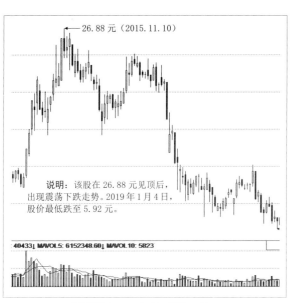

说明：该股在26.88元见顶后，出现震荡下跌走势。2019年1月4日，股价最低跌至5.92元。

传化智联（002010）日K线图　图15

实例五：
世嘉科技
（002796）。
该股是在2016
年5月上市的，
上市后股价从
15.54元涨至
99.88元，涨幅
非常大。但当
高位出现"88"
神秘数字后，
接下来，股价
跌幅也非常大
（见图16）。

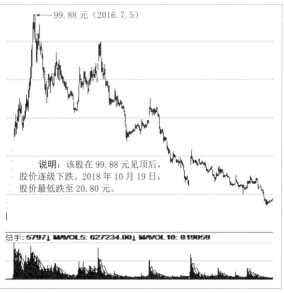

说明：该股在99.88元见顶后，股价逐级下跌。2018年10月19日，股价最低跌至20.80元。

世嘉科技（002796）日K线图　图16

实例六：多伦科技（603528）。该股在 2016 年 5 月上市，上市后股价一路狂奔，最高涨至 113.88 元。"88"是见顶信号，之后股价就出现了连续暴跌的走势。最低跌至 5.15 元，股价跌幅超过 90%，可谓跌得惨不忍睹（见图 17）。

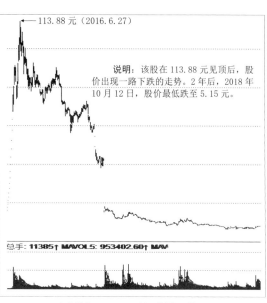

→ 113.88 元（2016.6.27）

说明：该股在 113.88 元见顶后，股价出现一路下跌的走势。2 年后，2018 年 10 月 12 日，股价最低跌至 5.15 元。

总手：11385↑ MAVOL5: 953402.60↑ MA

多伦科技（603528）日 K 线图   图 17

实例七：金洲慈航（000587）。2015 年 10 月，该股在大跌后出现了反弹，反弹见顶的价格是 25.88 元。"88"是神秘数字，是主力逃亡的一个标记，自此之后股价就越走越低，2019 年 6 月最低跌至 1.95 元。股价跌幅之大，让人惊鄂不已（见图 18）。

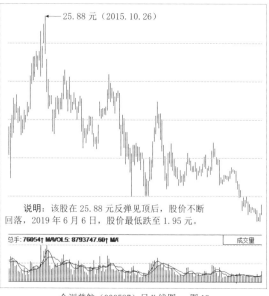

→ 25.88 元（2015.10.26）

说明：该股在 25.88 元反弹见顶后，股价不断回落，2019 年 6 月 6 日，股价最低跌至 1.95 元。

总手：76054↑ MAVOL5: 8793747.60↑ MA   成交量

金洲慈航（000587）日 K 线图   图 18

实例八：天泽信息（300209）2018年5月，该股横盘很长时间后，突然往上"突破"，但在出现"88"神秘数字后，股价就见顶了，原来这是主力玩弄的假突破阴招。随后，该股就出现了持续下跌的走势（见图19）。

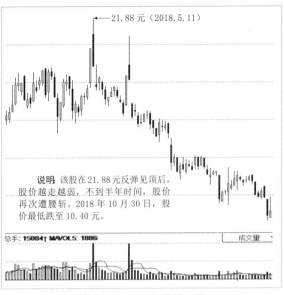

21.88元（2018.5.11）

说明：该股在21.88元反弹见顶后，股价越走越弱，不到半年时间，股价再次遭腰斩。2018年10月30日，股价最低跌至10.40元。

总手：15084↑ MAVOL5: 1886　　　　成交量

天泽信息（300209）日K线图　图19

实例九：中元股份（300018）。2018年末，游资大佬盯上了该股，并炒作了两波。第二波高点是7.88元。"88"是神秘数字，也是游资主力出货信号，随后股价就出现了快速下跌（见图20）。

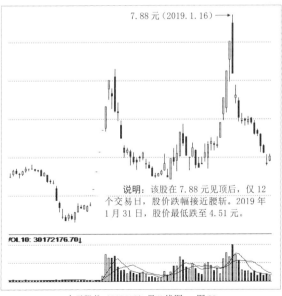

7.88元（2019.1.16）

说明：该股在7.88元见顶后，仅12个交易日，股价跌幅接近腰斩。2019年1月31日，股价最低跌至4.51元。

VOL10: 30172176.70↓

中元股份（300018）日K线图　图20

实例十：东方财富（300059）。2019年春，该股出现了一轮强劲的反弹走势，但在上涨冲高时出现"88"神秘数字后，股价随即出现了一轮深幅调整（见下图21）。

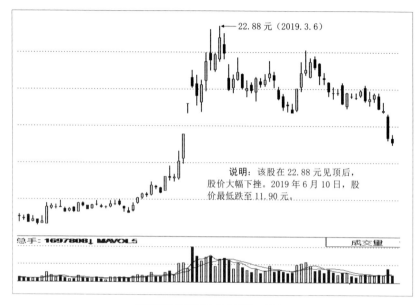

东方财富（300059）日K线图　图21

【编后说明】

关于股价在高位出现"99"或"88"神秘数字，股价即刻见顶的情况，我们分别从创业板、中小板、沪股主板、深股主板找了一些实例介绍给读者。从这些实例中大家可以发现，不论是新上市的股票，还是股市里的老股票，也不论是涨势迅猛，不断创新高的牛股，还是大跌之后处于反弹中的股票，大凡只要在高位出现"99"或"88"神秘数字，股价即极有可能马上转为颓势，随后股价就会出现大跌。其中，有不少股票最后跌得只剩下一个零头，让投资者出现重大亏损。由此可见，股价在高位出现"99"

或"88"神秘数字时，投资者千万别掉以轻心。事实一再证明，若轻视它，不及时在高位出逃者，后面将会付出惨重的代价【注】，这个教训非常深刻，投资者一定要引以为戒。

示例三参考答案

说明：该问题答案已在本书前面向大家作过介绍（详见本书K线练兵试卷⑫中的第十三道测验题参考答案），这里不再重复。

【注】那么，为什么在高位出现"88"、"99"神秘数字是重要的见顶信号呢？关于这个问题的解释与更多的相关实例，以及具体的操作方法，请详见《股市操练大全》第七册第461页~第465页，《股市操练大全》第十册第133页~第150页。

附 录 三

答读者问

问：本书出版有何背景？它能起到什么作用？

答：《股市操练大全》丛书自面世以来，连年重印，供不应求，特别是《股市操练大全》第一册，更是得到了投资者的厚爱，截至2019年8月已重印94次，印数达到88万册（注：目前图书市场上一般股票书只能印上几千册，能重印5次，印数在5万册以上的股票书已是凤毛麟角），成了名副其实的超级畅销书。

读者对《股市操练大全》第一册的厚爱超乎我们的想象，令我们十分感动。《股市操练大全》第一册主要内容是介绍K线知识与K线操作技巧的。有不少读者向我们反映，学习K线知识和技巧后，相关的练习数量较少，深度不够。读者的要求，即为我们的行动指南。为了满足市场的需要，经过长期的调研准备，我们组织有关力量，编撰了国内市场上尚属空白的"完整版K线练兵试卷专辑"。全书12张K线试卷、100多道测验题，将K线练习的数量与K线练习的深度，做了很大程度的扩张，它已能基本满足读者对K线学习后的练习要求。从这个意义上说，本书扮演的角色就是专为超级畅销书《股市操练大全》第一册进行配套的操练书。它的作用就是促使读者更好地了解K线，将K线技巧运用于实战，从而帮助投资者更快地打开股市赢家大门，实现在股市中腾飞的梦想。

问：本书的主要特点是什么？

答：《股市操练大全》习题集②——完整版K线练兵试卷专

506 —

辑的设计，是按照严格训练、严格要求、循序渐进、重在能力培养的原则进行布局的。它有 3 个特点：①接地气。本书试卷中所有案例、图形都是来自中国 A 股市场第一线，有大盘股、也有小盘股，有价值股、也有题材股，有股市早期的股票、也有现在的股票，完全贴近股市实战，无闭门造车的痕迹，非常接地气。②击痛点。很多投资者学习 K 线后，操作效果不理想，甚至导致投资重大失败，其原因或是技术不精，或是疏忽大意，或是性格缺陷，本书试卷中对投资者这些痛点作了深度解析。当做题时将这些投资中的痛点一一击中，就会真正引起思想上的警觉，避免重蹈覆辙，能帮助投资者有效地规避市场风险。③促思考。伟人毛泽东说过"多想出智慧。"经验证明：凡是记得住、用得上、有效果的东西都是通过深入思考后获得的，学习 K 线技术也是如此。K 线技术靠死记硬背是没用的，它只能在严格的实战训练中将其铭记在脑海中。因此，本书试卷中每道题都设置了悬念，不作任何明确提示，它要求投资者认真思考，在深入分析后才能作出判断（注：本书后面的参考答案，仅供读者做题后对照使用）。

问：**本书的结构是怎样的？**

答：本书 K 线练兵试卷分为两大部分。第一部分是对 K 线基础知识的考核，共有 3 张试卷，主要是考核投资者对 K 线概念的认识、K 线图形的识别等方面的基础知识。第二部分有 9 张试卷，它按照循序渐进的原则，根据市场实战要求，设计了大量符合实战要求的测验题。越到后面题目难度越大，对投资者的要求越高。这种真刀真枪的实战训练，将会显著提高投资者运用 K 线技巧的能力，特别是对 K 线核心技术的把控能力，从而可以帮助投资者尽快、尽好地打开股市赢家大门。

问：**本书 K 线练兵有 12 张试卷，都要做完吗？每张试卷中的每道测验题都有一个分数，总共达到多少分数才算符合要求呢？**

答：成功没有快车道。要想在股市中胜出，关键是多练。这就像高考要考出好成绩，考前要做大量复习题的道理是一样的。因此，我们希望参与这次 K 线练兵的投资者能坚持把本书的 K 线练兵试卷都做完。本书 K 线练兵测验是一次系统的、全面的 K 线练习，从概念、图形识别，到实战运用，应有尽有，涉及 K 线知识的方方面面，测验题目量大、面广，从基础到应用进行全覆盖，故称为"完整版 K 线练兵测验"。投资者参与这次大运动量 K 线练兵后，股市操盘水平与能力就会出现质的飞跃

为了让参与本次 K 线练兵测验的投资者对答题的成绩做到胸中有数，本书每道测验题的上方都标有一个分数，供大家参考。其评分标准是：全书共 12 张试卷，100 多道测验题，总分为 1500 分。其中，及格分为 900 分，合格分为 1050 分，熟手分为 1125 分，优良分为 1200 分，优秀分为 1275 分，高手分为 1350 分，大赢家分为 1425 分。投资者做完题后可自行打分，并根据得分多少，对自己的成绩作一个实事求是的评价，看看自己尚有哪些不足之处，下一步应该怎么努力（建议：如果题目做错了，可隔一段时间再重做，直至取得高分，甚至满分。这样做进步更快）。

问：分析股价上涨或下跌趋势时，均线也非常重要。但本书 K 线练兵题中没有涉及到均线，这是为什么？

答：分析股价上涨或下跌趋势，K 线、均线都很重要，这个观点完全正确。比如，《股市操练大全》第 10 册、《股市操练大全》特辑中在谈到股票走势时，也经常会举一些实例把 K 线、均线结合在一起进行分析的。那么，为什么本书试卷的测验题中没有提及均线呢？这是因为本书是《股市操练大全》第一册的配套操练书，主题是 K 线训练，如果把均线增加进来，那势必要将很大篇幅让给均线。由于均线也很复杂，讲少了说不清楚，讲多了会冲淡本书的主题。从学习效果来讲，集中力量打歼灭战，把一个问题讲好、讲深、讲透，远比分散力量，东讲一点西说一点，效果

更显著。这是本书K线练兵试卷中未涉及均线的主要原因。

本书围绕K线技巧的实战训练,由浅入深,设计了数百道有强烈针对性的训练题目。读者可以通过这些题目的练习,较好、较快地掌握K线操作要领,从而能较大幅度地提高股票买卖的成功率。

我们认为,K线是技术分析中最基础、最重要的技巧。作为股市中参与实际操作的投资者,首先要集中精力攻克K线这一关。K线学好了,再学习其他技术分析技巧就有一种驾轻就熟的感觉,这往往能取得事半功倍的成效。

问:本书K线练兵测验题中的K线图形基本都是日K线图形,而没有周K线、月K线图形。但周K线、月K线是K线大家庭中的重要成员,缺少它们会不会影响投资者对K线的认识与理解?

答:本书K线练兵试卷中除了试卷①最后一道测验题中出现过周K线、月K线图外,其他地方确实都没有出现过周K线、月K线图。本书作出这样安排的原因是:①无论是日K线、周K线、月K线,它们的K线技术含义、K线图形结构、K线图形发出的信号都是一样的,没有什么本质区别。比如,黄昏之星的图形结构,在日K线、周K线、月K线都是一模一样的。不管它出现在日K线图中,还是出现在周K线、月K线图中都是见顶信号。其区别在于,日K线图中出现黄昏之星表示股价短期见顶了,周K线中出现黄昏之星表示股价中期见顶了,月K线中出现黄昏之星表示股价中长期见顶了。说白了,日K线、周K线、月K线中出现黄昏之星,除了见顶信号的程度、级别有所不同外,其他技术意义都没有什么两样。所以,我们认为只要把日K线图中K线形状、信号,以及操作技巧弄清楚了,其他形式的K线,如周K线、月K线,还有季K线、年K线,以及各种类型的分时K线都可以触类旁通、举一反三。②因为日K线运作时间短,一天1根K线,图形变化快,K线种类多,相比运作时间长的周K线、月K线,图形要丰富得多。而 K 线训练的着重点，就是要从频繁变化的 K 线图形中，识别出哪些是看多信号，哪些是看空信号，哪些信号是真的，哪些信号是假的。因此，要真正了解 K 线的真实含义，从变化中掌握 K 线实战运用技巧，选择日 K 线图形作为训练的母本是最恰当的。

这里我们要强调的是，虽然本书 K 线练兵试卷中选择的是日 K 线图形，但绝不是让大家不要去关注周 K 线、月 K 线图形，因为周 K 线、月 K 线图形在把握股票中长期趋势中有其独特作用。比如，倘若分析股票的中期趋势就要观察、研究周 K 线图形；倘若分析股票的长期趋势就要观察、研究月 K 线图形。故而学习 K 线绝对不可以忽略对周 K 线、月 K 线图形的分析与研究。大家在观察、分析周 K 线、月 K 线图形时只要记住，日 K 线、周 K 线、月 K 线图中所有的见底 K 线信号或见顶的 K 线信号，其图形结构、验证方法都是一样的，只是各自反映的见底信号或见顶信号的级别是不一样的这一个基本原则，努力把在本书 K 线练兵训练中学到的 K 线分析技巧运用进去，就能找准方向，踏准股价涨跌节拍，在大趋势中胜出。

（编后说明：本书因版面限制，没有安排周 K 线、月 K 线方面的测验与练习，读者若要了解周 K 线、月 K 线方面的运用技巧与相关实例，可参阅《股市操练大全》第五册、第七册、第八册、第十册，《股市操练大全》特辑中有关章节。比如，如何运用月 K 线分析、研判大盘趋势，可参阅《股市操练大全》第五册第 2 页～第 29 页，《股市操练大全》第十册第 487 页～第 512 页；如何从周 K 线、月 K 线图形中识别中长期顶部，可参阅《股市操练大全》第十册第 348 页～第 364 页；如何通过周 K 线、月 K 线捕捉黑马与潜力股，可参阅《股市操练大全》第十册第 287 页～第 306 页，《股市操练大全》特辑第 88 页～第 248 页；等等。）

问：有读者提出，他们看到一些股票书在说明一个观点或方法时，往往只举一二个例子就打住了，而《股市操练大全》在论述一个观点或方法时，举的例子就比较多，有时举四五个例子还不过瘾，实例多至七八个，这是为何？这是不是在故意炫耀什么？难道书中少举一些例子就不能说明问题吗？

答：在数字与统计学中有一个概念，叫"大数定律"（又称"大数法则"、"大数律"）。大数定律是揭示相当多次数重复实验结果的定律。根据这个定律知道，样本数量越多，得出来的结论就越可靠。而仅凭少数样本、数据推断出来的结论大多是错误的。

比如，有人看到社会上一些土豪，他们发财致富凭的就是胆量、投机，文化程度很低，就得出读书无用的结论。其实，这个结论是错误的。因为只要扩大数据的统计范围，经过深入调查后就会发现，在现代社会里知识是有价的。无论在国内还是在国外，学历高、知识多，创业成功的比例，或在高薪职位担任要职的比例，远比学历低、知识少的人多得多。

又如，有人看到个别股民，靠内部消息炒股，抓住黑马发了大财，于是就错误地认为，炒股靠内部消息就能赚大钱。但事实上，只要在股市里呆的时间长了，看到的人、看到的事情多了，就知道不懂炒股技巧，没有正确投资理念，仅靠所谓内部消息买卖股票的股民，最后结果都是十有九输。

从概率上说，任何事情，若要找到它们的内在规律，就要遵循"大数定律"的法则，多找一些样本、数据，才能得出正确的结论。故而，我们在编写《股市操练大全》新书时，无论是提出一个新的观点、新的方法，都会找大量数据、大量实例进行佐证，越是重要的观点、重要的方法，所找的数据、实例就越多，这样得出的结论才能经得起市场的检验，才不会误导读者。我们相信，只要把这些道理讲明白，大家就能理解为什么《股市操练大全》书中实例很多的原委了。当然，对写书人来说，书中每一个观点、方法都要找大量实例进行佐证，写作难度就会大幅提高【注】。但是为了书的质量，为了对读者负责，我们每一个结论、每一种方法，都必须贯彻"大数定律"，用大量事实进行佐证。这是我们一定要坚持的写书基本原则。

　　【注】虽然股市中的新观点、新方法层出不穷，但实际上，大多数是无效的甚至是有害的，真正有用的东西很少。写股票书时，若随便找一个观点、方法，举上一二个例子，这是很容易做到的事，但这是一种不负责任的行为，它会严重误导投资者。《股市操练大全》写作时有严格要求，所选的观点与方法必须有大量数据、实例进行佐证。但这样做工作量大增，写一本书的时间比写普通的股票书要增加好几倍的时间。比如，在经过广泛调查研究、收集到大量数据、样本后，还要再通过层层筛选，鉴别真伪，然后才能把它写到书里面。这样书中的观点、方法就能贴近实际，准确率显著提高，从而书的质量得到了保证。

　　一分耕耘一分收获，《股市操练大全》作者的艰辛劳动，得到了很好的回报；比如，《股市操练大全》面世后好评如潮，市场口碑极佳；迄今为止，《股市操练大全》丛书已重印 400 多次，总印数突破 350 万册，其优异成绩创造了证券图书市场的销售奇迹，让众人刮目相看。

《股市操练大全》丛书特色简介

　　《股市操练大全》丛书是上海三联书店出版的重点品牌书。它全面系统、易学易用，是国内图书市场中首次将股市基本面分析、技术面分析、心理面分析融为一体，并兼有学习、练习双重用途的炒股实战工具书。作为学习，它全面地、详尽地介绍了炒股的各种知识、实用技巧，以及防范风险的各种方法；作为练习，它从实战出发，设计了一套有针对性，并具有指导性、启发性的训练题，引导投资者走上赢家之路。

　　《股市操练大全》丛书无论从风格与内容上都与其他股票书有很大的不同。因此，大凡阅读过此书的读者都有耳目一新之感。很多读者来信、来电称赞它通俗、实用，贴近实战。有的读者甚至说：他们看了几十本股票书都不管用，但自从看了《股市操练大全》丛书就被迷上了，天天在读，天天在练，现在已经反败为胜了。他们认为，《股市操练大全）丛书是目前图书市场上最有实用价值的股票书。其实，有这样感受的读者不是少数，而是相当多，这可以从全国各地读者寄给出版社的大量来信中得到证明。

　　也许正因为如此，沪深股市连连走熊时，证券图书市场也进入了"冬眠"状态，但《股市操练大全》丛书却一版再版，截止2019年6月。各册图书累计重印次数已超过400次，总印数突破了350万册（注：国内一般的股票书印数只有几千册，多的也只有几万册，印数超过5万册的已属凤毛麟角．目前，《股市操练大全》丛书印数已远远超过了其他股票书），创造了熊市中股票书旺销的奇迹。

《股市操练大全》丛书是市场上少见的一套完整的用于炒股学习和训练的工具书。迄今为止，《股市操练大全》丛书一共出版了 14 个品种。13 个品种是股票书（每册书都有一个专题），另有一个品种是装帧精美的《股市操练大全》大礼包。

下面，我们对《股市操练大全》丛书的各个品种作简要介绍。

1. 《股市操练大全》第一册 —— K 线、技术图形识别和练习专辑

【内容简介】本书对股市中最重要的 K 线形态与技术图形作了全面、简洁、清晰的解析。书中首先对 K 线与技术图形的起源、作用、图形类别作了介绍，然后将常见的 75 种 K 线与 K 线组合以及常见的 23 种技术图形的特征、技术意义与操作策略用表格形式作了展示。

本书在介绍 K 线与技术图形的操作技巧时，采用了做练习题与正反对照的方式，结合案例，详细地解释了每一种 K 线形态与技术图形的技术意义、使用技巧，及其实用价值，这会给读者留下深刻印象。

此外，本书还设计了大量有关 K 线和技术图形识别与运用的综合练习，每章结束都安排了专项测验题，这对提高读者使用 K 线、技术图形技巧与操作股票，将带来很大帮助。

2. 《股市操练大全）第二册 —— 主要技术指标的识别和运用练习专辑

【内容简介】本书特点：一是把股市中常用的几十种技术指标压缩到几种，并将最有实用价值的指标（如移动平均线、趋势线）列为一类指标，作了深入剖析和详细的论述，设计了大量有针对性的练习题和自考题，对读者作由浅入深的强化训练。二是针对主力利用技术分析制造骗钱的行为，书中各章都增加了"难题分解练习"一节。读者通过该节学习和训练，就能识别和抵御

主力反技术操作中的诱多或诱空行为，从而达到有效保护自己的目的。三是用股市操作经验漫谈形式，将心理分析、技术分析、基本分析融为一体。以此来加深读者对技术指标的要点和难点的理解，真正做到印象深、记得住、用得上，学有所获。

3.《股市操练大全》第三册 —— 寻找最佳投资机会与选股练习专辑

【内容简介】本书设计了大量场景式的对话，把原本枯燥无味的选股理论学习，变成了生动有趣的知识讨论。读者可以通过边学习、边练习、边讨论的方式，来深入了解选股方面的知识与技巧。诸如，国家的经济政策、行业发展前景、上市公司的经营业绩，以及企业的成长性与选股究竟有什么内在联系等等。

此外，书中还详细阐述了如何运用市场炒作题材、市场热点、股本结构、股东人数的变化等方面的选股要素，来寻找与把握市场的最佳投资机会。

总之，本书是读者了解中国 A 股市场的选股知识与技巧的入门向导。读者通过该书的学习与练习，会真正知晓并掌握选股中的一些必备知识与技巧，这对做好股票与规避市场风险将起到很重要的作用。

4.《股市操练大全》第四册 —— 股市操作特别提醒专辑

【内容简介】本书针对投资者在股市操作中容易疏忽、容易出差错的问题，以及操作上的技术难点作了一次全方位、多层次、多角度的特别提醒。

全书共分 10 章，总计 121 条"特别提醒"。内容包括：关于投资理念问题的特别提醒、关于投资策略问题的特别提醒、关于识底与抄底问题的特别提醒、关于识顶与逃顶问题的特别提醒、关于选股问题的特别提醒、关于避免炒股深套问题的特别提醒、关于股市战术技巧问题的特别提醒等等，几乎涵盖了股市操作的各个方面。

5. 《股市操练大全》第五册 —— 股市操作疑难问题解答专辑

【内容简介】本书将股民在炒股中碰到的最棘手的问题，从理论和实践结合的高度上进行了详尽的解剖。全书共分上下两篇。上篇为技术篇，重点解答了K线、均线、趋势线等运用中的疑难问题；下篇为综合篇，重点解答了选股、识底炒底、识顶逃顶中的疑难问题。本书在选择和解答疑难问题时，坚持三个原则：①一般问题不选；②不能给读者启发、没有悬念的问题不选；③缺乏实战意义，缺少操作性的问题不选。

6. 《股市操练大全》第六册 —— 技术分析、基本分析主要技巧运用实战强化训练专辑

【内容简介】本书根据当前股市实战要求，设计了100多道新颖、具有挑战性的题目，这些题目均来自股市实战第一线，实用性很强。全书分为上、下两篇。上篇为技术篇，下设五章：第一章，K线主要技巧运用实战强化训练；第二章，技术图形主要技巧运用实战强化训练；第三章，均线主要技巧运用实战强化训练；第四章，其他技术、多项技术主要技巧运用实战强化训练；第五章，技术难点辨析技巧运用实战强化训练。下篇为综合篇，下设四章：第六章，大势分析主要技巧运用实战强化训练；第七章，选股主要技巧运用实战强化训练；第八章，投资理念主要技巧运用实战强化训练；第九章，投资策略主要技巧运用实战强化训练。

7. 《股市操练大全》第七册 —— 识顶逃顶特别训练专辑

【内容简介】本书是一本具有学习、训练双重用途的识顶、逃顶专著。全书分为上、中、下三篇。上篇为战术篇，主要介绍盘口技巧中各种识顶、逃顶的方法（比如，如何运用K线、均线、技术图形技巧进行识顶、逃顶）；中篇为战役篇，主要揭示主力（庄家）忽悠中小散户、诱多出货、震荡出货的各种手段与阴谋；下篇为战略篇，主要介绍一些股市高手运用基本分析、技术分析、心理分析成功识顶、逃顶的各种经验。应读者要求，本书还增加

了"主力震荡出货与震荡洗盘的鉴别及应对策略"的内容（见本书附录），它从八个方面详细解析了两者之间的区别和投资者操作时应该注意的事项。

8.《股市操练大全》第八册 —— 图形识别技巧深度练习专辑

【内容简介】本书深度练习不同于一般练习，它犹如对大案、要案的侦破。经验证明，经过对重点图形识别技巧的深度练习后，看盘能力与股市操作水平都会有显著提高。本书深度练习具有全新创意，其特点是：图形更典型，技巧性更强，训练方法更新颖，买点、卖点及操作注意事项一目了然。全书由"大阳线、巨阳线图形识别技巧深度练习"；"常见图形识别技巧深度练习"；"大势分析图形识别技巧深度练习"三部分内容组成。读者翻阅本书一定会有耳目一新之感。

9.《股市操练大全》第九册 —— 股市赢家自我测试总汇专辑

【内容简介】本书是一本全方位、高密度、大容量的股市实战强化训练题库（目前市场上尚无此同类书）。本书的出版，一方面是为了对《股市操练大全》一至八册中有关图形知识进行一次总复习，读者通过本书的全面复习——自我考核，可以消化、巩固前面的学习成果，为日后的成功打下扎实的基础；另一方面，本书也为投资者搭建了一个全面检测自身炒股水平的平台，投资者通过这个平台的检测，可以发现自己在看图识图、逃顶炒底、选时选股上究竟存在什么问题，今后该怎么努力。

本书在编排时采用了由浅入深、循序渐进的方式，从最基础的K线图形识别开始，一直延伸到高端的股市实战演练，对股市实战训练中的重点、难点图形几乎进行了全覆盖。全书分为上、中、下三个部分。上篇是K线与技术图形的基础知识自我测试；中篇是K线与技术图形一般实战技巧的自我测试；下篇是K线与技术图形实战难点的自我测试。

10.《股市操练大全》第十册 —— 捕捉黑马关键技巧特别

训练专辑

【内容简介】捕捉黑马是股市中难度最高的一种实战技巧。与其高收益相伴的是高风险，投资者如稍有闪失就会折戟沉沙。无数事实证明，当事人如事先缺乏严格的、有针对性的强化训练，在实战中就会处处受挫。

为了普及捕捉黑马的知识与技巧，加强这方面的训练，作者精心编撰了这本贴近股市实战的捕捉黑马的特别训练专辑。全书分为上、中、下三篇。上篇为捕捉短线黑马关键技巧专题练习；中篇为捕捉中长线黑马关键技巧专题练习；下篇为捕捉黑马疑难问题解析专题练习。

11.《股市操练大全》特辑 —— 360⁰ 选股技巧深度练习

【内容简介】炒股什么最重要，选股最重要。选对股票，即使在熊市中也能赚钱，在牛市中能大赚；选错股票，即使在牛市，也会沦为"赚了指数贴了钱"的输家。

本书最大看点是：它通过《股市操练大全》的强大社会影响力与人脉关系，收集到了国内外各路股市高手的选股绝招、选股秘诀，然后按照A股市场实战需要，经过严格筛选后，挑选出一批安全系数高、胜算率高的选股方法，并通过其最擅长的主题训练方法，将它们设计成一道道生动、形象，富有悬念的选股练习题，让读者通过这些饶有兴趣并能给自己带来深刻启发的训练，将这些顶尖、实用的选股方法印刻在自己的脑海中。

全书共分为上、中、下三篇与命题考核四大部分。上篇是技术面选股技巧深度练习；中篇是基本面选股技巧深度练习；下篇是市场面、心理面选股技巧深度练习。上、中、下三篇，每篇都有数个不为外界所知的选股独门秘笈向大家展示，读者可通过阅读与练习，分享到股市大师、股市高手的选股经验与独门秘笈带来的超额投资收益。

12.《股市操练大全》大礼包

大礼包内容说明：①精美的《股市操练大全实战训练卡》全套。200多张形式新颖、效果奇特的训练卡，让你从零起步，经过 N 次训练，练成一个视野开阔并具有丰富实战经验的股市高手。②特制的大号《股市操练大全悬念补克》一副。54张牌中有52个股市中的精彩故事、52个发人深省的股市悬念。在扑克游戏中，每破解一个悬念，炒股技艺就会前进一大步。③《股市操练大全悬念朴克谜底解折》新书一本。纵览20多年的股市风云，对中国A股市场历次牛市的顶部与熊市底部的重要特征作了深入剖析，为投资者逃顶抄底，准确判断大盘趋势提供了很大帮助。

注《股市操练大全》大礼包由上海财经大学出版社出版发行。该社地址：上海市武东路321号乙，邮编：200434，电话（发行部）：021-65904895；

网址：http//www.sufep.com; 电子邮箱：webmaster@sufep com。

13.《股市操练大全》习题集① —— 熟读炒股七字经，圆你股市赢家梦专辑

【内容简介】 全书分为四个单元：第一单元"熟读炒股七字经，圆你股市赢家梦"，将股市中的操作技巧，编成朗朗上口的顺口溜，读来令人印象深刻。第二单元"赢家操作示例"，汇集了沪深股市、美国股市、香港股市、国际汇市赢家操作的成功范例，读者阅读这些示例题后可以大大开拓自己的投资思路。第三单元"股市操作实战强化训练系列练习，设计了一百多个练习题，读者通过这些练习，可以体会到遵守"股市交通规则"是投资者趋利避险的根本保证。第四单元"股市游艺会"，能让读者在轻松、愉快的股市游戏中学到许多股市知识和操作技巧。

14.《股市操练大全》习题集② —— 完整版 K 线练兵试卷专辑

【内容简介】（略，见本书）

《股市操练大全》读者信息反馈表

姓　名		性　别		年　龄	
入市时间		文化程度		年　龄	
通信地址					
联系电话			邮　编		
你认为本书内容如何？（欢迎附文）					
你希望我们能为你提供哪方面的服务？					

　　读者如有信息反馈给我们，电子邮件请发至：Logea@
sina.com，来信请寄：上海市漕溪北路 331 号中金广场 A 座 6
楼上海三联书店出版社。

《股市操练大全》丛书（价格）一览

基础知识系列

《股市操练大全》第一册
——K 线、技术图形的识别和练习专辑　　　定价 29.80 元
《股市操练大全》第二册
——主要技术指标的识别和运用练习专辑　　定价 32.80 元
《股市操练大全）第三册
——寻找最佳投资机会与选股练习专辑　　　定价 28.00 元
《股市操练大全》第四册
——股市操作特别提醒专辑　　　　　　　　定价 30.00 元
《股市操练大全》第五册
——股市操作疑难问题解答专辑　　　　　　定价 35.00 元

实战指导系列

《股市操练大全》第六册
——技术分析、基本分析主要技巧运用实战强化训练专辑
　　　　　　　　　　　　　　　　　　　　定价 35.00 元
《股市操练大全）第七册
——识顶逃顶特别训练专辑　　　　　　　　定价 39.00 元
《股市操练大全）第八册
——图形识别技巧深度练习专辑　　　　　　定价 45.00 元
《股市操练大全》第九册
——股市赢家自我测试总汇专辑　　　　　　定价 48.00 元
《股市操练大全》第十册
——捕捉黑马关键技巧特别训练专辑　　　　定价 48.00 元
《股市操练大全》特辑
——360°选股技巧深度练习专辑　　　　　　定价 68.80 元

习题集系列

《股市操练大全》习题集①
——熟读炒股七字经。圆你股市赢家梦专辑　定价 15.00 元
《股市操练大全》习题集②
——完整版 k 线练兵试卷专辑　　　　　　　定价 46.00 元

说明：以上图书全国各地新华书店与京东、当得网上书店有售。如书店缺货，读者可直接向上海三联书店出版社邮购（地址：上海市漕溪北路 331 号中金广场 A 座 6 楼，电话：021-22895545 联系人：陆小姐）。

图书在版编目（CIP）数据

《股市操练大全》习题集. 2，完整版K线练兵试卷专辑 / 黎航主编. ——上海：上海三联书店，2019.11（2025.2 重印）

ISBN 978-7-5426-5254-6

Ⅰ. ①股… Ⅱ. ①黎… Ⅲ. ①股票投资—基础知识 Ⅳ. ①F830.91

中国版本图书馆CIP数据核字（2019）第230810号

《股市操练大全》习题集②

完整版K线练兵试卷专辑

主　　编 / 黎　航

责任编辑 / 程　力　陆雅敏
装帧设计 / 王文杰
监　　制 / 姚　军
责任校对 / 徐　峰

出版发行 / 上海三联书店
　　　　　　（200041）中国上海市静安区威海路755号30楼
联系电话 / 编辑部：021-22895517
　　　　　　发行部：021-22895559
印　　刷 / 上海惠敦印务科技有限公司

版　　次 / 2019年11月第1版
印　　次 / 2025年2月第2次印刷
开　　本 / 889mm×1194mm　　1/32
字　　数 / 350千字
印　　张 / 16.75
印　　数 / 10001-11000
书　　号 / ISBN 978-7-5426-5254-6/F·719
定　　价 / 46.00元

敬启读者，如发现本书有质量问题，请与印刷厂联系：13917066329